国家社科基金项目"我国宪法基本权利的程序保障机制研究"(13CFX025)最终成果

我国宪法基本权利的程序保障机制研究

冯健鹏　著

中国民主法制出版社

图书在版编目（CIP）数据

我国宪法基本权利的程序保障机制研究/冯健鹏著
. —北京：中国民主法制出版社，2020.12
ISBN 978 - 7 - 5162 - 2445 - 8

Ⅰ.①我… Ⅱ.①冯… Ⅲ.①宪法—权利—研究—中
国 Ⅳ.①D921.04

中国版本图书馆 CIP 数据核字（2021）第 025359 号

图书出品人：刘海涛
责 任 编 辑：许泽荣 张雅淇

书名/ 我国宪法基本权利的程序保障机制研究
作者/ 冯健鹏 著
出版·发行/ 中国民主法制出版社
地址/ 北京市丰台区右安门外玉林里 7 号（100069）
电话/ (010) 63055259（总编室） 63058068 63057714（营销中心）
传真/ (010) 63055259
http：//www. npcpub. com
E-mail： mzfz@ npcpub. com
经销/ 新华书店
开本/ 16 开 787 毫米×960 毫米
印张/ 12 **字数/** 183 千字
版本/ 2023 年 6 月第 1 版 2023 年 6 月第 1 次印刷
印刷/ 三河市宏图印务有限公司

书号/ ISBN 978 - 7 - 5162 - 2445 - 8
定价/ 52. 00 元

内容提要

本书所关心的问题是：在我国现行宪法规范体制中，怎样的程序保障机制能最有效地促成基本权利的实现？

为了回答这个问题，本书首先试图寻找相关的智识资源：一是"法定程序"之上的"正当程序"，即正当程序中的自然法因素，从而在实定法缺乏明确规范的情况下，可以在实定法框架内超越实定规范的起点；二是作为审判原则的"正当法律程序"；三是作为政治原则的程序要求。

结束宏观考察之后，本书将目光转向我国现行宪法规范本身，也就是基本权利程序保障的规范基础。这里主要运用了体系解释等方法，发掘了我国现行宪法中可以解释为程序保障的原则条款和规则条款。这些原则条款和规则条款构成了我国宪法规范中关于基本权利程序保障的基本规范结构。但现有规范基础仍存在一定的不足：既没有体系化，又过于重视"法定程序"而忽视"正当程序"。

那么，从应然角度，作为一种宪法制度的基本权利程序保障机制应当具有怎样的规范结构？

首先，这里探讨基本权利程序保障的规范模式，得出七种具体的规范要求；对基本权利程序保障的规范属性进一步厘清，提出了作为主观权利的基本权利程序保障三层次体系，并明确了基本权利程序保障作为"客观法"的三方面内涵；结合具体实例，分析对基本权利程序保障的作用机理。

其次，在之前的基础上，站在基本权利自身的视角，通过对不同类型的基本权利的分析，探讨各类基本权利对于程序保障的差异性要求。围绕我国现行宪法规范，相关的分析沿着一般性和特殊性两个层面展开。

再次，聚焦程序保障的具体制度及其在我国现有制度体系中建构（或完善）的可能性，并在此之前探讨了正当程序的标准。具体考察了信息公开制度、听证和参与制度、请愿制度这三种程序制度。最终提出了由正当程序的基础性原则、具体评价标准、具体程序制度所组成的程序保障制度建构的三层次结构。

最后,从反思的角度,指出"基本权利的程序保障"这一命题可能存在的局限性:一是程序保障的前提,即宪法解释制度,也就是基本权利程序保障的效果取决于宪法解释制度的实施效果;二是程序保障"力所能及"和"力不能及"的界限,体现在程序与实体的关系、程序自身的属性等方面。

目　录

第一章　绪论

第一节　问题的提出①

随着"国家尊重和保障人权"在 2004 年成为宪法规范的一部分并延续至今，我国宪法中的"权利清单"形成了"列举加概括"的规范模式；这在充实"权利清单"内容的同时，也令基本权利保障机制的完善变得越发迫切：毕竟"徒法不足以自行"，文本所宣示的内容必须在适当的制度机制运作过程中才有实现的可能性。当然，这里所涉及的"制度机制"并不限于宪法中基本权利的部分，甚至超出了"宪法制度"乃至"法律制度"的范畴；换言之，基本权利的保障有赖于国家整体性的制度设置及运作，并非"基本权利的宪法规范"一隅之力可竟全功——在这一认识下，基于宪法学的立场，本书依然聚焦宪法规范层面，以期为基本权利的保障提供一个"内部视角"的观察与分析。由此，有必要区别基本权利未能得到有效保障的两种情况：第一，基本权利被明显抵触宪法或法律的行为所侵害。第二，相关行为虽然没有明显抵触宪法或法律，但使得基本权利的行使受到影响，如宪法中规定某权利须"依照法律规定"行使，而相关法律迟迟没有规定，致使该权利不具有可操作性；再如某立法行为对某基本权利施加了限制，而这种限制缺乏足够的合宪性基础等——在宪法规范的角度，第二种情况显然更值得重视，因为这意味着规范本身的缺陷。这种缺陷会造成基本权利"空心化"的后果，即文本中的基本权利在现实中因为制度的原因而被搁置或失去了核心的价值；换言之，文本中的"抽象肯定"被现实中的"具体否定"所取代。

因此，基本权利作为宪法的重要组成部分，除了内容上的"权利清单"

---

① 本节观点以论文前期成果发表于《论作为我国宪法基本权利保障机制的正当程序原则之建构》；以论文成果发表于《论我国宪法基本权利的程序保障——一种宪法解释的可能性》，这里对相关内容进行了修订和补充。

之外，还须配合以适当的保障机制，才能形成完整的规范结构。而特定环境（时代环境、社会环境、制度环境等）中的实定宪法中是否存在这样的保障机制、相关的规范应如何理解或解释、保障机制在规范层面是否适当以及在现实层面是否运作良好等，这些问题就成为宪法学关于基本权利的研究应当关注的内容，而这正是本书所关注的领域。在这一领域中，本书以基本权利的程序保障机制为主题，具体而言，本书所关心的问题可以表述为：在当前特定环境下的我国现行宪法体系中，怎样的程序保障机制能够最大限度地促成基本权利的实现？当然，程序保障仅是宪法框架内可能的基本权利保障机制之一，本书从程序入手，主要出于以下几方面的考虑。

第一，权利的实现总是需要通过特定的程序，程序因此成为基本权利多种实现方式的"最大公约数"。权利的实现过程包括了权利的确认、变更、救济等多种法律形式，而这些法律形成本身就是由各种程序构成的，换言之，权利的实现过程也就是各种特定的法律程序。正如昂格尔所言："权利不是社会的一套特殊安排，而是一系列解决冲突的程序。"② 传统上，权利实现的程序主要被认为是权利救济方面的程序，尤其是提起司法救济的程序，即传统意义上的程序权；③ 但是从权利实现的整体来看，相关程序至少还包括两种：一是特定法律程序中与程序性权利相对应的程序，如行政处罚中陈述、申辩权所对应的陈述、申辩程序；二是国家公权力在保障或限制权利时应当遵循的程序，如现行宪法第 37 条第 2 款所规定的逮捕（作为一种限制公民人身自由的方式）程序，即"经人民检察院批准或者决定或者人民法院决定，并由公安机关执行"——对于基本权利而言也是一样，程序贯穿了实现基本权利的各个环节，程序可谓基本权利多种实现方式的"最大公约数"。正因为如此，程序保障可以覆盖基本权利实现的全过程，在各种基本权利保障机制中具有较为明显的普遍性。

第二，程序本身的属性和要求，能够在实定法之下形成相对独立的评价标准，从而有助于克服基本权利的"空心化"。程序是理性的产物，本身就有限制恣意的属性。在现代意义上的法律程序中，"程序参加者在角色就位之后，各司其职，互相之间既配合又牵制，恣意的余地自然受到压缩"。④ 在基本权利的实现过程中，国家公权力通常都是重要的参加者，而约束国家公权

---

② ［美］昂格尔：《现代社会中的法律》，吴玉章、周汉华译，译林出版社 2001 年版，第 81 页。
③ 关于"程序权"的概念界定及其与本书主题的关系，将在下文第一章第二节中具体阐述。
④ 季卫东：《法治秩序的建构》，中国政法大学出版社 1999 年版，第 17 页。

力的恣意对于基本权利的实现而言尤为重要，毫不夸张地说，如果不能限制国家公权力的恣意行使，那么基本权利将彻底"空心化"。对此，美国联邦最高法院大法官道格拉斯概括道："权利法案的大多数规定都是程序性条款。这一事实绝不是无意义的。正是程序决定了法治与恣意的人治之间的基本区别。"更何况，本书所涉及的程序更多是"正当程序"意义上的，即除了单纯的法律形式之外、还须具有某些实质性价值的程序。而这些实质性价值的具体内容在学界已有充分的讨论，并形成了一定的共识，如存在可理解的一般性规则、信息公开、适当的时间限定、判断的中立性、对抗双方的平等性等⑤——这些实质性价值的存在，使得相关的实定法即使存在缺位或缺陷，也有可能形成具有针对性的评价标准，避免基本权利的内容因为实定法的不当规定而被蚕食或抽空。当然，基于本书的宗旨，这些实质性价值及相关的评价标准仍须在现有的规范框架之内展开，而这亦是本书的重要研究内容之一。

第三，基本权利的程序保障在我国现行宪法中有一定的规范基础，可以成为规范研究的起点。宪法条文中提到"程序"一词的共有6处，其中5处位于第三章"国家机构"中，只有1处涉及基本权利，即第40条，"通信自由和通信秘密"，具体为"……由公安机关或者检察机关依照法律规定的程序对通信进行检查……"。此外，前述第37条第2款关于逮捕的规定，虽未出现"程序"字样，但其内容实际上为逮捕程序。除此之外，基本权利部分再无关于程序的规定。然而，现行宪法规范依然表明了程序保障的可能性，如第33条第3款"尊重和保障人权"包含了作为人权保障重要机制的正当程序的要求；第38条前句"人格尊严"包含了某些程序实体性价值；第5条第1款"依法治国"更是从整体上蕴含了作为"法治"基本特征的正当程序的要求——这些可以成为基本权利程序保障的规范基础。但是应当看到，作为一种基本权利的保障机制，现有的这些规范基础还存在明确性和体系性不足等问题，这也使得本书必须在此基础上更进一步予以阐述。⑥

第四，基本权利的程序保障在制度和实施层面均有比较法上的资源，可供参考和借鉴。如前所述，基本权利的程序保障在我国宪法中尽管有规范基础，但需要推进的空间依然很大，而"基本权利""正当程序"等核心概念均为法律移植的产物，因此比较法层面的参考和借鉴就非常必要了。基本权利的程序保障在普通法系和大陆法系中都有重要的"功能近

---

⑤ 关于"正当程序"的概念界定，详见下文第一章第二节；关于正当程序实质性价值具体内容的研究，详见下文第一章第三节。

⑥ 相关的具体讨论，参见下文第二章。

似物"（但并非"功能等价物"），即美国宪法中的"正当法律程序条款"和德国宪法学中的"组织与程序保障"，从而也就更易于获取比较法上的智识支持——当然，比较法方法在具体研究中的运用，须避免主观性判断。

第二节　概念的界定

本书所使用的一些重要概念，由于种种原因，其内涵与外延在学界存在一定的差异，因此有必要事先作明确的界定；此外，一些概念与既有的某些概念有相似或相关之处，也有必要先行厘清。

一、程序、法定程序和正当程序

本书所涉及的程序是法律意义上的，也可以称为"法律程序"。本书尤其关注作为"法律程序"下位概念的"宪法程序"，同时也会涉及"行政法程序""诉讼法程序"等。需要强调的是，"法律程序"与"法定程序"这两个概念一字之差，但内涵并不相同：前者强调法律领域中存在的程序，有可能是应然的，也可能是规范的，还有可能是社会实证意义上的；而后者强调基于实定法的程序——基于规范的视角，"法定程序"当然是本书重要的研究对象之一。同时，现行宪法关于程序的6处明文规定，其表述均为"依照法律规定的程序"或"程序由法律规定"，即全部为"法定程序"的规范模式，这也增加了对其研究的重要性。当然，这并不意味着本书仅以"法定程序"为限。相反，出于反思性研究的需要，另一重要的研究对象就是应然层面的程序，即"正当程序"，也就是那些蕴含正当价值内涵的程序。⑦

二、宪法基本权利

本书所涉及的"宪法基本权利"就是指宪法规范中明示或默示的公民基本权利。通常所说的"基本权利"，在不同国家往往存在不同的称呼，例如在英美法系常被称为"人权"、在德国常被称为"基本权利"或"基本权"、在日本常被称为"基本人权"；国内学者则大多援用现行宪法的用语，

---

⑦　关于这些"正当价值内涵"的具体内容及其运用，参见下文第四章。

称之为"公民的基本权利"。⑧ 严格说来，"基本权利"和"宪法权利"是存在差异的，学界对此也有不同的区分，⑨ 不过就本书研究的意图和内容而言，似乎并无必要强调对这两个概念的辨析，因此概称为"宪法基本权利"。

三、"程序权"和"正当程序权"

"程序权"与本书的主题有一定关系，但内容不同。"程序权"是源于德国法的概念，传统上是指请求司法救济的权利；此后，程序权的范围有所扩大，但基本上还是指权利主体请求各类救济的相关权利。有学者认为我国现行宪法第 41 条"批评、建议、申诉、控告、检举的权利"可以被理解为我国宪法上的程序权。⑩ 本书研究的"基本权利的程序保障"，在内容上自然要关注基本权利的救济程序，司法救济作为最传统、最成熟的救济途径，其相关程序自然尤为重要。但"程序保障"的范围并不限于此，而是从整体上关注基本权利实现过程中的各个环节，包括确认、变更、救济等，试图形成体系化的认识。

在普通法中还有"正当程序权（Due-Process Rights）"这个概念，指"（诸如生命、自由，财产这样的）极为基本且重要的、要求符合正当程序的公平和正义标准的权利"。⑪ 这类权利包含了部分实体性的内容，显然是受到美国宪法"正当法律程序条款"的影响。如果说，源于德国法的"程序权"可以被理解为"程序性权利"，那么这里的"正当程序权"强调的是某些非常重要的权利必须受到正当程序的保障，这两者在内容上显然是有关联性的，并且后者更接近本书的研究思路——当然，本书认为所有的基本权利均应受正当程序保障，至于怎样的程序属于正当程序、存在怎样的保障方式等，都是本书希望解决的重要问题。

四、"组织与程序保障"和"正当法津程序"

"组织与程序保障"是德国法上的概念，要求课与国家提供适当组织与程序之义务，以积极营造一个适合基本权实践的环境，帮助人民基本权落实。

---

⑧　林来梵：《从宪法规范到规范宪法：规范宪法学的一种前言》，法律出版社 2001 年版，第 75 页。

⑨　夏正林：《从基本权利到宪法权利》，载《法学研究》2007 年第 6 期；汪进元：《基本权利的保护范围：构成、限制及其合宪性》，法律出版社 2013 年版，第 10 页。

⑩　王锴：《论宪法上的程序权》，载《比较法研究》2009 年第 3 期。

⑪　Bryan A. Garner ed., *Black Law Dictionary* 7th *Edition*, West Group ST. PAUL. MINN., 1999, p. 517.

而当代"正当法律程序（Due Process of Law）"最有影响的表述当属美国宪法中的规定，"未经正当法律程序，不得被剥夺生命、自由或财产"——尽管两者都强调通过程序的基本权利保障，但相比较而言，"组织与程序保障"更侧重国家的积极义务，而"正当法律程序"更侧重国家的消极义务。这两方面的结合，恰能形成基本权利程序保障的基本结构，而这对于本书的研究具有极大的启示。当然，这也意味着本书不能单纯地照搬这两个概念中的任何一个，而是必须基于我国宪法的规范与现实，作整体性、体系化的思考。

需要指出的是，美国宪法中的正当法律程序条款在 20 世纪初发展出了"实质性正当程序"的内容，至今已成为保护实体性权利的一个理由，从而具有了"概括性人权条款"的属性，[12] 而这已经与本书所指的正当程序有较大的差异了。

五、"制度保障"

本书所讨论的"程序保障机制"侧重于制度保障，也就是强调规范化和人们的行为模式。需要指出的是，"制度保障"除了日常语言的用法外，还是一个德国宪法学的概念，施米特将其界定为："制度"即规范特定基本权利所保障的社会生活事实的法律规范总和，而"制度保障"则是指保障这些制度中具有典型特征的核心原则，使其免遭立法者的侵犯。[13] 施米特所界定的制度保障对国家而言是一种消极义务，在内容上限于乡镇自治、大学自治、职业文官制度、财产权和继承权等几种。第二次世界大战后，"制度保障"的内容已不限于前述几种制度，并且也产生了要求国家主动建立相关制度的积极义务——尽管如此，德国宪法学中的"制度保障"仍然是具有特定含义的。因此，本书所使用的"制度保障"的表述，除了特别说明之外，均是日常语言意义上的，而非特指德国宪法学中的这一概念。

第三节　前人的基础

本书的研究着重参考了三方面的研究成果，即程序理论、宪法程序和基本权利保障机制，这成为本书的研究基础。

---

⑫　余军：《正当程序：作为概括性人权保障条款——基于美国联邦最高法院司法史的考察》，载《浙江学刊》2014 年第 6 期。

⑬　[德] 卡尔·施米特：《宪法学说》，刘锋译，上海人民出版社 2005 年版，第 182—186 页。

一、程序理论研究

（一）国外研究状况

对法律程序的研究，缘起于对司法程序的基本要求，如"正当程序（Due Process）"原本就是一项司法原则，而后相关研究扩展到行政程序和立法程序，成为一种具有普遍性的公法原理。目前，以程序作为对象的研究，有经验和理论两种不同的研究取向。

经验取向的研究，以英美学者为多，其中又可分为两派：一派以"程序价值"为基础，研究程序的应然状态；另一派采用社会学、心理学等方法，通过社会调查、统计分析和实验来确定程序的生效原因、影响因素等实然状态。对程序应然状态的研究可以追溯到英国的普通法传统，以著名的"自然公正二原则"为代表。但作为基础的"程序价值"本身的基础何在？相关研究除了将其基础诉诸某种"高级法"或者"更高的法"之外，人类社会和生活的经验也是一个重要的基础，并且这两者有时也是互相交织的。⑭ 除了"自然公正"外，萨莫斯、贝勒斯等的程序价值理论⑮也是这类研究的代表。对程序实然状态的研究，具有更加明显的实证主义特征。这方面的研究多由美国学者进行，最典型的当属运用社会心理学方法对法律程序所作的研究，其发端于美国学者提堡特和沃克尔在20世纪70年代所作的研究；⑯ 当代在这方面最有影响的当属汤姆·泰勒；⑰ 而杰拉德·列文索等人提出的由六项标准组成的程序正义体系⑱在社会学领域（尤其是组织社会学领域）也颇有影响。由于此类研究更加依赖于某时某地的具体经验，因此更加具有客观性，但此类研究的普遍性往往更加有限。

---

⑭ See K. G. Binmore, *Natural Justice*, Oxford University Press, 2005; Geoffrey A. Flick, *Natural Justice: Principles and Practical Application*, Butterworth Legal Publishers, 1984.

⑮ R. S. Summers, Evaluating and Improving Legal Processes-A Plea for "Process Values" *Cornell Law Review* 1974 Volume 60, Number1; M. D. Bayles, *Principles for Legal Procedure*, *Law and Philosophy*, D. Reidel Publishing Company, 1986.

⑯ E. g., Thibaut, John, Laurens Walker, and E. Allan Lind, Adversary Presentation and Bias in Legal Decisionmaking, *Harv. L. Rev.* 86 (1972): 386; Lind, Allan, John Thibaut, and Laurens Walker. A Cross-cultural Comparison of the Effect of Adversary and Inquisitorial Processes on Bias in Legal Decision Making, *Virginia Law Review* (1976): 271-283.

⑰ E. g., Tyler, What Is Procedural Justice: Criteria Used by Citizens to Assess the Fairness of Legal Procedures, *Law & Society Review* Vol. 22, No. 1, 1988; *Why People Obey the Law*, Princeton: Princeton University Press 2006.

⑱ Leventhal, Gerald S. "What should be done with Equity Theory?" *Social Exchange*. Springer US, 1980. 27-55; Leventhal, Gerald S., Jurgis Karuza, and William R. Fry. "Beyond Fairness: A Theory of Allocation Preferences." *Justice and Social Interaction* 3. 1 (1980): 167-218.

理论取向的研究，以德国的卢曼、哈贝马斯以及美国的罗尔斯等思想家为代表。这些研究的共同特点是有一个完整的理论体系，试图将程序的所有问题都在理论中解决。如卢曼的系统自组织、自创生理论，[19] 哈贝马斯的商谈理论，[20] 罗尔斯的正义论与"反思的平衡"，[21] 都在理论内部自洽地处理了程序的相关问题。理论取向的研究较之经验取向的研究更具有普遍性，但是由于思想家自身的时空限制，这种普遍性也是有限的。

总之，国外对于程序理论的研究从结论到方法都对本书的研究具有重要的启发意义和参考价值，但囿于普遍性的问题，本书只是将其视为知识背景而非直接的理论来源。

（二）国内研究状况

20 世纪 80 年代以来，程序就是我国法学研究的重要课题。早期的程序研究主要以诉讼法为依托，[22] 同时比较法研究也较早地开始注意法律程序方面的问题；[23] 20 世纪 90 年代初期，法理学界开始注意对程序价值的研究。[24] 时至今日，国内的程序研究仍然集中于法理学、诉讼法学（包括行政程序法）和比较法学这三个领域中，基于本书的主题，以下简要介绍法理学方面的研究。

法理学对于程序价值的研究首先是从引介国外理论开始的。如季卫东教授的代表作《法律程序的意义——对中国法制建设的另一种思考》就有相当部分介绍卢曼的程序理论；孙笑侠教授早期关于程序的著述中也引介了萨莫斯、贝勒斯等学者的理论；而主攻诉讼程序法的陈瑞华教授在早期也写过介

---

[19] N. Luhmann. *Legitimation durch Verfahren*. Darmstadt：Luchterhand. 1969.

[20] ［德］哈贝马斯：《交往行为理论》，曹卫东译，上海人民出版社 2004 年版；［德］哈贝马斯：《在事实与规范之间》，童世骏译，生活·读书·新知三联书店 2003 年版。

[21] ［美］约翰·罗尔斯：《正义论》，何怀宏、何包钢、廖申白译，中国社会出版社 1988 年版；［美］约翰·罗尔斯：《作为公平的正义》，姚大志译，上海三联书店 2002 年版；［美］约翰·罗尔斯：《道德哲学史讲义》，张国清译，上海三联书店 2003 年版。

[22] 黄道：《实体法离不开程序法》，载《法学》1982 年第 4 期；于占济、徐子敬：《这四个诉的审理程序怎样?》，载《法学》1984 年第 5 期；张春泰、许志建：《此案应按何种程序审结?》，载《人民司法》1986 年第 2 期。

[23] 丁中柱：《美国国会的立法程序》，载《法学杂志》1982 年第 2 期；陈光中：《外国刑事诉讼程序的近期发展趋势》，载《比较法研究》1987 年第 4 期；江必新：《行政程序法的功能、效用及目标模式》，载《比较法研究》1988 年第 4 期。

[24] 早期研究程序价值的法理学论文包括孙笑侠：《论法律程序与程序法制》，载《当代法学》1990 年第 4 期；孙笑侠：《论法律程序中的人权》，载《中国法学》1992 年第 1 期；孙笑侠：《两种程序法类型的纵向比较——兼论程序公正的要义》，载《法学》1992 年第 8 期；孙笑侠：《法律程序剖析》，载《法律科学：西北政法大学学报》1993 年第 6 期；季卫东：《法律程序的意义——对中国法制建设的另一种思考》，载《中国社会科学》1993 年第 1 期；季卫东：《程序比较论》，载《比较法研究》1993 年第 1 期。

绍国外理论的著述。㉕ 随着理论与实践的发展，对于程序理论的研究也逐渐超越了仅仅引介国外理论的阶段，而进一步的发展也出现了国外那种理论取向与经验取向的分类：如季卫东教授沿着新程序主义的路径展开研究，隐然出现了独树一帜的程序理论；㉖ 其他的程序理论研究大多趋于经验取向的模式，如孙笑侠教授从"当事人角度"对程序正义的研究，便可视为在中国语境中重建程序正义的经验基础的初步尝试，㉗ 而徐亚文教授在分析程序正义历史和理论的基础上，从宪治建设的角度探讨程序正义的应用。㉘

二、宪法程序研究

（一）国外研究状况

国外对于宪法程序的研究呈现精细化、类型化的特点，很少抽象地谈论宪法程序，而通常是就宪法中的某个具体主题的程序问题展开讨论；其中较为集中的是以下两个主题。

第一，"正当法律程序（Due Process of Law）"。"正当法律程序"或称"正当程序"，本是英国普通法的一个概念，但在 1791 年成为美国宪法"权利法案"的一部分之后，就成为美国宪法的一个重要概念，在宪法发展中具有重要影响，以至于凯斯·桑斯坦认为美国宪法思想中存在一种"正当程序的传统主义（Due Process Traditionalism）"。㉙ 关于正当法律程序的研究在美国取得丰硕的成果，研究主题也呈多样化的形态。大致而言包括以下两方面：一方面是较为宏观的研究，往往与历史、政治、哲学等相结合，如理查德·爱泼斯坦对程序性正当程序㉚与古典自由主义理念之关系的研究；㉛ 再如基思·

㉕　陈瑞华：《走向综合性程序价值理论——贝勒斯程序正义理论述评》，载《中国社会科学》1999 年第 6 期；陈瑞华：《程序正义的理论基础——评马修的"尊严价值理论"》，载《中国法学》2000 年第 3 期。

㉖　季卫东：《法律程序的形式性与实质性——以对程序理论的批判和批判理论的程序化为线索》，载《北京大学学报》（哲学社会科学版）2006 年第 1 期；季卫东：《宪政新论：全球化时代的法与社会变迁》，北京大学出版社 2005 年版。

㉗　孙笑侠：《程序的法理》，商务印书馆 2005 年版；孙笑侠：《两种价值序列下的程序基本矛盾》，载《法学研究》2002 年第 6 期；孙笑侠、应永宏：《程序与法律形式化——兼论现代法律程序的特征与要素》，载《现代法学》2002 年第 1 期等。

㉘　徐亚文：《程序正义论》，山东人民出版社 2004 年版。

㉙　Cass R. Sunstein, *A Constitution of Many Minds*, Princeton University Press, 2009, pp. 93-122.

㉚　"程序性正当程序"与"实质性正当程序"是美国宪法学对于"正当程序"这一概念所作的分类。

㉛　Richard A. Epstein, *The Classical Liberal Constitution*, Harvard University Press, 2014, pp. 314-336.

丹尼对于正当程序条款与联邦宪法关系的研究。㉜另一方面是较为微观的研究，由于正当程序条款在历史上曾经被联邦最高法院用于支持自由资本主义理念，因此早期的相关研究以及较晚近的反思性研究多与经济议题相关。"二战"以后，正当程序条款多被用于保障公民的基本权利，因此权利议题逐渐成为相关研究的主流，如凯斯·桑斯坦对于性取向权利保护中正当程序条款与平等保护条款关系的研究。㉝

第二，政治程序。除了正当法律程序条款之外，关于宪法程序的研究还集中在政治程序领域，呈现宪法学与政治学相结合的情况。其中，选举作为政治程序的典型，其投票环节在政治学领域受到相当大的关注，因此也成为宪法程序的重要研究对象，如理查德·爱泼斯坦在关于正当程序的综合研究中，对于投票理论及程序进行的专门研究。㉞宪法制定程序（包括宪法起草、表决、批准等程序环节）也是颇受关注的议题，这其中既有对晚近制宪国家的研究㉟（这是与近十几年来许多国家纷纷制定新宪法的潮流直接相关的）；也有对传统宪治国家制宪程序的研究㊱——不过，总体而言，对于新宪法的关注度还是主要的。此外，关于政治程序的还如戴维·施特劳斯和凯斯·桑斯坦关于参议院人事认可程序的研究㊲等。值得注意的是，与宪法相关的政治程序是比较法领域重要的比较对象，而其中最突出的就是对后进国家民主程序的观察与分析。㊳

（二）国内研究状况

总体而言，国内宪法学界对于程序的研究不如法理学等领域那么显著。

㉜　Keith R. Denny, That Old Due Process Magic：Growth Control and the Federal Constitution, *Michigan Law Review*, Vol. 88, No. 5（Apr. , 1990）.

㉝　Cass R. Sunstein, Sexual Orientation and the Constitution：A Note on the Relationship between Due Process and Equal Protection, *The University of Chicago Law Review*, Vol. 55, No. 4（Autumn, 1988）.

㉞　Richard A. Epstein, Due Process, NYU Press（June 1977）, pp. 333-352.

㉟　E, g., Alicia L. Bannon, Designing a Constitution-Drafting Process：Lessons from Kenya, *The Yale Law Journal*, Vol. 116, No. 8（Jun. , 2007）; Jigjid Boldbaatar, Caroline Humphrey, The Process of Creation of National Symbols and Their Adoption in the 1992 Constitution of Mongolia, *Inner Asia*, Vol. 9, No. 1（2007）.

㊱　E. g., John N. Shaeffer, Georgia's 1789 Constitution：Was It Adopted In Defiance of the Constitutional Amending Process? *The Georgia Historical Quarterly*, Vol. 61, No. 4（Winter, 1977）.

㊲　David A. Strauss, Cass R. Sunstein, The Senate, The Constitution, and the Confirmation Process, *The Yale Law Journal*, Vol. 101, No. 7（May, 1992）.

㊳　E. g., Meaza Ashenafi, *Human Rights Under African Constitution*, University of Pennsylvania Press（January 2011）, pp. 29-51; Ergun Özbudun, Ömer Faruk Gençkaya, Democratization and the Politics of Constitution-Making in Turkey, Edition：NED-New Edition, 1, Central European University Press（May 2009）, pp. 81-96.

但无论是国家权力的行使还是公民基本权利的保障，均只有依循一定的程序，相关的实体规定才能得以实现，因此程序也是宪法学研究绕不过的课题。大致而言，对于宪法程序研究的观察可以分为 20 世纪 50—60 年代，20 世纪 80—90 年代和 21 世纪三个区间。

20 世纪 50—60 年代，随着 1954 年宪法的颁布，新中国的宪法学研究开始起步，不过在这一阶段，宪法程序研究尚付阙如。尽管在一般性的介绍中也会涉及程序问题，但是几乎没有专门性的研究。

20 世纪 80—90 年代，随着近 20 年的宪法实施，对于宪法程序的研究开始出现。早期的相关研究，如许崇德和何华辉两位教授在对 1975 年宪法的分析中，指出"检察机关的职权由各级公安机关行使"致使公安机关自己监督自己，其结果等于没有审查，取消监督，这实际上就包含了"任何人都不能做自己的法官"的程序要求；再如，肖蔚云教授在对我国制宪权的研究中，特别分析了"全民讨论"这一程序环节。㊴ 宪法实施中的程序问题有效地推动了学界对宪法程序的关注：如 1993 年修宪过程中，全国人大主席团通过组织代表联名的方式将中共中央关于修宪的补充建议以符合宪法规定的程序列入大会议程，这直接引起了学界对于修宪程序的关注。㊵ 世纪之交，宪法程序获得了进一步关注，在宪法解释、㊶ 宪法修改㊷和宪法诉讼㊸方面，相关程序的专门探讨都有进一步发展，同时出现了对宪法程序的体系化研究，程序本身的宪法价值也开始引起了关注。㊹

进入 21 世纪，宪法程序研究有较明显的发展。"问题推动"的特征更加明显，如"齐玉苓案"和"孙志刚事件"引发的宪法审查程序研究。㊺ 同时，程序本身的价值越来越受到重视，"程序问题关涉到宪法精神以及权利的实现和保障"㊻ 逐渐成为共识。在对于宪法程序价值的研究中也有法理学者的参

㊴ 肖蔚云：《关于新中国的制宪权》，载《中国法学》1984 年第 1 期。

㊵ 陈斯喜：《议案审议过程中修正案的运用——兼评 1993 年修宪程序》，载《法学研究》1994 年第 5 期。

㊶ 胡锦光、王丛虎：《论我国宪法解释的实践》，载《法商研究》2000 年第 2 期。

㊷ 苗连营：《进一步完善修宪程序》，载《法商研究》2000 年第 1 期。

㊸ 韩大元、刘志刚：《宪法诉讼的民主价值》，载《法商研究：中南财经政法大学学报》2000 年第 4 期。

㊹ 郑成良、杨云彪：《关于正当程序的合法性与合理性思考——兼及中国宪政制度的反思》，载《法制与社会发展》1999 年第 3 期；李龙、徐亚文：《正当程序与宪法权威》，载《武汉大学学报》（人文社会科学版）2000 年第 5 期。

㊺ 胡锦光：《论公民启动违宪审查程序的原则》，载《法商研究》2003 年第 5 期。

㊻ 季金华：《论宪法程序的价值功能》，载《法学论坛》2006 年第 5 期。

与，如季卫东教授在对于法律程序的研究中就明言"现代西方立宪主义的核心正是'正当过程'条款"。[47] 同时，其他部门法的程序研究也触及宪法领域，典型的有刑事诉讼法[48]和行政法。[49] 在借鉴域外相关理论方面，对于美国宪法正当程序原则的比较研究发展最快；而相关研究受德国宪法理论的影响也很常见，如王锴从"程序权"角度对宪法第41条的研究。[50]

总之，到目前为止，我国宪法程序的研究已经形成了以宪法程序价值、制宪和修宪程序、宪法审查程序、国家机关运作程序、基本权利保障程序等为对象，旁涉法理学及其他部门法学的多元体系。

三、基本权利保障机制的研究

（一）国外研究状况

从比较法的角度看，与基本权利保障相关的有两大国家机构，即议会和法院，基本权利保障机制的相关研究大致上也围绕这两方面展开。

一方面，议会通过立法权、财政权等手段保障基本权利，这是近代以来议会发展的基本形态；另一方面，议会也可能因为制定了不合理的法律等原因而对基本权利造成侵害。这种状况使得基于议会的基本权利保障机制成为相关研究的一个重要议题，并且相关论述大多针对较为具体的问题。如奥菲尔德分析了国会和民权（Civil Rights）的关系，认为国会对于民权而言经历了从"阻碍"到"保护者"的角色转变；[51] 萨瑟兰德在美国宪法的整体框架下探讨了民权和国会之间的关系；[52] 萨姆·欧文归纳了美国国会在民权立法中的一些情况。[53] 此外，约瑟·萨克斯整理了美国第104届国会之前关于财产权立法的讨论；[54] 威廉·克里奇介绍了20世纪50年代至60年代美国国会在保

---

[47] 季卫东：《法律程序的意义：对中国法制建设的另一种思考》，中国法制出版社2004年版，第10页。

[48] 徐静村：《走向程序法治：中国刑事程序改革的宪政思考》，载《现代法学》2003年第4期。

[49] 章剑生：《论行政程序正当性的宪法规范基础——以规范实证分析为视角》，载《法学论坛》2005年第4期。

[50] 王锴：《论宪法上的程序权》，载《比较法研究》2009年第3期。

[51] Gary Orfield. "Congress and Civil Rights：From Obstacle to Protector." *African Americans and the living Constitution* (1995)：144-180.

[52] Arthur E. Sutherland Jr, "Civil Rights, Congress and the Constitution-1963." *NCL Rev.* 42 (1963)：16.

[53] Sam J. Ervin. JR, United States Congress and Civil Rights Legislation, *North Carolina Law Review*, Vol. 42, 1964.

[54] Joseph L. Sax, *Taking 'Takings Rights' Seriously：A Debate on Property Rights Legislation Before the 104th Congress*, 9 *Administrative Law Journal of the American University* 253 (1995).

护军人权利方面的立法。(55) 另外，W. B. 米勒考察了1848至1849年德国法兰克福议会保障公民基本权利的情况；(56) 卡伦·史密斯分析了欧洲议会在保障人权的过程中实际上起到了什么样的作用。(57)

在建立了司法审查（Judicial Review）制度的国家，司法审查也是保障基本权利的重要机制，因而司法与基本权利保障的关系也成为研究的重点。相关研究中既有较为概括的研究，如斯派特对司法审查、民主和权利三者的分析，(58) 托马斯·珀尔对司法审查、合法性和权利三者的分析；(59) 也有围绕某一具体权利的研究，如马克·图施耐特对司法审查与社会福利权关系的研究，(60) 布雷特施奈德认为司法审查能对民主权利和程序起到平衡作用。(61)

（二）国内研究状况

在苏联宪法模式和理论的影响下，我国传统上对于基本权利强调的是物质保障，即国家应提供一定的物质供给、以保障宪法基本权利的实现。(62) 这也是当时学者非常强调、用以凸显社会主义宪法优越性的重要一点，(63) 而这种强调通常又是与对资本主义宪法的批判相结合的。

随着现行宪法的颁布和实施，尽管物质保障依然被强调，但关于基本权利保障机制的研究已经超出了这一范畴，呈现多元化的情况。其中较早出现的是当时新制定或打算制定的法律与公民基本权利的保障研究，如知识产权法、(64) 刑事诉讼法(65)等。受“齐玉苓案”等实践中的问题影响，通过司法制度

---

(55) William A. Creech, Congress Looks to the Serviceman's Rights, *Amer. Bar Assn. J.* 49 (November), 1963.

(56) W. B. Miller. *The Fundamental Rights of the German Citizen as Formulated by the Frankfort Parliament*, 1848-1849. University of Missouri, Columbia (1931).

(57) Karen Smith, The European Parliament and Human Rights: Norm Entrepreneur or Ineffective Talking Shop? *Dossier El Parlamento Europeo en la Política Exterior*, No. 11/2004, UAB/IUEE, Barcelona.

(58) Horacio Spector, Judicial Review, Rights, and Democracy, *Law and Philosophy*, Vol. 22, No. 3/4, Judicial Review (Jul., 2003).

(59) Thomas Poole, Legitimacy, Rights and Judicial Review, *Oxford Journal of Legal Studies*, Vol. 25, No. 4 (Winter, 2005).

(60) Mark Tushnet, *Weak Courts, Strong Rights*, Princeton University Press, 2009, pp. 196-226.

(61) Corey Brettschneider, *Democratic Rights*, Princeton University Press, 2009, pp. 136-159.

(62) 周鲠生在1954年9月全国人大代表对宪法草案的发言中说，“宪法草案规定公民的基本权利……进一步的规定到保证权利的享受所需要的物质条件……这也是社会主义的民主宪法的特点”。转引自韩大元：《1954年宪法与中国宪政》（第二版），武汉大学出版社2008年版，第270页。

(63) 胡其安：《我国公民的基本权利与义务》，华东人民出版社1954年版，第4页。

(64) 龚晓航、石莉莎：《版权立法与公民基本权利的保障》，载《河北法学》1985年第3期。

(65) 顾肖荣：《中国新刑诉法对诉讼当事人基本权利的保障》，载《政治与法律》1996年第5期。

对基本权利加以保障也一度成为较为集中的研究议题。⑥⑥ 此外，2003 年的
"非典"推动了学界对紧急状态下基本权利保障的关注，并推动了应急法制的
发展。⑥⑦ 近年来，通过正当程序保障基本权利也逐渐成为学界关注的议题，⑥⑧
这些研究与本书主题直接相关，一定程度上构成了本书研究的基础，不过目
前的这些研究还存在着体系化有限、现实针对性不强等不足，这也是本书研
究试图有所贡献之处。

第四节　方法的分说

本书的研究是以问题为导向展开的，但是任何研究都必须有方法上的自
觉。大致而言，本书的研究将综合运用以下四种方法：（1）规范的方法。本
书所采用的规范方法是以宪法规范为中心。⑥⑨ 在本书作者看来，尽管并不完全
一致，但规范方法的基础仍然在于法教义学，而其具体内容的展开则与法解
释学有极大的共通之处。在本书的研究中，规范法学的方法将是基础和主流
的。（2）社会实证的方法。法的社会实证方法通常有三种含义：第一是以社
会学的观点和方法研究法律；第二是强调法律的"社会化"和从"个人本
位"到"社会本位"；第三是强调法律的实行、功能和效果。⑦⑩ 本书研究所运
用的社会实证方法主要是第三种含义上的。社会实证的方法也将是本书研究
的重要方法。（3）比较法的方法。如前所述，比较法上的资源是本书研究的
重要参考，本书所运用的比较法方法是问题导向的。当本国法律秩序中有某
种法律需求却缺乏适当的法律制度的时候，这样方法显然就更为重要了。⑦⑪
（4）历史分析的方法。历史分析一般是通过对各种史料的研究，在确定史实
的基础上，指出特定时空中的相关因素之间的因果关系，并进而归纳其中可

---

⑥⑥　黄建水、栗丽：《论宪法性基本权利的司法保障》，载《政法论坛》2002 年第 4 期；殷啸虎：《公民基本权利司法保障的宪法学分析》，载《法学论坛》2003 年第 2 期。

⑥⑦　韩大元：《论紧急状态下公民基本权利的限制与保障》，载《学习与探索》2005 年第 4 期；黄学贤、郭殊：《试论紧急状态下公民基本权利之保障》，载《当代法学》2004 年第 4 期；莫纪宏：《完善紧急状态立法保障公民的宪法和法律权利》，载《中国司法》2004 年第 6 期。

⑥⑧　刘旺洪：《公民基本权利宪法保障程序论略》，载《江苏社会科学》2006 年第 5 期；高新平：《基本权利之程序保障功能及其体系初构》，载《东南大学学报》（哲学社会科学版）2014 年第 3 期。

⑥⑨　林来梵：《从宪法规范到规范宪法：规范宪法学的一种前言》，法律出版社 2001 年版，第 4 页。

⑦⑩　沈宗灵：《现代西方法理学》，北京大学出版社 1992 年版，第 248 页。

⑦⑪　［德］K. 茨威格特、［德］H. 克茨：《比较法总论》，潘汉典、米健、高鸿钧、贺卫方译，法律出版社 2004 年版，第 9 页。

能的一般规律。本书所运用的历史分析方法通常是与规范方法结合在一起的，即作为具体的法律解释方法中的历史解释法出现。总体而言，本书的研究以规范方法为主，以社会实证方法为次，以比较法方法和历史分析方法为补充。与此同时，为了避免耶利内克所批评的"方法论上的杂糅主义"，[72] 在综合运用这四种方法之前，还有两个重要问题需要特别说明。

一、规范方法抑或社科方法

近年来，"社科法学"逐渐成为法学研究中较有影响的一支。一方面，尽管社科法学自我定位为"不再像传统法社会学那样以研究范围或对象为界进行研究，而是更注重运用不同研究进路来分析问题"，[73] 从而试图与传统的法社会学进行区分，但就方法而言，仍不妨将其视为社会实证方法的一种。另一方面，社科法学的方法也引发了一些质疑乃至争议，其中最突出的便是来自秉持规范方法的法教义学。[74] 如前所述，规范方法是本书研究中最为重要的方法，而包括社科方法在内的社会实证方法则是次重要的方法，但这两种方法的恰当运用必须正视包括休谟鸿沟在内的方法论上的巨大差异——当然，本书无意于评判法教义学和社科法学彼此之间的争议，但对于规范方法和社科方法的具体运用，必须就此二者的关系有方法论上的充分自觉。

对于法教义学和社科法学的关系，本书作者大体上赞同熊秉元先生的观点，"社科法学，可以说是教义法学的基础；而教义法学，可以说是社科法学的简写或速记……由各种教义出发，可以大幅降低思考和操作的成本"。[75] 事实上，阿列克西很早就指出了法教义学的"减负功能"，即"在教义学证立中至少能够暂时采纳业已检验过的和业已承认的语句……这就有可能免于在任何情况下对任何评价问题重新加以讨论"。[76] 但这种功能是有限的，其减负的功效取决于教义本身的质量和人们"对这个（教义学）语句充分达成共识的

---

[72] 张翔：《走出"方法论的杂糅主义"——读耶利内克〈主观公法权利体系〉》，载《中国法律评论》2014 年第 1 期。

[73] 侯猛：《社科法学的传统与挑战》，载《法商研究》2014 年第 5 期。

[74] 陈景辉：《法律与社会科学研究的方法论批判》，载《政法论坛》2013 年第 1 期；王博阳：《关于法律和社会科学的一种非典型性误读——与陈景辉先生商榷》，载《政法论坛》2013 年第 6 期。

[75] 熊秉元：《论社科法学与教义法学之争》，载《华东政法大学学报》2014 年第 6 期。文中的"教义法学"就是"法教义学"。

[76] ［德］罗伯特·阿列克西：《法律论证理论》，舒国滢译，中国法制出版社 2002 年版，第 331 页。

程序"⑦ ——而社科方法的运用，在一定程度上恰恰是有助于提升这个"共识的程度"的。

就本书的研究主旨而言，"基本权利的程序保障机制"应当是规范意义上的，这就决定了本书的研究将主要运用规范方法。在研究对象上，本书以我国现行宪法规范为核心，旁及相关的法律规范和其他规范性文件，并在比较法的层面上涉及其他国家的宪法规范，对其的理解也均以规范方法为主，亦即主要是教义学的运用。但是对于规范之中那些"共识的程度"较低的部分（例如"正当程序的具体标准有哪些"等），教义的运用不足以减轻论证负担，则本书的研究将主要从包括社科方法在内的社会实证方法中寻找论证的支持。

二、如何看待原旨主义

在规范方法内部，当涉及对具体条文的解释时，不同解释方法的运用也会体现出不同的方法取向，因而有必要事先加以说明。

在实践中存在两种不同的选择解释方法的取向：一种主张严格按照规范文本或（在文本含义不明确时）制宪者原意进行解释，因而多选择文义解释和历史解释等方法；另一种主张应充分考虑时代的需要和宪法规范的发展，因而多选择目的解释等方法。在美国联邦最高法院的司法审查中，前一种取向的法官在政治上多倾向于保守（当然这是就美国的政治光谱而言），因此通常被称为"保守派"；后一种取向的法官则对应地被称为"自由派"——但即使在美国，较为主流的观点仍然认为"解释方法与政治理念没有直接的关联"，⑧ 而用"保守""自由"这样的标签来一般性地标记解释方法的选择取向显然就更加凿枘不投了。这两种倾向区别的关键在于如何看待"制宪者原意"：是将制宪者原意作为唯一的（或至少是决定性的）考虑因素，还是仅将其作为考虑因素的一种？需要说明的是，这里"制宪者原意"的表述严格说来并不准确，因为相关的"原意"主体至少还包括修宪者、宪法批准者等，因此本书用"原旨主义（Originalism）"概括前一种解释方法的选择取向。

需要明确的是，原旨主义并非局限于历史解释，而是与宪法解释的整体相关。一方面，原旨主义本身包含了不同的取向，例如，传统的原旨主义者认为

---

⑦ ［德］罗伯特·阿列克西：《法律论证理论》，舒国滢译，中国法制出版社 2002 年版，第 331 页。

⑧ Michael J. Gerhardt, Thomas D. , Jr. Rowe, Rebecca L. Brown, Girardeau A. Spann, *Constitutional Theory: Arguments and Perspectives*, Lexis Publishing, 2000, p. 78.

只有与制宪相关的因素才是"原旨",而现代原旨主义者则会考虑其他因素;[79]极端的原旨主义者仅以"原旨"为依归,温和的原旨主义则能够容纳其他的解释标准。另一方面,其他解释方法在运用中也会涉及原旨主义,以文义解释为例,对条文中相关概念的理解,是基于制宪时的含义,还是当下的含义?如果基于制宪时的含义,是基于制宪者的主观含义、还是基于当时社会普遍认同的客观含义?[80] 这些问题其实都与原旨主义密切相关——可以说,任何宪法解释方法的运用都或多或少地需要回答"如何看待原旨主义"这一问题。

如前所述,本书的研究以规范方法为基干,而在具体解释方法的运用中,本书并非严格意义上的原旨主义,其主要原因在于:其一,本书从理念上就怀疑严格意义上的原旨主义能否成立:无论是制宪者、修宪者还是宪法的批准者,从来都不是单一的个人,"自然人的意图是难以捉摸的,集体的意图则是虚幻的"。[81] 集体中某些成员的意图能作为"原旨"吗?如果集体中的成员彼此意见不同(比如美国建国初期联邦党和民主共和党的争议)又该如何呢?当时过境迁,集体中的成员大多更替后,新集体的意图还能作为"原旨"吗?退一步说,就算"原旨"可以被确定,如何确保四轮马车时代的"原旨"能够恰当地规范现代社会的行为呢?更何况,宪法规范中时有弹性极强的"开放性条款"出现,这本身就是原旨主义无法完全解释的。其二,作为法律移植的产物,对我国宪法的解释也不宜拘泥于"立宪者在过往的时代那种心理学意义上的意旨",而也需要关注现有规范"自身内部合理的规范性内涵,俾能与当今转型时代里业已变化发展了的中国社会实际乃至人权保障的国际化潮流相应合"。[82]

本书在宪法解释的方法上采取相对温和的立场:承认"原旨"在某些条款中、某些情况下的存在,并将其作为解释的一个重要考虑因素,但在综合运用的各种解释方法中,"原旨"并非最重要者。正如波斯纳法官所言,宪法创制者给我们的是一个罗盘。[83] 本书的研究,正是手持我国现行宪法这一"罗盘",以"基本权利的程序保障"为目标的一次探索。

---

[79]　Daniel A. Farber, The Originalism Debate: A Guide for the Perplexed, 49 *Ohio St. L. J.* (1989).

[80]　See Antonin Scalia, Bryan A. Garner, *Reading Law: The Interpretation of Legal Texts*, West Publishing, 2012.

[81]　Frank H. Easterbrook, *Text, History, and Structure in Statutory Interpretation*, 17 Harv. J. L. & Pub. Pol'y 61, 68 (1994).

[82]　林来梵:《人的尊严与人格尊严——兼论中国宪法第 38 条的解释方案》,载《浙江社会科学》2008 年第 3 期。

[83]　[美] 理查德·A. 波斯纳:《法理学问题》,苏力译,中国政法大学出版社 2002 年版,第 178 页。

第二章　我国宪法的规范基础

作为对于我国宪法基本权利程序保障制度的探讨，自然应当围绕我国现行宪法的体系，具体而言体现在两个方面：一方面，通过程序加以保障的是我国宪法的基本权利，这既包括我国现行宪法所明文列举的基本权利，也包括我国宪法的实践经验中对于各种基本权利的理解；另一方面，程序保障的种种制度应当"嵌入"我国现行宪法的体系之中，这既要求相关制度在现有体系中存在对应的规范依据或基础，也要求相关制度的建构部分（如果需要建构的话）不应与现有的体系存在明显的矛盾——无论从哪个方面来说，都需要明确我国宪法中与之相关的规范基础，以此作为前提性的条件，这正是本章的主题。

在第一章第四节中，已经从全书主题的角度讨论过宪法解释方法的问题，本章则将更进一步，首先专门针对我国宪法的相关规范基础，在规范方法的框架内，对于作为宪法解释方法和解释原则的"体系"进行专门的探讨，以此厘清本章讨论内容在方法上的侧重；其次以体系化的视角，探究我国现行宪法中与基本权利程序保障可能有关的规范基础及其结构；最后从整体上，对于相关宪法解释空间的局限进行省思，进而对可能需要建构的部分加以厘定。

第一节　作为解释方法和解释原则的"体系"

作为解释对象的宪法规范并非一堆孤立、零散的条文，而是一个条文间彼此勾连的体系化的存在。因此，对于宪法规范的解释也应当时刻秉持"体系"的观念："体系"首先是一种宪法解释的方法，即通过宪法的整体结构（有时还需通过法秩序的整体结构）对具体规范进行解释，正如下文即将看到的，在实践中这是应用相当广泛的、非常"好用"的一种解释方法，但同时也存在被滥用的风险。因此，"体系"除了作为一种解释方法之外，还须作为一种宪法解释的原则，即对于具体规范的解释应当与宪法规范的整体相协调，至少不应存在明显的抵牾——当然，这里的解释方法和解释原则并非完全区隔的，在许多关于法教义学的文献中，这两重意思均可被包含在"体系解释"的概念中，这里对此二者的并列，只是出于对"体系解释"中这两方面含义差异性的强调，以及对相关解释方法如何避免被滥用的省思。

一、作为宪法解释方法的"体系"①

体系解释即"以法律条文在法律体系上之地位……阐明规范意旨之解释方法"，② 是自萨维尼时代起就被普遍运用的法律解释的基本方法之一。关于这种解释方法本身，已经有大量的法学（法律学）方法论的文献作了探讨，这里不再赘述。本书所感兴趣的，是这种解释方法的广泛应用性，尤其是在基本权利领域的应用，以及建立在这种广泛应用性之上的、被滥用的可能性。以下以美国的宪法解释实践为例展开讨论。

在美国，体系解释方法在宪法解释中的运用出现得非常早。在 1819 年的"麦克洛克诉马里兰州案"③ 中，针对联邦议会有无权力设立国家银行的争议，首席大法官约翰·马歇尔指出：尽管没有明文规定，但宪法第 1 条第 8 款第 1 项授权联邦议会可以征收用于特定用途的税、第 18 项授权联邦议会为了实现其职权可以"制定一切必要的和适当的法律"，而设立国家银行的权力就在"这两个条文共同构成的范围之内"——显然，这种就是典型的体系解释的方法。早期的体系解释主要应用于和国家机构有关的宪法问题，这与国家机构本身具有体系化的功能性结构有关，但这并不是给体系解释设定的界限。到了沃伦法院时期（1953—1969），民权运动和司法能动主义互为表里，体系解释的方法也被运用到对基本权利——尤其是宪法未列举的基本权利——的解释过程中。这一时期的典型案例当属"格里斯伍德诉康涅狄格州案"④：该案涉及康涅狄格州一部禁止避孕（包括协助避孕）的法律是否合宪。联邦最高法院最终以 7 : 2 的结果认定该法律因为侵犯了隐私权而违宪，但隐私权作为 19 世纪末被提出的理念，⑤ 并未被列举在美国宪法的文本中，对此，主笔判决书的道格拉斯大法官结合了第一修正案的"结社权"、第三修正案的"军队不得进驻民房"、第四修正案的"禁止不合理的搜查与扣

---

① 本小节部分内容以论文成果发表于《"半影推理"与"几何学模型"——美国宪法解释中的体系解释方法及其启示》。

② 杨仁寿：《法学方法论》，中国政法大学出版社 1999 年版，第 107 页。

③ McCulloch v. Maryland, 17 U. S. 316 (1819).

④ Griswold v. Connecticut, 381 U. S. 479 (1965).

⑤ Samuel D. Warren, Louis D. Brandeis. "The Right to Privacy." *Harvard Law Review* (1890): 193-220.

押"、第五修正案的"不得被迫自证其罪"以及第九修正案的"保障未列举权利",指出这些规范的"半影(Penumbra)"构成了一个"隐私区域(Zone of Privacy)"——"半影"本为天文学和光学术语,指光源因为被部分遮挡而形成的半暗半明的阴影,道格拉斯大法官用这个概念比喻法律规范的模糊地带,而若干模糊地带的结合,可以发现相对明确的含义,尽管这种含义可能并非宪法明文所载。该案通过这种方法"发现"了作为基本权利的隐私权,而"半影推理"也由此得名。"半影推理"正是体系解释方法的典型运用,在某种程度上也成了体系解释的代名词。

显然,"格里斯伍德诉康涅狄格州案"的判决带有明显的自由派色彩——众所周知,美国联邦最高法院司法审查中的宪法解释长久以来有"自由派"和"保守派"之分,这两派在联邦和州关系、人工流产、枪支管制、少数族裔权利等重大社会议题上都有不同的立场。这两派在解释方法上也存在区别:自由派主张"把宪法蕴含的永恒价值观,灵活运用到不断变化的现实中去",⑥ 因此多用目的解释等方法;而保守派则主张严格按照制宪者的"原旨(Original Meaning)"进行解释,因此多用文义解释和历史解释等方法。但是,体系解释却是一种跨越"自由派/保守派"区隔的宪法解释方法,不仅自由派法官使用,保守派法官同样也在使用。以"普林茨诉美国案"⑦ 为例,该案涉及枪支管制的立法,而核心的争议在于联邦议会是否能够要求州政府官员执行一部联邦法律。主笔多数意见的斯卡利亚大法官重申了美国宪法中"联邦-州"的二元主权学说,除了历史上的根据外,他还特别指出:宪法第1条第8款关于联邦议会权力的规定是列举式的,这暗示了存在着"剩余权力";第3条与第4条规范的对象是"各州人民",则州本身并非其规范对象;第5条规定修改宪法必须经3/4以上州的批准,预示着各州在联邦政府成立后依然拥有部分主权;第十修正案"本宪法未授予合众国也未禁止各州行使的权力,由各州或由人民保留",表明州拥有"剩余权力"。斯卡利亚认为,尽管宪法并未明文规定联邦和州的二元主权关系,但上述规范所构成的体系足以表明这种关系的存在,而这种宪法解释的方法,与"格里斯伍德诉康涅狄格州案"论证隐私权的"半影推理"显然如出一辙。

这种跨越派别的普遍使用,与体系解释本身的特点有关:一方面,这种方法以若干宪法规范为基准展开解释,满足了对宪法文本进行严格解释的需要;另一方面,通过不同规范之间的互相印证和支撑,为解决宪法并未明

---

⑥ 〔美〕斯蒂芬·布雷耶:《法官能为民主做什么》,何帆译,法律出版社2012年版,第105页。
⑦ Printz v. United States, 521 U. S. 898 (1997).

文规定乃至制宪者不曾考虑到的问题提供方向。因此，这种解释方法自由派和保守派都能够接受。但与此同时，对这种解释方法被滥用的批评也随之出现。例如，有批评指出，所谓"半影推理"不过是通过断章取义的方式掩饰法官追求自己偏好的真实用意罢了。⑧ 对此，美国宪法学家劳伦斯·却伯提出了一种更为细致的"几何学模型"的宪法解释概念，试图对这一问题有所回应。

"几何学模型"是却伯在其近作《看不见的宪法》⑨ 中提出的，而对这一概念的理解也需以全书的整体观点作为基础。在该书中，却伯指出宪法解释必须面对许多宪法文本没有提及的问题，因而"必定存在某种看不见的宪法，与看得见的宪法并存"；⑩ 这种"看不见的宪法"并不在宪法之外（如历史、政治等外部因素），而依然在宪法之内。"夜空的星光是星体们百万年前在不同的时候发射出的，当它们投射到地球的大气层上时，便形成了星空的景致"——这里用"星体发出的星光"比喻影响宪法解释的各种外部因素（如制宪者意图等），而"看不见的宪法"则只是关注在地球上所看到的星空景致。为此，作者提出了六种颇具新意的宪法解释方法，其中第一种就是"几何学模型（Geometric Construction）"：⑪ 这种解释方法，就是首先在宪法文本中确定若干有关联性的"点"，然后观察这些"点"的关联性所形成的"线"，接着将这些"线"延长，最后发现"延长线"所指向的、宪法文本没有明示但显然是宪法组成部分的新的"点"。例如，美国宪法第十四修正案规定"未经正当法律程序不得剥夺生命、自由、财产"，生命、自由和财产就是宪法文本中的三个"点"；再加上美国宪法第 2 条第 2 款（总统有责任确保法律执行），这四个"点"形成一个金字塔形，其塔顶的"延长线"就指向"法治政府而非人治政府"的原则。这种方法同样可以用来发现宪法未列举的权利，例如，规定了言论自由与结社自由的第一修正案，以及规定了人身、住宅、文件和财产不受无理查扣的第四修正案，将这两个"点"所构成的

---

⑧　Brannon P. Denning, Glenn Harlan Reynolds. "Comfortable Penumbral." *BUL Rev.* 77（1997）：1089.

⑨　此书已有中译本：[美]劳伦斯·却伯：《看不见的宪法》，田雷译，法律出版社 2011 年版。本书写作时参考的是英文版。

⑩　Laurence H. Tribe. *The Invisible Constitution*, Oxford University Press, 2008, p. 7.

⑪　其他五种分别是："测地学模型（geodesic construction）"，即测量那些虽然没有出现在文本中，但可以防止那些文本内容受到侵害的东西；"全球性模型（global construction）"，类似于比较法解释；"地质学模型（geological construction）"，即文本所确定的权利的根基或前提假设；"重力学模型（gravitational construction）"，即避免那些会逐渐地侵蚀文本所确定的权利、最终可能将其架空的解释结果；"陀螺模型（gyroscopic construction）"，即平衡不同的解释所可能产生的利益冲突。

"线"加以延长，可以发现新的"点"，也就是"成年人自愿分享住宅和生活的行为"的权利。而前述"格里斯伍德诉康涅狄格州案"也可以理解为联结了第一修正案、第三修正案、第四修正案、第五修正案和第九修正案这几个"点"，发现了其"延长线"上的隐私权。

这种"点""线""延长线""新的点"的解释过程，显然可以在一定程度上降低体系解释中"寻章摘句"乃至"断章取义"的危险，而六种解释方法作为一个整体，其互相参照、互相支撑，也进一步降低了单一解释方法被滥用的可能性。尤其值得注意的是，作为坚持自由派观点的法学家，却伯还特别强调了"几何学模型"被自由派法官滥用可能出现的后果：一是在限制了政府的同时也限制了社会自治，二是无法有效地限制政府，这两种情况都与美国宪法体系的整体不相符合——这种方法论上的自觉也可以被理解为对于"半影推理""几何学模型"等体系解释方法在整体上可能被滥用的警示，这就使得对"体系"的理解，除了将其视为一种解释方法外，也须将其视为一种评价解释结果的解释原则。

二、作为宪法解释原则的"体系"

体系解释作为一种宪法解释的方法，具有广泛的适用性，但同时仍不能免于解释者的主观性：一方面，用以阐述"体系"的具体规范的选择和确定具有一定的主观性，通过选择不同的规范来"构建"出不同的"体系"，并非不可能之事，而当规范本身杂糅了不同的模式（如总统制和议会内阁制的杂糅）时，这种可能性就更大。另一方面，实定法的规范体系本身并非如古典时代的立法者所设想的那样尽善尽美，"法律漏洞"的存在乃是不争的事实，因此对规范的解释势必触及"超越法律的法的续造"，[12] 这在宪法解释中亦不可避免。于是，某一宪法问题能否通过"体系"加以解释，抑或属于"法的漏洞"因而需要"法的续造"，本身也是一个难以避免主观性的判断——因此，针对同一个宪法问题，同样通过体系解释的方法而得出不同的、但均言之有据的解释结果，也就不足为奇。例如，对于我国 2005 年公开征求意见的物权法（草案）中公私财产平等保护的规定是否违宪的问题，有学者基于 2004 年宪法第 6 条第 1 款（公有制为主体）、第 7 条（国有经济的主导地位）、第 12 条第 1 款（公共财产神圣不可侵犯）以及第 13 条第 1 款（合法的私有财产不受侵犯）等的规定，认定 2004 年宪法存在公私财产区别

---

⑫　[德]卡尔·拉伦茨：《法学方法论》，陈爱娥译，商务印书馆 2003 年版，第 246 页。

对待的结构体系，从而认为物权法（草案）关于平等保护的规定有违宪之嫌;⑬ 同时，亦有学者认为，基于 2004 年宪法第 11 条（非公有制经济的地位及国家政策）、第 15 条第 1 款（国家实行社会主义市场经济）、第 13 条第 1 款（合法的私有财产不受侵犯）等的规定，2004 年宪法对于公私财产区别对待的结构体系乃是基于保护公共法益的公法上的考量，并不涉及民事法律关系，因此物权法（草案）关于平等保护的规定并不违宪。⑭

进而言之，作为一种解释方法的体系解释并不可能被单独地运用，而总是需要结合其他的方法，如文义解释、历史解释等。多种解释方法的运用一方面有助于增强解释结果的说服力，但另一方面也加大了解释者主观判断的空间。如果这种主观判断的空间被不当地使用，则体系解释方法被滥用就难以避免。德国学者魏德士曾指出，纳粹时期的部分法学家运用法律解释的技术迎合当时的统治者，"变魔术似的"拿出统治者所希望的解释结果，魏德士斥之为"杂技演员"，⑮ 这一批评虽然针对的是法学整体，但对于宪法学而言尤其应当警惕。正因为如此，宪法体系的意义就不仅仅是作为一种解释方法，而更重要的是作为一种解释原则，也就是解释结果"必须符合整体法秩序";⑯ 换言之，宪法体系所形成的"整体法秩序"应当作为一种检验标准，任何对于宪法的解释结果，只有通过其检验方具有合理性。有学者将这种检验具体化为两方面，即"不相龃龉"和"相互支撑"：前者是较低的标准，要求解释结果不得"与宪法文本明示的意义以及获得普遍认同的对于其他条款的既有解释方案相互抵触"；后者是较高的标准，除了不抵触外，还要求解释结果能够与整体的法秩序互相提供支持⑰——事实上，正是对于宪法具体条文的解释以及对于具体宪法问题的解释，构成了对于宪法整体秩序的理解，而这种对于整体的理解又成为对于具体部分进行解释的前提和基础，这种类似于"解释学循环"意义上的部分与整体之间的循环关系⑱或许道出了作为原则的"体系"在宪法解释过程中的地位和作用。为了使得这种循环关系得以展开，在宪法解释时首先应当注意的也许就是"体系"的层次性。

对于宪法解释而言，"体系"是具有若干层次的：宪法概念作为宪法解释

---

⑬ 童之伟：《〈物权法（草案）〉该如何通过宪法之门——评一封公开信引起的违宪与合宪之争》，载《法学》2006 年第 3 期。

⑭ 焦宏昌：《〈物权法（草案）〉的合宪性分析》，载《法学》2006 年第 3 期。

⑮ ［德］伯恩·魏德士：《法理学》，丁小春、吴越译，法律出版社 2003 年版，第 19 页。

⑯ ［德］卡尔·拉伦茨：《法学方法论》，陈爱娥译，商务印书馆 2004 年版，第 246 页。

⑰ 白斌：《宪法教义学》，北京大学出版社 2014 年版，第 101 页。

⑱ 张法：《作为后现代思想的解释学》，载《中国人民大学学报》2000 年第 5 期。

最基本的对象，其在相关条款中的位置就具有了最基本的"体系"的意味，而某一条款内部的款、项，亦构成条款内部的体系，彼此之间有明显关联性的条款形成具有相对紧密关系的"规范群"，如现行宪法第一章关于基本经济制度的若干条款，便可以被视为具有特定结构的"规范群"体系。⑲ 在"规范群"之上，宪法内部的章节结构也体现了制宪者（修宪者）对于宪法体系的安排，其各章、各节因而也是特定意义上的体系。宪法本身当然亦是更大范围的一个体系，而对于宪法解释而言，本国的整体法秩序则是最终的、最大范围的体系——如果将被解释对象的宪法条款作为"圆心"，则这些不同层次的体系就如同一个个"同心圆"，范围越大的"圆"距离"圆心"就越远，也就是与被解释的宪法条款的关系相对越疏远。这种"同心圆结构"为评价解释结果提供了一些可以考虑的方向：一方面，某种解释结果越是与被解释对象同处较近体系的条款有明显抵牾，则该解释结果通常就越弱；另一方面，某种解释结果越是能得到与被解释对象较远体系中的支撑，则说服力通常就越强。⑳ 当然，这里基于关系远近不同的体系而提出的评价标准，仅是作为大体上的参考，不应被理解为必须机械适用的教条。

此外，以下两点技术上的事项也值得加以留心。

第一，原则与规则。构成宪法规范体系的条款既有原则也有规则，亦即德沃金对法律规范的分类，其定义和功能此处不赘述。在宪法解释中，原则和规则也存在区别：通常来说，原则具有较大的解释空间，因而解释的主观性也相对较强；而规则的解释主观性相对较小，解释空间也相应较小——在解释过程中注意原则与规则相结合的体系，其解释结果通常会相对更为稳妥。

第二，宪法体系中的时间维度。所谓时间维度，指的是宪法规范体系随着时代的发展而产生的变化。在我国，这种变化主要体现为宪法修改，也就是现行宪法于 1982 年颁布实施后，1988 年、1993 年、1999 年、2004 年和 2018 年对于宪法的五次局部修改。就效力而言，修改的内容与未被修改的内容具有同样的宪法效力；但是对于宪法的解释而言，由于越晚近修改的内容

---

⑲ 规范群有时可以跨越宪法的章节结构而存在，如现行宪法第 13 条（私有财产）除了作为"基本经济制度"规范群的组成部分之外，也可与第二章"公民的基本权利和义务"中的相关条款组成"财产权"的规范群。

⑳ 在本章第二节对于我国宪法第 38 条前句"人格尊严"条款的解释过程中，将会有对于这一规则的实际运用。

越体现了修宪者㉑对于相关问题的新的理解，因此对于某宪法条款的解释，越是能结合较晚近出现的条款，则解释结果相对就越具有说服力。同时，宪法修改有两种情况：一种是增加条款，如第 5 条第 1 款"依法治国"为 1999 年修宪时增加、第 33 条第 3 款"尊重和保障人权"为 2004 年修宪时增加，这种情况只需考虑新增加的内容即可；另一种是对原有条款作出修改，如现行宪法中关于经济制度、非公有制经济的相关条款就经过多次修改，这种情况还需要考虑原条款与修改后条款的比对。

第二节　基本权利程序保障的规范基础及其结构㉒

关于基本权利的程序保障在我国现行宪法中的规范基础，本书认为，同样存在原则条款和规则条款共同构成的体系结构。就原则而言，主要包括第 5 条第 1 款（"依法治国条款"）、第 33 条第 3 款（"人权条款"）和第 38 条前句（"人格尊严条款"），这三条原则共同的"半影"结构蕴含了对于基本权利进行程序保障的原则性要求。就规则而言，现行宪法关于公民基本权利的规定中亦涉及对于程序的具体要求，如第 37 条、第 40 条、第 41 条等，这些内容主要涉及实定法中的相关程序；而主要被认为是宪法原则的一些条款，如第 2 条第 3 款、第 33 条第 2 款等，也涉及程序的具体评价标准。以下依次展开考察。

一、基本权利程序保障的原则内容

（一）"依法治国"

1999 年修宪时增加的宪法第 5 条第 1 款规定了"中华人民共和国实行依法治国，建设社会主义法治国家"，其对于"依法治国"的宣示，亦即法治原则的确立，包含了对于正当程序的要求。

"法治（Rule of Law）"顾名思义即"法律的统治"。与许多文明历史上普遍存在的"统治者通过一定的法律和制度统治臣民"不同，"法治"对于

㉑　当然，"修宪者"和"制宪者"在理论上存在区别，修宪机关和制宪机关在实践中往往也并不相同，但是考虑到修宪本身通常是按照宪法规定的方式进行的，因此修宪者对于宪法相关问题的理解，也可以被视为在制宪者允许和接受的范围内。从这个角度来说，本书这里没有必要刻意区分修宪者和制宪者。

㉒　本节部分内容以论文成果发表于《论我国宪法基本权利的程序保障——一种宪法解释的可能性》。

"法"本身有一定的要求，也就是亚里士多德所概括的"制定得良好的法律"。㉓ 具体而言，包括公平、正义、基本道德底线等"法律特征"，而正当程序通常也被认为是这些特征之一。㉔ 之所以如此，原因之一是法律程序被认为体现了人类理性，"正是程序决定了法治与恣意的人治之间的基本区别"㉕——由此，法治对于程序的要求就具有双重含义：第一，必须存在制度化的、一般性的程序，使得相关流程有章可循，也就是通常所说的"法定程序"；第二，实际存在的程序必须具有某种正当性（如人类理性等），也就是通常所说的"正当程序"。㉖ 而正当程序对于法治而言，正是抵御手握权力者恣意妄为（"恣意的人治"）的有效手段。以朗·富勒的"程序自然法"为例，实际上这八条"法律的内在道德"无不是对权力恣意行使的限制：法律必须颁布，就避免了掌权者通过秘密的法律而令公众动辄得咎；法律不得溯及既往，就避免了掌权者通过事后的立法进行"秋后算账"；官方行动与公布的规则之间的一致性，更是直接要求规则的制定者自己也要遵守规则……而在宪法"限制国家权力/保障公民权利"的二元结构的语境中，对权力的限制同时也就是对权利的保障，因此法治对于正当程序的要求也涉及基本权利的保护，以至于有学者认为，正当程序的核心正在于"个人和那些不可剥夺的权利"，而这些权利同时也是"对政府权力的内在限制"。㉗

我国法治发展的历史也体现了这一点。我国目前的法治建设肇始于对"文化大革命"的反思，中共中央《关于建国以来党的若干历史问题的决议》明确指出，为了避免"文化大革命"重演，一个重要措施就是完善法律制度，使其"成为维护人民权利……的强大武器"。㉘ 在此基础上，1979 年召开的五届全国人大二次会议通过了七部基本的法律，初步搭建起法制的框架；㉙ 其中，刑事诉讼法是基本的程序法，而选举法、地方各级人民代表大会和地方各级人民政府组织法、法院组织法以及检察院组织法也有大量程序规定，这

㉓ ［古希腊］亚里士多德：《政治学》，吴寿彭译，商务印书馆 1965 年版，第 199 页。

㉔ ［英］戴维·M. 沃克：《牛津法律大辞典》，李双元等译，法律出版社 2003 年版，第 990 页。

㉕ 此语为美国联邦最高法院大法官道格拉斯所说，转引自季卫东：《法律程序的意义》，中国法制出版社 2011 年版，第 1 页。

㉖ 孙笑侠：《程序的法理》，商务印书馆 2005 年版，第 17—18 页。

㉗ ［美］路易斯·亨金、［美］阿尔伯特·J. 罗森塔尔编：《宪政与权利》，郑戈、赵晓力、强世功译，生活·读书·新知三联书店 1996 年版，第 189 页。

㉘ 中国共产党第十一届中央委员会：《关于建国以来党的若干历史问题的决议》，1981 年 6 月 27 日中国共产党第十一届中央委员会第六次全体会议通过。

㉙ 这 7 部法律从起草到表决只用了 3 个月的时间，其动作之迅速在我国立法史上可谓绝无仅有。相关情况可参见顾昂然：《立法札记》，法律出版社 2006 年版，第 86 页。

些内容构成了我国"法定程序"的最初内容。而随着"法定程序"内容的逐渐充实和完善，对于"正当程序"的关注也日益从自发转为自觉。[30] 可以说，1999 年修宪写入依法治国条款，是我国多年来法治建设水到渠成的结果，而这一条款所体现的法治原则，无论是从一般概念还是从我国自身的历史经验来说，均包含了对于正当程序的要求。

（二）"尊重和保障人权"

2004 年修宪时增加的宪法第 33 条第 3 款规定"国家尊重和保障人权"，其概括式的规范模式与原有的列举式权利规范相结合，在基本权利规范体系中起到了"兜底条款"的作用。这种"兜底"除了对权利内容的概括外，还包括对权利保障方式的概括，而后者亦包含了通过正当程序实现人权（基本权利）的内涵。

近代的人权理念一开始就包含了通过特定程序保障权利的内容，而这些特定程序逐渐发展为专门的程序性权利，如非经特定程序不得控告、逮捕或拘留任何人，由公正的法庭（或陪审团）进行审判等，在北美《独立宣言》和法国《人权和公民权宣言》中均有体现。这些程序性权利以及通过程序保障人权的原则进而影响到《世界人权宣言》《公民权利和政治权利国际公约》等世界性的人权文件，以及《美洲人权公约》《欧洲人权公约》等重要的地区性人权文件，并且在其中得到了进一步的具体化。[31]

在我国的实践中，自人权的理念被接受之后，通过特定程序实现权利的观念也逐渐制度化。在 20 世纪 90 年代早期，我国就已经意识到司法程序对于人权的重要意义，在 1991 年发布的《中国的人权状况》白皮书中，有 8 处提及"程序"，其中 7 处位于"中国司法中的人权保障"这一部分。值得注意的是，这 8 处"程序"中有 5 个"法定程序"，另外 3 个分别为"司法程序"、"审判程序"和"（死刑）复核程序"[32]——可见，当时对于程序的理解主要还是"严格按照程序办事"的"法定程序"。而通过司法程序的人权

---

[30] 以刑事诉讼法为例，该法的历次修改均在一定程度上体现了"正当程序法定化"的特点，而通过刑事诉讼程序保障公民权利的色彩也越来越明显：该法第 2 条关于"刑事诉讼法的任务"的规定中，1979 年版即有"保护公民的人身权利、民主权利和其他权利"的内容，1996 年的修正增加了"财产权利"，2012 年的修正又增加了"尊重和保障人权"，其理念也从保护受害者权利逐步扩展到犯罪嫌疑人权利和受害者权利的共同保护；而许多具体的程序改善，如非法证据排除、速裁程序、法律援助、律师会见和阅卷、死刑复核等，也体现了"尊重和保障人权"的基本精神，从而令相关的"法定程序"逐渐接近于"正当程序"。

[31] ［奥］曼弗雷德·诺瓦克：《民权公约评注：联合国〈公民权利和政治权利国际公约〉》，毕小青、孙世彦主译，生活·读书·新知三联书店 2003 年版，第 233—234 页。

[32] 国务院新闻办公室：《中国的人权状况》，1991 年 11 月。

保障，尽管是相关领域中历史最悠久、最典型的部分，但以当下人权保障的现实需要来看，仍然是有所不足的。经过二十多年的人权实践，这些问题均有了一定程度的改善。一方面，通过程序保障人权的具体领域有所扩大，已不限于司法领域，如《中国人权发展50年》（2000年）提及，在村委会的选举中"……预选产生正式候选人、正式候选人的平等竞争、差额选举、发表演说、秘密划票间、公开计票、当场宣布选举结果等确保选民权利的程序逐步走向规范化"；[33] 而在两个《国家人权行动计划》中，以公众的知情权、参与权、表达权和监督权为具体的落实对象，提出了包括立法程序、重大行政决策程序、政务公开程序等多个领域的程序制度改善措施。[34] 另一方面，超越"法定程序"的"正当程序"理念，以及相关的概念如"程序公正""程序正义"等，也逐渐获得了认可和一定程度的关注，例如《国家人权行动计划（2009—2010年）》明确提出将"坚持程序公正和实体公正并重"作为刑事审判的基本原则。[35] 不过总体而言，相关的人权程序制度实践仍然着重于"正当程序法定化"，[36] 而非建立相对独立的判断法定程序是否正当的评价标准和评价机制。

尽管如此，将目光回转到我国现行宪法第33条第3款，还是可以发现，"尊重和保障人权"作为宪法规范，本身便可作为一种判断法定程序是否正当的评价标准。在理论上，"人权应当成为法律程序的一项价值标准"[37] 已是学界较为通行的学术观点；而在比较法层面，日本学界将日本国宪法第31条"法律所定程序"通过"尊重基本人权的基本精神来思考"而解释为蕴含"公正、贤明的最起码水准之程序"的"正当程序"的观点可供参考。此外，我国现行宪法第33条第3款关于"尊重和保障"的表述，也正契合了基本权利程序保障的两种机制："尊重"对应于消极的机制，即基本权利未经适当的程序不得被限制或剥夺；"保障"则相对更强调积极的一面，即基本权利需要国家设立适当的程序加以保障。[38]

（三）"人格尊严"

宪法第38条前句"人格尊严不受侵犯"可以被认为蕴含了保障基本权利

---

[33] 国务院新闻办公室：《中国人权发展50年》，2000年2月。

[34] 国务院新闻办公室：《国家人权行动计划（2009—2010年）》，2009年4月13日；国务院新闻办公室：《国家人权行动计划（2012—2015年）》，2012年6月11日。

[35] 国务院新闻办公室：《国家人权行动计划（2009—2010年）》，2009年4月。

[36] 前文提到的刑事诉讼法2012年的相关修改同样体现出这一点。

[37] 孙笑侠：《程序的法理》，商务印书馆2005年版，第227页。

[38] 相关的具体内容，将在下文第三章第一节加以讨论。

的相关法律程序所共同拥有的基本价值。

作为 1982 年修宪时增加的条款，第 38 条前句首先被认为是针对"文化大革命"教训的反思，因而属于公民人身自由的一部分，[39] 而其具体内容也就与第 38 条后句所规定的禁止"侮辱、诽谤和诬告陷害"密切相关。但就宪法整体结构来看，"人格尊严"在我国宪法中的含义绝非仅限于"不受侮辱、诽谤和诬告陷害"而已。有学者基于比较法等解释方法，提出该条款除了作为"个别性权利"外，同时还是可以涵括基本权利整体的"基础性的宪法价值原理"，即该条款具有"双重规范意义"。[40] 而基于体系解释的方法和原则，同样可以得出大致相同的解释结果。

正如前文第二章第一节所述，在宪法规范的多层次体系中，某种解释结果越是能得到与被解释对象较远体系中的支撑，则说服力通常就越强。以此原则来审视"人格尊严"条款，如果只关注其与第 38 条后句所构成的体系，则"人格尊严"仅仅意味着人身自由中不受"侮辱、诽谤和诬告陷害"的部分而已，但如果将目光投向更大范围的、因而关系也较远的体系，可以发现第 33 条第 3 款"尊重和保障人权"以及第 5 条第 1 款"依法治国"均可与之构成一定程度的支撑，而在这种支撑结构下的"人格尊严"就蕴含了某种足以统摄宪法的基础性的价值内涵。在基本权利领域，这种基础价值内涵与"尊重和保障人权"互为表里，成为各种被列举和未被列举的基本权利的"最大公约数"。同时，作为具体权利的"人格尊严"与作为基本价值内涵的"人格尊严"并无抵触，因此，这两种含义并存，或许是对"人格尊严"条款较为稳妥的解释结果（参见图 2-1）。

作为基本价值内涵的"人格尊严"同样可以统摄相关的法律程序。具体而言，就是以保障基本权利为目标的各种法律程序，必须建立在"人格尊严"的基础之上，才有基本的正当性可言。但是，相关的法律程序类型多样、内容各异，具体怎样才算是符合"人格尊严"的要求呢？对于这个问题，美国学者杰瑞·L. 马肖的"程序尊严理论"可资参考。马肖认为，判断程序是否正当的基本标准在于其是否维护了"适当的人格尊严观念"，[41] 他进而提出了平等、参与、自主权以及"可预测性、透明性与合理性"等具体的程序标准。[42]

㊴　许崇德：《中华人民共和国宪法史》（下卷），福建人民出版社 2005 年版，第 497 页。

㊵　林来梵：《人的尊严与人格尊严——兼论中国宪法第 38 条的解释方案》，载《浙江社会科学》2008 年第 3 期。

㊶　〔美〕杰瑞·L. 马肖：《行政国的正当程序》，沈岿译，高等教育出版社 2005 年版，第 176 页。

㊷　〔美〕杰瑞·L. 马肖：《行政国的正当程序》，沈岿译，高等教育出版社 2005 年版，第 185—195 页。

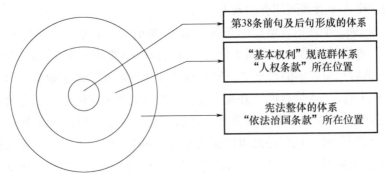

图 2-1   "人格尊严"条款解释的多层次体系

值得注意的是，马肖对于这些具体标准的探讨，是从直觉出发、向自由主义传统寻求理论支持的。[43] 而对我国宪法规范的解释，虽然并不绝对地排斥自由主义理论，但如果仅仅以此为据显然还是不够的。对此，除了基于规范体系的解释之外，还有必要结合我国的思想传统和当下社会的一般观念，再结合具体的程序类型和基本权利内容，加以类型化的考量；同时，"尊严"具有主观感受的一面，即"尊严感"或"受到尊重的感觉"，因此前文第一章第三节提及的对于法律程序的社会心理学研究[44]同样也是具有启发性的研究进路。总之，在"人格尊严"这一基本价值之下有哪些具体的程序正当性的评价标准，这仍然是一个未竟的研究，本书将在下文涉及具体程序的部分中，对此继续探究。

二、基本权利程序保障的规则内容

如前所述，"依法治国"、"尊重和保障人权"以及"人格尊严"这三个条款的"半影"在某种程度上共同构成了以正当程序保障基本权利的原则要求。而在规则层面，现行宪法中也有一些相关的规范值得注意，这些规范大致上可以分为两种：一是关于某种基本权利的实定法层面的保障程序，即"法定程序"或"宪定程序"；二是对于相关法律程序的相对具体的评价标准，当然这些评价标准大多并非专门针对程序，但在相关的体系结构中，其解释空间可以覆盖至对于程序的评价。

---

[43] ［美］杰瑞·L.马肖：《行政国的正当程序》，沈岿译，高等教育出版社 2005 年版，第 185—238 页。

[44] 这种研究进路对于"正当程序的标准是否有普遍适用性"这个问题有很强的针对性，但现有研究方法的局限性也是不容忽视的。

（一）实定法的程序制度

现行宪法规范中涉及某种基本权利的程序保障的规范又存在两种情况：一是在宪法规范中明确规定了相关的程序，这可以称之为"宪定程序"；二是将相关的程序交由立法机关制定，也就是狭义的"法定程序"。

现行宪法规范中涉及基本权利的"宪定程序"仅有1处，即第37条第2款规定："任何公民，非经人民检察院批准或者决定或者人民法院决定，并由公安机关执行，不受逮捕。"这一条款是对逮捕程序的规定，也就是未经这一款规定的程序，不得以逮捕的方式限制公民的人身自由。该条款还涉及全国人大常委会的一则宪法解释，即1983年第六届全国人大常委会第二次会议通过的《全国人民代表大会常务委员会关于国家安全机关行使公安机关的侦查、拘留、预审和执行逮捕的职权的决定》，将执行逮捕的主体扩张解释为公安机关和当时新设立的国家安全机关。值得注意的是，尽管逮捕程序在宪法中有所规范，但进一步的程序细节出现在刑事诉讼法等法律中，换言之，作为公民人身自由保障机制的逮捕程序，准确地说是由"宪定程序"和"法定程序"共同构成的。

现行宪法规范中明确涉及基本权利的"法定程序"也仅有1处，即第40条规定："中华人民共和国公民的通信自由和通信秘密受法律的保护。除因国家安全或者追查刑事犯罪的需要，由公安机关或者检察机关依照法律规定的程序对通信进行检查外，任何组织或者个人不得以任何理由侵犯公民的通信自由和通信秘密。"这一条对于通信自由和通信秘密的规定涉及对该基本权利的限制，宪法规范中明确了限制理由（国家安全、追查刑事犯罪）和执行限制手段的主体（公安机关、检察机关；根据前述《全国人民代表大会常务委员会关于国家安全机关行使公安机关的侦查、拘留、预审和执行逮捕的职权的决定》的宪法解释，执行限制手段的主体还包括国家安全机关），而限制程序则明确交由"法律规定"了。这里的"法律规定"主要是刑事诉讼法的相关程序规定，[45] 在邮政法等法律中也有配合性的规定。

但除了第40条之外，"法定程序"在宪法规范中还可能有其他的表述方式，即"法律规定"或"法律的规定"，也就是宪法明确交由立法机关以法律的形式对宪法相关内容加以具体化的任务。法律包括实体部分和程序部分，因此这些立法任务在理论上也包含了形成"法定程序"的要求；当然，其中是否属于与基本权利保障有关的法定程序，还要具体加以认定。

在现行宪法规范中，"法律规定"或"法律的规定"共有49处，其中位

---

⑤　如刑事诉讼法第143条第1款："侦查人员认为需要扣押犯罪嫌疑人的邮件、电报的时候，经公安机关或者人民检察院批准，即可通知邮电机关将有关的邮件、电报检交扣押。"

于第二章"公民的基本权利和义务"的共有5处，其中第40条"法律规定的程序"已如前述；而第33条第4款"任何公民享有宪法和法律规定的权利，同时必须履行宪法和法律规定的义务"则是对权利义务法定性的强调，与基本权利的保障无关。剩下的就是第41条第3款"由于国家机关和国家工作人员侵犯公民权利而受到损失的人，有依照法律规定取得赔偿的权利"，即获得赔偿权；以及第44条前句"国家依照法律规定实行企业事业组织的职工和国家机关工作人员的退休制度"，即退休权。对于第33条第4款，国家赔偿法中关于国家赔偿的程序规定就是此处"法律规定"的程序部分，也就是作为基本权利的获得赔偿权的"法定程序"，殆无疑义。对于第44条前句，实际上是要求国家建立足以确保退休权完满实现的法律制度，类似于德国宪法学中的"基本权利制度保障"功能，而参考德国宪法学中基本权利的"制度保障"功能与"组织和程序保障"功能的重叠，⑩这一条款也可以被认为包含了关于国家制定足以保障退休权实现的"法定程序"的要求。

除了第二章"公民的基本权利和义务"之外，在第一章"总纲"中也有若干处涉及权利的"法律规定"或"法律的规定"，其中又可分为两种情况：一种是第10条第4款后句，"土地的使用权可以依照法律的规定转让"，这其中显然也包括了要求立法机关制定土地使用权转让的相关法律程序的内容；另一种则包括第10条第3款（对土地的征收征用）、第13条第2款（对私有财产权的依法保护）和第13条第3款（对私有财产的征收征用），这三个条款的共同点在于，"依照法律规定"的主体是国家而非基本权利主体，因而也可理解为前述的"基本权利制度保障"功能，从而蕴含了立法机关制定相应"法律程序"的要求。

宪法规范中还有一种与"依照法律规定"相反的表述，即"禁止（不得）非法……"，也可以被理解为包含了"不得未经法定程序"的要求。现行宪法中这样的表述涉及三个条款，其中第10条第4款"不得非法转让土地"实际上是义务性的规定，与此处的讨论无关；而第37条第3款"禁止非法限制人身自由"和第39条"禁止非法搜查或者侵入住宅"，则显然蕴含了"未经法定程序不得限制公民人身自由和住宅自由"的意味。

（二）程序的评价标准

与基本权利相关的"法定程序"（广义上的，包括"宪定程序"在内，下同）使得权利主体对基本权利的行使和国家对基本权利的限制都能依一定

---

⑩　陈春生：《司法院大法官解释中关于制度性保障概念意涵之探讨》，载李建良、简资修主编：《宪法解释之理论与实务》（第二辑），中国台湾中央研究院社会科学研究所2000年版，第275页。

之规，减少了恣意和专断的空间，从而有可能为基本权利提供一定程度的保障。但是法定程序本身也应当区分制定得合理的程序与不合理的程序，不合理的法定程序往往会造成效率低下的结果，对于程序的保障也就无从谈起。[47]因此，对于基本权利的保障而言，仅有"法定程序"仍然是不够的，还必须强调"正当程序"；而"法定程序"与"正当程序"的连接点，就是对于程序的具体评价标准，如参与、公正、和平等。这些评价标准如果体现在宪法规范中，就可以成为评价法定程序的宪法依据，通过宪法解释使得法定程序逐渐接近于正当程序。如前所述，现行宪法第38条前句的"人格尊严"条款可以被理解为各项基本权利共同的基本价值内涵，从而可以成为对相关法定程序进行评价的总的标准。但相对于具体程序而言，"人格尊严"仍显抽象，因此还需要更为具体的评价标准。本书认为，在现行宪法规范中，至少有以下三个条款与之相关。

首先是现行宪法第33条第2款"法律面前一律平等"。平等是正当程序的基本要求，"自然公正"二原则之一就是诉讼双方都有充分的机会陈述理由，[48]这就包含了对诉讼双方平等对待的要求。后世对于正当程序的讨论也大多将"平等对待"作为判断程序是否正当的标准之一。贝勒斯提出的8项"程序利益"就包括了"程序应当是公平的——平等地对待所有人"，并强调平等是"独立于结果的正确性的价值"；[49]马肖则指出程序中的平等具体包括了平等尊重和平等发表意见等内容，在制度建构时应注意形式平等和实质平等的协调（尽管这两种平等在实践中常有冲突）；[50]而社会心理学的研究也指出，法律程序中是否存在偏袒，对于程序的正当性有着明显的影响。[51]从结构来看，"法律面前一律平等"所在的第33条是第二章"公民的基本权利和义务"的第一个条文，统摄整个宪法基本权利的规范体系，因此，以"平等"作为评价与基本权利相关的程序的标准，乃是顺理成章的。

其次是现行宪法第41条第1款"批评、建议、申诉、控告、检举的权利"。对于这一条款规定的是一种权利还是多种权利，学界历来有不同的理

---

[47]　吴健民：《创办珠海特区五年的回忆》，广东人民出版社1998年版，第29页。

[48]　［英］彼得·斯坦、约翰·香德：《西方社会的法律价值》，王献平译，郑成思校，中国法制出版社2004年版，第113页。

[49]　［美］迈克尔·D.贝勒斯：《程序正义——向个人的分配》，邓海平译，高等教育出版社2005年版，第159—160页。

[50]　［美］杰瑞·L.马肖：《行政国的正当程序》，沈岿译，高等教育出版社2005年版，第186—187页。

[51]　T. Tyler, What Is Procedural Justice: Criteria Used by Citizens to Assess the Fairness of Legal Procedures, *Law & Society Review* Vol. 22, No. 1, 1988.

解；对相关权利的定性，学界也有政治权利、监督权、救济权、程序权等多种观点。[52] 而无论对其如何界定，综观批评、建议、申诉、控告、检举这五者，都可以发现一个共同的含义，即权利主体对于公权力的行使感到其存在不当之处（无论是否涉及自身利益），进而启动某种纠正程序的权利。从程序结构的角度来看，批评、建议、申诉、控告、检举都是某种纠错的形式，令程序的当事各方均有正常的机会弥补程序可能发生的错误，以此来确保程序的反思能力并进而实现形式正义与实体正义的结合，这正是现代程序不同于传统的"手续"的重要特点之一。程序的这种纠错机制因而也成为正当程序的特点，学界关于程序理论的重要模式，如卢曼的自创生理论、罗尔斯的"反思的平衡"、哈贝马斯的商谈理论等，也均涉及这一点；而社会心理学的研究也显示出"纠错机会"有助于提升程序的正当性。[53] 换言之，第 41 条第 1 款的这五项权利在一定程度上意味着程序上的纠错机制，从权利的角度看就是存在救济途径，这作为正当程序的重要特点，也可以作为评价法定程序的标准。具体而言，就是要求在与基本权利相关的程序中具有适当的救济途径，从而确保相关程序的纠错能力。而作为不同救济方式的批评、建议、申诉、控告、检举等正可以适用于不同的程序类型和权利类型。当然，第 41 条位于列举式的基本权利清单之中，就结构来看并无统领整个基本权利体系的地位。但是正如类似位置的"人格尊严"条款依然可以被理解为体现了基本权利整体的基础性价值内涵，第 41 条第 1 款同样不妨被理解为对基本权利相关程序的普遍性要求。

最后是现行宪法第 2 条第 3 款"人民依照法律规定，通过各种途径和形式，管理国家事务，管理经济和文化事业，管理社会事务"，这可以被理解为对于社会公众参与公共事务的倡导和鼓励；而程序中的当事各方能有效参与程序运作，这也是正当程序的一个重要认定标准。贝勒斯在讨论司法程序时，将其概括为参与原则，也就是"当事人应能富有影响地参与法院解决争执的活动"，并指出这可以令当事人更好地服从判决，尽管他们可能并不赞成判决的结果。[54] 事实上，参与原则的作用在其他类型的法律程序中也是明显的，因此在一些重要的程序理论模式（如罗尔斯的"重叠共识"、

---

[52] 王锴：《论宪法上的程序权》，载《比较法研究》2009 年第 3 期。

[53] T. Tyler, What Is Procedural Justice: Criteria Used by Citizens to Assess the Fairness of Legal Procedures.

[54] ［美］迈克尔·D. 贝勒斯：《法律的原则——一个规范的分析》，张文显、宋金娜、朱卫国、黄文艺译，中国大百科全书出版社 1996 年版，第 35 页。

哈贝马斯的"理想商谈情景"等）中，参与原则也具有突出的地位。我国有学者结合"依法治国"条款，指出第 2 条第 3 款可以被视为我国行政听证程序、甚至整个行政程序正当性的宪法依据，⑤ 也就是判断行政程序合理性的标准。从程序的一般性结构和要求来看，显然这种评价标准的适用范围并不仅限于行政程序，而是可以适用于各种类型的法律程序，只是参与的方式各有不同（而这一点正对应于条文中"通过各种途径和形式"的表述）。但是，这种解释方案如果运用于基本程序相关的法定程序，还面临一个问题：第 2 条第 3 款位于现行宪法的"总纲"部分，与基本权利和国家机构（国家公权力的配置与运作）并无直接的关系，本身也没有明确其对于国家机构的直接拘束力。换言之，参与原则固然是评价相关法定程序的重要标准，而现行宪法第 2 条第 3 款的内容也是与之有关的，但如果仅以该条款为依据，从该条款在宪法体系中的地位来看，还略显不足。

第三节　规范结构及其界限

本章第二节针对我国现行宪法的规范，对于涉及基本权利相关程序的条文进行了考察。在此基础上，本节试图将这些规范及其理解加以整合，进而梳理出基于我国现行宪法的体现"基本权利程序保障"意味的规范结构体系。当然，正如前文所述，现行宪法中的相关规范基础对于一种程序保障机制的建构来说仍然是不完善的，现有规范体系的解释空间存在局限。而将现有规范体系所能展示的规范结构与其相结合，便可以形成基本权利程序保障机制在规范上的理想图景。

一、规范结构

基于前文第二节的考察，现行宪法体系中可以被理解为蕴含了"基本权利程序保障"的规范基础，其中包括了由三部分所组成的规范结构。

规范结构的第一部分是总的原则，即"基本权利需要由具有合理性的程序加以保障"。如前所述，这一原则是由宪法第 5 条第 1 款的"依法治国"、第 33 条第 3 款的"尊重和保障人权"和第 38 条前句的"人格尊严"这三个条款的"半影"所共同构成的，其规范关系如图 2-2 所示。需要说明的是，

---

⑤　章剑生：《论行政程序正当性的宪法规范基础——以规范实证分析为视角》，载《政法论坛》2005 年第 4 期。

由"依法治国"、"尊重和保障人权"和"人格尊严"这三个条款所交叠构成的部分（即图中灰色部分）拥有非常丰富的解释空间有待发掘，"基本权利的程序保障"只是其中可以引申出、并且不与宪法规范其他部分存在抵触的一点而已；换言之，此处所讨论的原则，绝非对该交叠部分的全部理解。

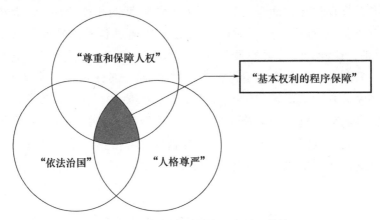

图 2-2 程序保障原则的"半影"结构

规范结构的第二部分是涉及具体基本权利的法定程序。如前所述，根据相关程序在宪法规范中的表述情况，程序还可细分为三种：（1）"宪定程序"，即宪法规范中对相关程序作了明确的规定，这在现行宪法中仅有第 37 条第 2 款的逮捕程序。不过即使在宪法规范中有所规定，相关程序也有必要通过法律（乃至位阶更低的规范性文件）加以具体化、可操作化。因此，就规范结构而言，"宪定程序"的存在并非排斥其他形式的"法定程序"，而是作为一种强调性的宣示，[56] 同时也为评价其他形式的"法定程序"的合理性提供了相对更具体的标准和依据。（2）宪法规范中明确提到的"法定程序"，这在现行宪法中也仅有一处，即第 40 条的检查通信程序。与"宪定程序"类似，这类程序也需要不同位阶的规范性文件加以具体化。而这类程序的存在，主要是明确了立法机关的任务，立法机关如未能在合理期间内完成相应立法则须承担立法不作为（立法怠惰）的责任。而结合前述"基本权利需要由具有合理性的程序加以保障"的原则，这里的"法律规定的程序"也不妨被理解为蕴含了"法律规定的合理的程序"的意味，[57] 从而可以作为针对相关实体法的评价依据。（3）在宪法规范中具有"法定程序"意味的其他表述方

---

[56] 以逮捕程序为例，如果综合考察自英国《大宪章》以降的宪法发展史，就不难体会到逮捕程序作为一种对限制人身自由的权力加以约束的制度手段，其在历史上有突出的重要意义。

[57] 这里借鉴了日本宪法学对于日本国宪法中的"法律规定的程序"这一表述的理解。

式，包括"法律规定""法律的规定""合法"等。当然，这些表述在宪法规范中出现得很多，并非专指基本权利相关的法定程序。经过前文的梳理可以发现，在现行宪法中这些表述与基本权利相关的有若干处，涉及获得人身自由、住宅自由、赔偿权、退休权、土地使用权、集体土地所有权、私有财产权等，这些权利与宪法规范中列举的权利相比，在数量上仅占较小的一部分。

关于法定程序规范结构的另一个观察角度在于相关规范所针对的对象，前述相关规范据此可以分为两类：（1）针对对象是国家公权力机关，即基本权利相对应的义务主体，宪法第 37 条第 2 款的逮捕程序和第 40 条的检查通信程序均属此类；第 37 条第 3 款"禁止非法限制人身自由"和第 39 条"禁止非法搜查和侵入住宅"，也属此类。这类程序规范的共同点在于，设置了国家公权力对基本权利进行干预或限制的特定程序；换言之，非经此特定程序，国家公权力不得对相关的基本权利进行干预或限制。这可以称之为"消极的程序保障"，在比较法上类似于美国的"正当法律程序"。[58] （2）针对对象是公民，即基本权利的主体，前述获得赔偿权、退休权、土地使用权、集体土地所有权、私有财产权等的相关程序均属此类。这类程序规范的共同点是，要求立法机关（及其他公权力机关）设置特定基本权利的行使程序，从而确保公民能够顺利地行使相关权利。在宪法规范的层面，这属于对国家公权力机关的要求，因此可以称之为"积极的程序保障"，在比较法上类似于德国的"组织和程序保障"——不难发现，在现行宪法规范中，"消极的程序保障"对应于消极权利，"积极的程序保障"对应于积极权利，而这是不是基本权利程序保障的一般规律呢？在下文第三章将专门讨论这个问题。

规范结构的第三部分是针对法定程序的评价标准。如前所述，现行宪法体系中可以被理解为法定程序评价标准的有三项，即平等（第 33 条第 2 款）、获得救济（第 45 条第 1 款）和参与（第 2 条第 3 款）。基于体系化的解释模式，这三项标准本身应当是作为整体来理解的："参与"应当是各方平等地参与、参与过程中的争议可以获得救济；"平等"包括了通过参与的形式实现实质平等的意味、而权利主体在受到不平等对待时可以获得救济；"获得救济"则应当是指允许当事各方平等参与的救济渠道。不过，作为对法定程序的评价标准，现有的这三项标准还是很单薄的，远达不到"通过解释令法定程序的内容尽可能地接近于正当程序"的效果；同时，正如前述，这三项标准在规范体系中与基本权利的关系并不相同，其中"参与"

---

[58] 可比较美国宪法第五和第十四修正案的规定："（联邦和州）未经正当法律程序，不得剥夺任何人的生命、自由或财产。"

这一项就规范本身而言，能否径直成为基本权利相关法定程序的评价标准，还有待商榷——这种薄弱的状况与宪法整体上的定位有关：作为"一张写着人民权利的纸"（列宁语），宪法在传统上更多地被视为政策纲领的宣言书和既成事实的确认书，宪法的规范性（尤其是约束国家公权力运作的规范性）或多或少地被忽视了；宪法的内容需要通过法律以及其他位阶更低的规范性文件来实施，而宪法对于这些规范性文件的评价与约束功能则没有很好地发挥出来。在这种情况下，基本权利相关的法定程序的评价标准作为以宪法评价和约束下位法的一项具体内容，在宪法规范中难寻踪迹，也就不难理解了。

二、解释空间的局限

前述关于基本权利程序保障的三部分规范结构是以现行宪法的规范体系为对象加以理解的；换言之，这可以说是在基本权利程序保障方面，现行宪法规范最大的解释空间。然而，相关的程序保障机制若想切实发挥作用，现有的解释空间仍然存在局限。一般而言，宪法解释的局限意味着两种可能的后续行动：第一种是突破既有的宪法规范体系，也就是相关结论会与既有体系相抵牾，这就超出了宪法解释的范围，而需要诉诸宪法修改甚至宪法创制了。第二种是在既有的宪法规范体系内，对体系的"留白"加以填补，这种填补完善通常也超出了传统法律解释方法所能达到的地步，但总体而言并不会突破规范体系本身。这种情况，类似于法（律）学方法中所谓的"法的续造"[59]——本书的立场，基本上便是后一种情况，而在本章"法的解释"的基础上，后续的内容大致均可归为"法的续造"。而在"续造"之前，还需要明确现有解释空间的局限所在，以使"续造"的活动更具针对性。概括而言，现有解释空间的局限性主要体现在两个方面。

一方面，相关规范所涉及的基本权利是个别的、零散的，尚未形成针对基本权利整体的一般性规范要求。如前所述，宪法规范中尽管存在若干涉及基本权利的程序条款，但所涉及的基本权利在数量上并不多，并且彼此之间也缺乏体系上的关联性，这就使得某项权利与某种程序之间，仅存在个别的、甚至是偶然的联系。这就造成了同样为宪法所列举的权利，在程序保障方面却受到不同力度的保障，更有些权利本身在规范上则毫无程序保障可言，进而使得在探讨基本权利的程序保障时，不得不先考虑相关利益归类于何种基

---

[59] ［德］卡尔·拉伦茨：《法学方法论》，陈爱娥译，商务印书馆2004年版，第246—315页。

本权利、再按图索骥地寻找与之相关的程序规范——这不仅增加了解释成本（在实践中，可能会发生基本权利竞合的情况，[60] 因此这种归类往往并不容易，并且易生争议），而且也不利于宪法未列举权利的保障。同时，这些非体系化的零散规范也无益于相关程序制度的充实和完善。

另一方面，相关规范注重"法定程序"，但缺乏对立法的评价和约束机制。如前所述，相关规范将程序的形成权界之于立法机关，这与宪法整体上更多地被视为宣言书和确认书的定位有关。应当看到，宪法本身的特点决定了难以罗列众多具体的程序规定，因此这种对"法定程序"的注重也有一定的合理性与必要性。

---

[60]　林来梵、翟国强：《论基本权利的竞合》，载《法学家》2006 年第 5 期。

第三章 程序保障的规范结构

本章结合基本权利和宪法规范的相关理论，对作为一种宪法制度的基本权利程序保障机制的规范结构加以探讨。本章首先基于"消极的程序保障"和"积极的程序保障"这一分类，探讨基本权利程序保障的规范模式；其次主要借鉴德国宪法学中"主观权利"和"客观法"的理论，对基本权利程序保障的规范属性加以厘清；最后结合具体实例，分析对基本权利程序保障的作用机理。

第一节 程序保障的规范内容

在前文第二章第三节对于我国现行宪法相关规范的梳理中，已经可以发现基本权利程序保障的两种模式，即消极保障模式和积极保障模式。在现有的规范中，消极保障模式总是对应于消极权利、积极保障模式总是对应于积极权利，这是我国现有规范中值得注意的一个现象。而本节所要讨论的是，这种现象是不是一种应然意义上的规律呢？从这个问题出发，本节在梳理基本权利程序保障的规范模式和基本权利类型的基础上，从更具有一般性的角度探讨程序保障的不同规范模式与基本权利不同类型之间的关系。

一、程序保障的一般性规范模式

如前所述，基本权利的程序保障在规范上存在消极和积极两种模式。消极的保障模式，即"未经特定程序，国家不得限制或剥夺某项基本权利"，这里的"特定程序"可能是实定法意义上的"法定程序"，也可能是应然意义上的"正当程序"。积极的保障模式，即"国家应当形成特定的程序，以确保某项基本权利的实现"，这里的"特定的程序"主要是实定法意义上的，但应当符合正当程序的标准；而这里的"形成"，则包括了制定、承认等多种方式。正如前文第二章第三节所提到的，从比较法的角度看，消极的保障模式更接近于美国的"正当法律程序"，而积极的保障模式则更接近于德国的"组织和程序保障功能"——但需要强调的是，这两种比较法上的制度均以其各自的传统和规范体系为基础，形成了自身的特色内容。德国的"组织和程序保障"功能主要针对立法权，并且在德国宪法学的脉络中，与同属基本权利功能体系的"制度保障"功能存在相当的重合。因此，典型国家的比较法资源固然有非常重要的参考价值，但与此同时，还必须对基本权利程序保障的规范模式加以一般化（这种一般化须建立在更为广泛的比较法资源基础上），才能在我国宪法规范的语境下展开分析。

（一）消极的程序保障模式

此类保障模式的表述方式较为单一，通常都采用如前文所提到的这种表述："未经特定程序，国家不得限制或剥夺某项基本权利。"其中，"特定程序"和"国家"这两个重要概念有必要特别加以注意。

1. "特定程序"

这是规范的核心概念，在很大程度上决定了保障的具体方式。这一概念的具体表述有三种可能性。

第一，表述为"正当程序"（或"正当法律程序"），如前述美国宪法第五和第十四修正案，再如韩国宪法（1948 年）第 12 条"逮捕、拘禁、搜查或扣押应按正当程序……"。[①] "正当程序"包含了"有程序存在"和"程序本身是合理的"双重含义，在保障力度上可谓最强。但具体怎样的程序才属正当？这实际上给宪法解释留下相当大的空间，[②] 因此在宪法体系中设置相关的规范对其加以进一步的约束和厘清，就不无必要。

第二，在宪法规范中直接规定该"特定程序"的具体内容，如前述我国现行宪法第 37 条第 2 款的逮捕程序，以及土耳其共和国宪法（1982 年）第 19 条所列举的剥夺人身自由的若干情形。虽然这种表述方式将程序的具体内容以宪法规范的形式固定下来，但是宪法规范的篇幅有限、无法一一列举而只能择要规定，同时，即使宪法规范中规定了明确的程序，其进一步的细节或可能的发展通常也离不开立法或宪法解释。

第三，表述为"法律规定的程序"以及其他具有"法定程序"意味的概念，[③] 如前述我国现行宪法第 40 条的通信自由和通信秘密，以及日本宪法

---

① 以下所援引各国宪法规定，除特别说明外，其中文翻译均援引自孙谦、韩大元主编：《公民权利与义务——世界各国宪法的规定》，中国检察出版社 2013 年版。

② 余军：《正当程序：作为概括性人权保障条款——基于美国联邦最高法院司法史的考察》，载《浙江学刊》2014 年第 6 期。

③ 参见前文第二章第二节第二部分和第三节第一部分。

（1946年）第31条"不经法律规定的程序，不得剥夺任何人的生命或自由……"。这实际上是对立法机关的授权条款，在赋予立法机关权力的同时也明确了其"在适当期限内制定相关法律"的职责，而立法机关如果怠于履行该职责便可能引发立法不作为的后果，但"适当期限"究竟多久、具体怎样的法律属于"相关"，依然是需要解释的问题。④ 此外，正如前述，日本宪法学界对于宪法第31条的解释，认为其包含了"正当程序"的意涵，也是值得注意的。

此外，同处实定法层面的"宪定程序"和"法定程序"也常结合在一起，如前文第二章第二节第二部分所言，这是宪法规范本身的特点所决定的，有时候，在宪法规范中会明确这一点，这样的规范组合模式通常可以在一定程度上约束立法机关的立法裁量空间。

2. "国家"

此类规范中的"国家"，既是可能限制或剥夺基本权利的主体，同时也是相关的保障条款所约束的对象，决定了该条款的效力范围。如果不仅仅局限于程序保障，而是基于更广泛的涉及基本权利限制的条款，可以发现此处相当于"国家"这个概念的表述同样有三种可能性。

第一，明确列明具体的国家机关或其他行使国家公权力的组织，如前述我国现行宪法第37条第2款的逮捕程序、第40条的通信自由和通信秘密。这种表述方式的特点是清晰明了，在"宪定程序"规范中尤有必要。但是当情势发展需要对相关主体进行调整时，就用宪法解释或宪法修改。例如，前述我国宪法中的逮捕程序，在1982年修宪时以公安机关为逮捕的执行主体；但在1983年设立国家安全部并确定由其在涉及国家安全的案件中行使公安机关职责后，通过全国人大常委会决定的方式对该条款作扩大解释。

第二，表述为"国家"或其他指代国家公权力机关的概念，如奥地利联邦宪法（1920年）第4条"国家仅得以军事义务限制迁徙自由"；再如波兰共和国宪法（1997年）第51条"国家机关不得取得、收集或公开公民信息……"。这种表述较前一种而言更为宽泛，就传统所认为的宪法"国家—公民"的关系模型而言，这种表述也是较为确当的、为宪法相对灵活的适用预留了空间。当然，"国家机关"这样的表述，还应解释为包括那些虽非国家机关、但依法行使国家公权力的组织（如行政法理论中"法律授权的组织"），

---

④ 陈爱娥：《立法怠惰与司法审查》，载《宪政时代》2001年第3期。

方属完满。⑤ 不过，在宪法规范中明确相关程序的情况下，如果宽泛地以"国家"或"国家机关"作为对象，则又难免使得程序本身具有一定的模糊性。

第三，更为宽泛的表述是"任何人"或者直接采用被动语态，如丹麦王国宪法（1953年）第71条"人身自由不受侵犯。任何丹麦公民，不得因为……以任何方式被剥夺自由"；俄罗斯联邦宪法（1993年）第40条"任何人都不得被任意剥夺住宅"。这种表述方式通常用以强调基本权利的绝对性、对世性，而其具体内涵则依然与第二种表述类同。当然，仅从字面理解，也可以得出"私人亦不得侵犯基本权利"之意，由此涉及基本权利对私人是否有效力的问题，如德国宪法学中的"宪法第三人效力"问题。⑥ 不过，本书从国家权力的角度理解对基本权利的限制以及程序对其的约束，因此对这个问题不作深究。

（二）积极的程序保障模式

相对而言，积极的程序保障模式在表述方式上较为多样化，概括而言，可以分为以下两种类型。

1. 传统的积极程序保障

这主要是指关于权利救济程序，尤其是诉讼程序的规定，这也是德国宪法学中"组织和程序保障功能"最初的要求，即要求一种"诉讼基本权"，对应于"国家必须设立公平合理的诉讼程序"的国家给付义务。⑦

如果仅就诉讼程序而言，早在1215年的英国《大宪章》中就出现了若干诉讼程序的要求并延续至今，如同侪审判、人身保护令等，但这种要求更多地依赖于国家立法权的行使，其裁量空间相当之大，通常也不存在相应的请求权，在这种情况下，对个人而言，"接受公正审判"只是一种制度上的反射利益而非独立的权利；⑧ 就表述方式而言，也多采用"未经某种诉讼制度或程序，不得剥夺……"的模式，与前述消极的程序保障几无分别。而前述德国

---

⑤ 在德国，对于基本权利在国家不直接参与的法律关系中是否有效力，即"第三人效力"的问题，存在不同看法；但是对于国家机关"委托了某一私人代其完成某项任务"的情况则毫无疑问应受基本权利的拘束。［德］康拉德·黑塞：《联邦德国宪法纲要》，李辉译，商务印书馆2007年版，第282—283页。在美国，亦有"国家行为理论"与之异曲同工。See Mastanduno M., Lake D. A., Ikenberry G J. Toward a Realist theory of State Action, *International Studies Quarterly*, 1989: 457-474.

⑥ ［德］康拉德·黑塞：《联邦德国宪法纲要》，李辉译，商务印书馆2007年版，第282—289页。

⑦ 李建良：《基本权利的理念变迁与功能体系——从耶林内克"身份理论"谈起》（下），载《宪政时代》第29卷第2期。

⑧ "反射利益"和"权利"的区别，涉及德国宪法学中对于"客观法"和"主观权利"的划分，可参见［德］格奥格·耶林内克：《主观公法权利体系》，曾韬、赵天书译，中国政法大学出版社2012年版，第64—67页。

宪法学中"组织和程序保障功能"所厘定的"诉讼基本权",强调的是"接受公正审判权",既有国家给付义务、也有相应的请求权,其对于基本权利的保障力度显然有所增强,与消极的程序保障相比,其重点从被保障的权利转向对于公平合理的诉讼程序本身的请求权,因此保障的范围也有所扩大。

在比较法的领域,"接受公正审判权"并非德国所仅有,与传统诉讼制度的区别在于,作为某种权利的诉讼程序保障通常出现在宪法"基本权利"这一部分,且明确其为一种权利,其中既有概括性的"获得公平审判权",如土耳其共和国宪法(1982年)第36条"任何人都有通过合法的方式与程序,以原告或被告身份在法院进行诉讼、获得公平审判的权利"、西班牙王国宪法(1978年)第24条第1款"公民……有权获得法官和法院的有效保护……"等;也有涉及特定诉讼制度的权利,如瑞典《政府组织法(1974年)》第二章"基本权利与自由"第9条"因犯罪或涉嫌犯罪而被法院之外的公共机构剥夺自由的公民,应享有不被无故拖延地将相关事项提交法院审查的权利",以及英国《人权法案(1998年)》第6条"接受公平审判的权利"中所列举的若干具体规定等。总体而言,从"诉讼制度"到"诉讼基本权",体现了积极的程序保障模式,其对于基本权利的保障意义也是毋庸置疑的;但是就积极的程序保障而言,仅仅关注诉讼程序还是有所不足的,除了诉讼基本权之外,许多其他的基本权利同样需要国家积极地设置相关程序才能实现,由此出现了更为一般化的积极的程序保障形式。

2. 一般化的积极程序保障

这类规范同样主要是针对立法权的,要求立法权在行使过程中如果制定了限制基本权利的实体规范,则应当同时辅之以一定的程序规范,从而确保前述实体规范能通过合宪性检验。这类保障的表述方式通常为"……权利的行使程序,由法律规定",也就是主要体现为"法定程序"。这主要是由于积极的程序保障本身就要求国家设置一定的程序,因此规范所关注的重点就在于实定法层面;而"宪定程序"则囿于宪法整体的结构和篇幅,难以满足设立各种程序规则的要求。当然,这并不排斥在对涉及"法定程序"的相关规范条款进行解释时加入"正当程序"的考虑因素。

如前文第二章第二节第二部分所考察的,在我国现行宪法规范中,尽管在获得赔偿权、退休权、土地使用权、集体土地所有权、私有财产权等基本权利的规范中蕴含了此种含义,但毕竟并未明确提到"权利行使的程序"的字样;不过从比较法的角度来看,此类规定并不罕见,如墨西哥合众国政治宪法（1917 年）第 6 条规定了公民有获取公共信息和个人数据的权利，并且规定"应规定自由获取信息的机制和审查程序"、波兰共和国宪法（1997 年）第 51 条的个人信息权也有类似的规定。值得注意的是，这种规范形式并未局限于传统所谓的积极权利，如英国《人权法案（1998 年）》第 10 条关于"表达自由"的规定"由于行使上述自由（即表达自由）附带义务和责任，因此应当受法律规定的程序、条件、限制或惩罚的约束……"；再如土耳其共和国宪法（1982 年）第 54 条规定"工人行使罢工权……的程序与条件……由法律规定"等，均涉及传统所谓的消极权利。

与前述"诉讼基本权"相比，此类规范并未突出强调"要求国家进行立法"的意味，那么这类规范究竟可以被理解为具有请求权内容的基本权利的组成部分，还仅仅是立法权行使的反射利益呢？本书认为，将此类规范理解为具有与特定基本权利相关的请求权意涵，似乎更符合保障基本权利的宪法宗旨；换言之，此类规范应被理解为"要求国家在适当的期限内、制定适当的法律程序，以确保该基本权利的行使"。

另一个问题是，这里所要求的"法律程序"，是否特指立法机关制定的规范性文件（从而排除了其他规范性文件，如行政立法）？换言之，这种积极的程序保障模式，是否蕴含了法律保留的要求？由于各国宪法文字殊异，这里难以一一对其展开基于文义的解释。仅就一般原理而言：如果其中有法律保留的要求，则意味着排除了行政机关等其他国家机关置喙的空间；由于相关的规则涉及对基本权利的限制，因此这里的法律保留实际上体现了对于基本权利保障的重视，同时也符合法律保留这一理念的初衷。但是应当看到，相关的程序规定本身具有鲜明的技术化、细节化的特点，当越来越多的新技术被行政机关的规制手段所运用时，这一点就更明显了。在这种情况下，立法机关由于缺乏专业的审查力量而使得行政机关在立法过程中的重要性大大增强，而有限的立法资源也难以满足程序规定中大量细节的要求。因此，严格的法律保留对于此类程序保障规范而言，似乎不是具有现实性的态度；退而求其次，"有条件的法律保留"可以被认为是兼顾原则性和可行性的：一方面，应当承认授权立法的可能性，即立法机关可以授权行政机关或有地方立法权的国家机关就相关程序制定配套的操作细则，当然，这种授权应当符合授权立法的一般要求，自不待言。另一方面，立法机关仍然负有构建相关程序制度整体框架和基本原则的立法任务，并且在"法律—行政立法—其他规范性文件"的实定法体系中，确保下位法不抵触上位法，当存在地方立法时，还须承担起确保法制统一的责任。

二、作为分析框架的基本权利类型

（一）消极权利与积极权利

在学理上，对于基本权利可以依据不同的标准作出不同的分类，如果针对基本权利的上位概念，即法律权利，则分类标准就更多。这里出于分析的需要，选择"消极权利—积极权利"这一分类加以考察，并进而论述以此为基础的基本权利类型的分析框架。

"消极权利—积极权利"的区分与基本权利有着密切的联系，但其本身具有广泛的历史和哲学背景。近代自由主义奠基者之一的贡斯当在 19 世纪早期提出了两种自由的区别：一种是古代人的自由，即古希腊、古罗马所存在的自由，主要是参与政治、参与公共事务的自由，也就是政治权利；另一种是现代人的自由，即近代欧美的自由，主要表现为"私人快乐的制度保障"，也就是在法律范围内排除干预的权利。[⑨] 在这一分类的影响下，以赛亚·伯林提出了消极自由和积极自由的区分：消极自由就是"不被别人阻碍地行动"的自由，其含义与贡斯当的"现代人的自由"大致相同；而积极自由则是"做自己的主人的自由"，也就是要求别人做某事的自由[⑩]——如前所述，贡斯当的"古代人的自由"大致相当于今天所说的政治权利，因而属于积极自由的范畴；但伯林所说的积极自由包含了更丰富的内容，包括社会福利以及社会经济权利等，这些内容是随着近代福利国家的出现而产生的，当然就不属于"古代人的自由"。消极自由和积极自由的划分本身是一般性的自由理论，但这种划分也涉及国家与个人的关系：对于消极自由而言，最有能力"阻碍行动"的"别人"非国家莫属；对于积极自由而言，最有必要要求行动、同时也最有能力对抗这种要求的"别人"也正是国家。因此，在涉及国家与个人关系的基本权利中，吸收消极自由和积极自由的划分标准，将基本权利分为消极权利和积极权利，也就不难理解了。

同时，从贡斯当到伯林一系的自由主义思想也并非宪法上消极权利－积极权利这一划分的唯一来源。早在伯林提出两种自由的分类之前，德国的宪法学家耶利内克基于个人面对国家的四种地位，提出了对基本权利进行分类的标准：耶利内克认为，个人作为国家的成员，有且只有四种地位，即被动地位、消极地位、积极地位和主动地位。被动地位就是个人对国家的服从、"对国家的给

---

⑨ ［法］邦雅曼·贡斯当：《古代人的自由与现代人的自由》，阎克文、刘满贵译，冯克利校，上海世纪出版集团 2005 年版，第 31—37 页。

⑩ ［英］以赛亚·伯林：《自由论》，胡传胜译，译林出版社 2003 年版，第 186—246 页。

付"，对应于宪法上公民对国家的基本义务；消极地位就是个人可以排除国家干预的自由领域，对应于宪法上的各种自由权；积极地位就是个人为了满足自身利益而对国家的要求，即"对国家的请求"，对应于"法律保护请求权"；主动地位就是个人行使国家公权力的资格，包括选举权、被选举权、担任公职权等。⑪ 总体而言，耶利内克所提出的四种地位对应于宪法上的一种义务和三种权利，而耶利内克的重点正是这三种权利，当然，这三种权利的外延可以随着社会发展而有所损益，如消极地位在福利国家的时代，显然就不仅仅是"法律保护请求权"，而应当包含各种"国家给付义务"了。⑫ 耶利内克的这一理论影响深远，尽管其与德国目前的实证法已不完全一致，但在学理上的生命力至今不衰，是具有广泛影响的基本权利经典理论。⑬ 比较而言，耶利内克对应于基本权利的三种地位与前述贡斯当—伯林对于自由的划分颇有相似性："消极地位"、"消极自由"和"现代人的自由"的外延大体上是一致的；"主动地位"类似于"古代人的自由"，其与"积极地位"一起均可包含在"积极自由"中——当然，这种比较在理论上是不够严谨的，但至少可以看到这两种理论在基本权利的类型上殊途同归，都关注到"消极"和"积极"这两个面向。

但是，"消极权利—积极权利"这一经典分类，在现代却不时遭到批评。其中有些是针对自由主义整体的，如列奥·施特劳斯对于伯林"消极自由—积极自由"的批评，这类批评涉及广泛的哲学和政治学背景，本书不再展开。本书所关注的，是宪法学内部与基本权利相关的学说，对于"消极权利—积极权利"这一分类有效性的质疑：例如，美国学者霍尔姆斯和桑斯坦从经济分析的角度考察了基本权利得以保障所需要的成本，进而指出即使是传统所认为的"消极权利"也有赖于国家机关的保护；换言之，无论何种权利，其运作所需要的成本最终都有赖于国家积极行为所获取的税收，因此他们提出"所有权利都是积极权利"。⑭ 美国联邦最高法院大法官布雷耶也曾专门撰文分析美国宪法实践中传统被视为消极权利的言论、隐私等日益出现的积极权

---

⑪　[德] 格奥格·耶利内克：《主观公法权利体系》，曾韬、赵天书译，中国政法大学出版社2012年版，第78—79页。

⑫　李建良：《基本权利的理念变迁与功能体系——从耶林内克"身份理论"谈起》（下），载《宪政时代》第29卷第2期。

⑬　[德] 康拉德·黑塞：《联邦德国宪法纲要》，李辉译，商务印书馆2007年版，第228—229页。

⑭　[美] 史蒂芬·霍尔姆斯、凯斯·R.桑斯坦：《权利的成本——为什么自由依赖于税》，毕竞悦译，北京大学出版社2004年版。

利的面貌。⑮ 在国际人权法领域，1999 年联合国经济、社会、文化权利委员会在一份关于食物权的官方文件中明确了国家的"义务层次"，即国家对待基本权利有尊重（Respect）、保护（Protection）和实现（Fulfillment）三个层次，分别代表了依次递增的国家干预程度；⑯ 在此基础上，丹麦学者考奇提出：国家义务的三个层次在自由权（消极权利）和社会权（积极权利）中均有所体现，尽管存在量的差异。考奇并绘图以作说明，特将此图转载如下。⑰如图 3-1 所示，对社会权而言，"实现"的内容最多、"保护"次之、"尊重"最少，对自由权而言则相反；但无论社会权还是自由权，其内容都包括了这三部分，而并非如传统所认为的，自由权仅意味着"尊重"、"社会权"仅意味着"实现"。

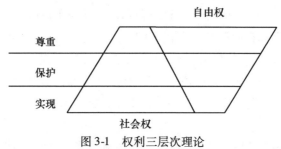

图 3-1 权利三层次理论

可以看到，从基本权利类型的角度对于"消极权利—积极权利"的质疑所基于的事实主要是国家积极义务的扩大，也就是基本权利越来越有赖于国家的积极行为，形象地说，就是"消极权利积极化"。这种变化与社会生活样态的发展有着深刻的联系，以下仅略举数端：（1）技术的进步使得基本权利的实现方式更为多样化，使得国家的角色不再仅仅是被动的。以表达自由为例，这一权利在传统上属于典型的"排除国家干预表达行为"的消极自由；然而技术进步使得表达的形式越来越多样化，通过无线电波的表达就需要国家主动对无线电频道这一有限资源设置合理的使用制度，而不能仅仅"不干涉"。（2）技术进步同时还造成了社会风险的增加，使得现代社会在某种意义上成为"风险社会"；⑱ 在法律上，就体现为政府有更多的正当性采用规制的

---

⑮ ［美］史蒂芬·布雷耶：《积极自由——美国宪法的民主解释论》，田雷译，中国政法大学出版社 2011 年版，第 29—43、53—60 页。

⑯ *Committee on Economic, Social and Cultural Rights*, General Comment No. 12 (1999), Para. 15.

⑰ Ida Elisabeth Koch, The Justiciability of Indivisible Rights, *Nordic Journal of International Law*, Vol. 72, No. 1, 2003.

⑱ ［德］乌尔里希·贝克：《风险社会》，何博文译，译林出版社 2004 年版。

手段、更加具有技术性地管控社会。⑲ 当规制手段进入传统的消极权利领域时，仅要求"不干涉"显然就不够了，例如财产权在近代宪法体系中属于典型的消极权利，但是当财产的使用和开发越来越具有技术性和风险性的时候，要求政府"不干涉"已不现实了，而只能要求政府"合理地加以规制"，而财产权也因此具有了积极权利的内容。⑳ （3）福利国家的发展使得国家职权大大扩展，甚而进入某些传统上属于私人自治的领域。无论对于福利国家有着怎样的批评，福利背后的国家对于财富再分配的能力增长以及相关国家职权的扩大，已经是不争的事实，与此相关，一些基本权利的内涵也"福利化"了。如受教育的权利，本身包含了排除国家（或宗教组织等）干预、权利主体（或其父母）自主选择的消极权利，但由于教育逐渐成为国家给付义务的一种类型，受教育权在当前更多地被视为要求国家提供教育资源、教育机会的积极权利，而消极权利的内容即使在国际人权法中也仅被压缩为信仰自由的一部分。㉑ 但受教育权作为消极权利的一面在客观上依然存在，如 2006 年上海的"孟母堂事件"就涉及这一点。㉒

　　整体而言，宪法学本身对于"消极权利—积极权利"这一分类的批评并非彻底否定这一分类及其分类标准；而是指其面对社会现实，已经难以对基本权利做到不交叉、不遗漏，从而难以支撑严密的类型化分析。但是，作为这种分类标准基础的"国家—社会"关系，具体而言，包括"排除国家干预"和"要求国家作为"这两方面内容，对于基本权利的分析依然是有意义的。因此，本书依然采用这种标准，并且为了行为准确，将其称为"消极意义上的基本权利"和"积极意义上的基本权利"。

　　（二）程序保障的模式与基本权利的类型

　　在前文分析的基础上，这里可以回到前文第二章第三节提出的问题：消

---

⑲　［美］史蒂芬·布雷耶：《规制及其改革》，李洪雷、宋华琳、苏苗罕、钟瑞华译，北京大学出版社 2008 年版。

⑳　例如随着城市的发展，交通成为日益严峻的问题，许多城市纷纷采用限牌、限行、限外等手段，而这些都是对作为财产的汽车在使用上的限制。对此，更具现实可行性的方式是要求政府采用合理的限制手段，而非单纯地要求排除政府干预，而这就需要财产权具有积极权利的内涵。

㉑　如联合国《公民权利和政治权利国际公约》第 18 条第 4 款。

㉒　"孟母堂"是上海的一家"全日制私塾"，以读《论语》《孟子》等典籍为主要教学内容。学生家长的这一行为被当地教育部门认为"未将适龄儿童送入由国家所批准的教育机构"而违反了义务教育法；"孟母堂"也于 2006 年被叫停。本事件涉及多方面的问题，其中一个问题是：宪法中的受教育权，是否包含了不受干预、自主（或由监护人）选择受教育的方式和内容的自由？如果包括，那么这种自由的界限何在？相关的宪法分析，可参见张震：《我国宪法文本中"受教育义务"的规范分析——兼议"孟母堂"事件》，载《现代法学》2007 年第 3 期。

极的程序保障和消极权利、积极的程序保障和积极权利之间，是否具有普遍性的对应关系呢？在第二章对于我国现行宪法规范的考察中可以发现，这种对应的现象在我国为数不多的相关宪法规范中是存在的，而本章之前从比较法的角度对两种程序保障模式的考察，事实上已经涉及一些反例。在这里，还将从理论上分析这种现象，上述权利之间不宜被理解为排他性的对应关系（即消极的程序保障只针对消极权利、积极的程序保障只针对积极权利）。

一个显而易见的事实是，这种对应关系如果是排他性的，那么在面对前述"消极权利积极化"的问题时就存在困难。当一项特定的基本权利既有消极权利的内容，也有积极权利的内容，如何确定哪种程序保障模式？当然，也可以做退而求其次的理解，即消极的程序保障对应于消极意义上的权利、积极的程序保障对应于积极意义上的权利。但是这种对应关系如果做排他性的理解，依然存在问题：对于消极意义上的基本权利来说，同样存在"国家通过立法将基本权利具体化"的需要，而相应的立法显然应当包括实体和程序两部分；换言之，如果消极意义上的权利缺乏积极的程序保障，那么该权利就缺乏"要求立法者制定合理程序以确保权利实现"的请求权基础，从而削弱了对立法者的约束。对于积极意义上的基本权利来说，同样存在"国家基于一定的理由对基本权利加以限制"的情况，与"一定的理由"能否成立同样重要的是限制权利的方式和手段是否合理，这其中当然有比例原则的应用空间，但如果能同时引入以正当程序为理论基础的消极程序保障，其对于基本权利的保障显然更能事半功倍。㉓

因此，如果说存在某种对应关系，那么可以认为，消极的程序保障对应于"国家基于一定的理由对基本权利加以限制"这种情况、积极的程序保障对应于"国家通过立法将基本权利具体化"这种情况；换言之，两种程序保障模式对应的是国家对于基本权利的不同作为方式，而非基本权利的类型。而前述我国现行宪法规范中的情况，可以被视为因相关规范数量太少、不成体系，并且大部分相关规范的内容并不明确所导致的偶然现象。

当然，基本权利的这两种类型与前述国家对于基本权利的作为方式之间也存在着某种联系，因此其与程序保障的模式之间的关系依然是值得重视的，这也是前文所强调的，两种程序保障与两种基本权利的对应关系（如果存在的话）并非"排他性"的。事实上，消极意义上的基本权利首先警惕的就是来自国家的不当干预，因此消极的程序保障就具有前提性的重要意义；积极

㉓　事实上，比例原则和正当程序在实践中可以互相支持，具体参见本章第三节。

意义上的基本权利以国家采取一定措施为实现的前提，因此要求相应措施中包含合理的程序，也就是题中应有之义——可以说，两种基本权利与两种程序保障的对应关系，在非排他性的意义上，依然是基础性的，甚至是不言自明的；而另外两种情况，即消极意义上的基本权利的积极保障模式和积极意义上的基本权利的消极保障模式，则有进一步分说的必要。

对于消极意义上的基本权利来说，正如前述，同样需要通过立法具体化，这包括两个层面：第一是对权利救济途径的具体化。"无救济则无权利"是法治社会的基本常识，而当权利来自公权力的侵害时，适当的救济途径就更显重要。这些救济途径，如行政诉讼、国家赔偿等，在法律制度上无不以程序性内容为主，而我国宪法第 41 条的批评、建议、申诉、控告、检举的权利，有观点视其为救济权、有观点视其为程序权，[㉔] 也正是为此。这些救济途径在现代社会体现为国家的建构而非"私力救济"，也不必在此赘述。换言之，即使是消极意义上的基本权利，也要求国家应当设立公平合理的救济制度，而相关制度的重点便在于救济程序，这是在各类基本权利中均普遍存在的。第二是对权利实现方式的具体化。这种具体化主要是国家对相关基本权利加以限制的内容和手段的具体化。而消极意义上的基本权利则要求这种限制内容和手段必须合理，于是"国家所建立的与限制基本权利相关的程序必须合理"的要求，也随之就有具体化的必要。不过，如果宪法解释的机制和技术相对完备，则前述对于限制程序是否合理的判断就可以通过宪法解释来完成，因此，这一层面的要求，在宪法解释足以支持的情况下，并非是普遍性的。

对于积极意义上的基本权利来说，其也面临着会被国家限制的可能性。与消极意义上的基本权利不同的是，对于积极意义上的基本权利的限制，权利主体是否有防御性的请求权，曾经是有过不同观点的，而这与相关权利本身的属性有关。以社会福利为例，相关制度虽然早在 19 世纪中后期就以法律的形式建立起来，但是这种福利最初被认为是"政府的赠与"，也就是一种"特权（Privilege）"而非"权利（Right）"。与之取之，政府都有相当大的裁量权，权利主体并无请求权可言，更不用说排除国家干预。在近代社会福利制度的诞生地德国，帝国宪法时期的耶利内克就认为"济贫请求权仅仅是国家或市镇相关法定义务的反射"，并不具有针对国家的请求权。[㉕] 美国的情况

㉔　王锴：《论宪法上的程序权》，载《比较法研究》2009 年第 3 期。

㉕　［德］格奥格·耶利内克：《主观公法权利体系》，曾韬、赵天书译，中国政法大学出版社 2012 年版，第 66—67 页。

也是类似，直到 20 世纪 60 年代才出现了有力的相反观点，[26] 并逐渐影响实践。在美国的宪法实践中，社会福利最终作为财产权的一种形态而被纳入"正当法律程序"的保护范围。传统上，积极意义上的权利（如经济、社会、文化权利）被认为不可诉讼，[27] 从而也就没有针对国家的法律上的请求权。尽管随着时代的发展，这类权利的可诉性越来越多地获得支持，但其能够向国家提出的要求依然有限，如劳动权并不意味着权利主体可以通过诉讼要求国家提供劳动岗位。积极意义上的基本权利对国家的请求权主要可以分为两类：一类是要求国家给予（包括增加给予的数量），这类请求因为和国家的经济社会政策以及财政能力有关，因此通常较难获得法律上的支持。另一类是要求国家不得减少或取消已经提供的给予，这类请求同样因为政策性较强而难以在实体上获得明确的法律结果，而往往需要诉诸"减少或取消的方式是否合理"，从而也就落到了程序问题上。

综上所述，两种程序保障机制和两种基本权利类型相结合，产生了四种基本权利程序保障的规范内容，而每种内容又包含了若干具体的程序要求，具体如表 3-1 所示。

表 3-1　基本权利程序保障的四种规范内容[28]

	消极意义上的基本权利	积极意义上的基本权利
消极的 程序保障	A1. 未经合理的程序国家不得限制或剥夺 A2. 未经合理的程序国家不得干预	B1. 未经合理的程序国家不得拒绝或减少给付
积极的 程序保障	C1. 设立合理的救济程序 C2. 设立合理的基本权利限制程序	D1. 设立合理的救济程序 D2. 设立合理的基本权利实现程序 D3. 设立合理的基本权利给付程序

表 3-1 将四种基本权利程序保障的规范内容分别命名为 A、B、C、D 四类，每类下又包含了一至三种具体的要求。可以发现，其中 C1 和 D1 就规范内容而言是相同的，因此程序保障的具体规范内容可以进一步概括为七种：（1）未经合理的程序，[29] 国家不得限制或剥夺基本权利；（2）未经合理的程

　㉖　Charles A. Reich, "The New Property." *Yale Law Journal* (1964): 733-787.

　㉗　Jeff King, *Judging Social Rights*, Cambridge University Press, 2012, pp. 4-5.

　㉘　由于"正当程序"在本书中有特定的含义，因此这里使用"合理的程序"这一措辞。同时，对于消极意义上的基本权利而言，除了与社会福利相对应的国家给付义务外，国家还负有其他的确保权利实现的义务，如通过无线电波行使表达自由，就要求国家设立合理的无线电频率使用和管理制度；因此，这里将"给付"和"实现"分开来。

　㉙　此处以及下文所使用的"合理的程序"，在含义上等同于前文中的"正当程序"。只是为了行文顺畅，在描述具体的程序时，用"合理的程序"；描述程序整体时，用"正当程序"。

序，国家不得干预基本权利的行使；（3）未经合理的程序，国家不得拒绝或减少给付；（4）国家有义务设立合理的基本权利救济程序；（5）国家有义务设立合理的基本权利限制程序；（6）国家有义务设立合理的基本权利实现程序；（7）国家有义务设立合理的基本权利给付程序。

第二节　程序保障的规范属性

本章第一节从基本权利程序保障的两种一般性规范模式出发，结合基本权利的类型，得出了七种基本权利程序保障的具体规范内容。而进一步的问题是，这七种程序保障的规范意味着什么？当宪法中出现基本权利程序保障的内容时，究竟是设立了一种相对独立的针对国家的请求权（无论是要求排除干预还是要求国家作为），还仅仅是相关基本权利的反射利益、仅具有作为法律原则的意义？——或者说，基本权利的程序保障本身是不是一种权利？或者在什么情况下可以作为一种权利？厘清这一问题，是恰当发挥基本权利程序保障规范的前提。对此，德国宪法基本权利理论中关于"主观权利"和"基本法"的区分颇具启发意义，因此本节借助这一框架展开探讨。首先对相关理论作概要介绍，重点在于这一框架对于基本权利分析的意义和区分标准；然后分别探讨基本权利程序保障各类规范内容在这一框架中的表现。

一、"主观权利"和"客观法"

"主观权利"和"客观法"作为基本权利的双重属性，和德语 Recht 一词的双重含义有关：Recht 在德语中既有"权利"的意思（对应于英语的 Right），也有"法律"的意思（对应于英语的 Law）；而当权利被列入成文宪法之中成为"基本权利"后，这种双重含义就更明显地围绕"权利"这个概念所展开。

"基本权利的双重属性"在德国宪法学中有悠久的历史。德意志帝国时代的宪法学家耶利内克的"主观公法权利体系"，所指的正是有作为主观权利的基本权利所构成的体系。在耶利内克看来，主观权利和客观法在形式上的区别在于是否存在个人的请求权：有请求权则为主观权利，否则便是客观法，即法律秩序在利益领域的反射，也可称之为"反射权利"。而两者的实质区别则在于法律是否承认了个人利益——耶利内克进而指出，如果法律明确地承认了个人利益，那么势必存在个人的请求权，也就是与形式标准一致，他称之为"形式上的主观权利"；但如果法律仅仅是"可推知地"承认个人利益，即他所称的"实质上的主观权利",并不存在法定的个人请求权,那么如何与客观法相区分,仍是一个棘手的问题㉚——但无论怎样,"是否存在个人的请求权"被认为是区别主观权利和客观法的重要标准。"二战"之后,随着德国基本法的实施,"基本权利的双重属性"进一步精细化。一般认为,基本权利作为主观权利,包括了"抵抗国家权力的防御权"、"协助参与共同体生活的权利"以及"分享请求权"(即请求国家给付的受益权)。而基本权利作为客观法,则意味着"对国家权力的一种否定性限权"、"共同体整体秩序的要素"、要求国家机关行事时必须考虑的要求和标准、"客观价值秩序";㉛并且以"基本权利的客观面向(Objektive Dimensio der Grundrechte)"为核心,发展出了国家保护义务、间接第三人效力、组织和程序保障、制度保障等功能。㉜当然,"基本权利的双重属性"均以基本权利为出发点,因此"主观权利"和"客观法"之间也存在密切的联系。这种联系首先表现为其具体内容之间的对应关系,如"防御权"和"对国家权力的否定性限权"的对应、"现时化的"基本权利与"共同体整体秩序的要素"的对应等。㉝其次,在德国还存在着"客观法的'再主观化'"的情况,即从客观法的要求中产生个人请求权。㉞

我国青年学者提出从三个角度区分基本权利作为"主观权利"和"客观法"的属性,即"主观/客观"、"(德沃金意义上的)规则/原则"以及"个人法益/集体法益"。㉟这是颇具启发意义的:这意味着,基本权利作为"主观权利"和"客观法"的双重属性,尽管在理论脉络和概念术语上有浓厚的德国宪法学色彩,但其对于基本权利的意义却绝不仅囿于德国或受德国法影响的大陆法系国家,而是具有一定的普遍性——宪法中列明的基本权利条款,有可能意味着权利主体针对国家的请求权(无论是排除国家干预、还是要求国家作为),也有可能意味着对于国家公权力机关的原则性要求(当然,这种要求同样具有规范效力,与"宣示性条款"不同);而特定的基本权利究竟属于何种情况或者两种情况的具体构成,在形式上取决于相关宪法规范的表述及其解释,在实质上则取决于该基本权利本身的属性及其在人类社会生活中

㉚ 〔德〕格奥格·耶利内克:《主观公法权利体系》,曾韬、赵天书译,中国政法大学出版社2012年版,第64—65页。

㉛ 〔德〕康拉德·黑塞:《联邦德国宪法纲要》李辉译,商务印书馆2007年版,第231—243页。

㉜ Robert Alexy, *A Theory of Constitutional Rights*, Translated by Julian Rivers, Oxford University Press, 2002, p. 353-354.

㉝ 〔德〕康拉德·黑塞:《联邦德国宪法纲要》,李辉译,商务印书馆2007年版,第238—239页。

㉞ 相关的讨论,参见张翔:《基本权利的规范建构》,高等教育出版社2008年版,第136—139页。

㉟ 张翔:《基本权利的规范建构》,高等教育出版社2008年版,第132—135页。

的表现;㊱ 而这两种情况彼此之间的关系以及在特定条件下互相转化的可能性,更有进一步探讨的空间。

从这个角度来看,前述七种规范内容仍有进一步分析的空间:在主观权利的层面,基本权利的程序保障是否存在相对独立的权利形态?如果有的话,这种权利与通常所谓的"程序权"又是怎样的关系?作为特定基本权利内涵组成部分的程序保障,其七种规范内容是否都适宜作为"主观权利"?而作为"主观权利"的诸规范内容间是否存在差异?在客观法的层面,基本权利的程序保障是否存在形成客观法秩序的必要性与可能性?这种客观法秩序与作为主观权利的程序保障的请求权是否存在关联性?这种客观法秩序本身对于基本权利的保障而言又意味着什么?以下就围绕这些问题展开探讨。

二、作为"主观权利"的基本权利程序保障规范

(一)基本权利程序保障与宪法上的程序权

作为主观权利的基本权利程序保障,也就是基本权利程序保障的权利化。按照"某某权"的表述方式,是否可以称之为"程序权"呢?事实上,在宪法学中已经有了"程序权"的概念,因此,权利化的基本权利程序保障,首先需要与已经存在的"程序权"这个概念进行辨析。

这里所说的"程序权(Procedural Right)"又称"程序基本权",不同于前文所涉及的基于正当程序的"正当程序权(Due-process Rights)",后者指"(诸如生命、自由,财产这样)极为基本且重要的、要求符合正当程序的公平和正义标准的权利",㊲ 其实质乃是一些要求正当程序原则加以保障的实体性权利;而"程序权"指的是权利主体在受到侵犯时能够启动救济程序的权利,属于程序性的权利。程序权的理念可以追溯到耶利内克的理论,在他论述个人面对国家的"积极地位"时,提到了"公法上的法律保护请求权",即要求法院通过司法活动提供保护的请求权,而该项请求权还可进一步具体化为要求查明的请求权、要求裁判的请求权和要求履行或认可的请求权等。㊳ 不过耶利内克并未将其作为一种独立的权利类型,而是作为对应于"积极地

㊱　因此,同样的权利在不同的时代可能会有不同的表现。例如社会福利,如前所述,在耶利内克的时代被认为不具有针对国家的请求权,也就是属于客观法的范畴;而在《基本法》的时代,显然具有了主观权利的内涵。

㊲　Bryan A. Garner ed. , *Black Law Dictionary 7 th Edition*, West Group ST. PAUL. MINN. , 1999, p. 517.

㊳　[德]格奥格·耶利内克:《主观公法权利体系》,曾韬、赵天书译,中国政法大学出版社2012年版,第112—116页。

位"的"受益权"的组成部分。20 世纪以后，与实定宪法的确认[39]相关，要求法院提供救济的请求权越来越被视为一种相对独立的权利类型。时至今日，这种作为救济手段的程序权在实定法层面已然超越了德国法或大陆法系的范围，而在许多国家的宪法中获得认可；在理论层面，尽管要求法院提供救济的请求权依然是程序权的主要内容，但鉴于行政权的属性（例如，行政权是最直接、最全面涉及公民基本权利的国家公权力，行政权讲求效率的特征致使其难免对基本权利考虑不周等），也产生了要求行政机关对相关行政行为"再审查及思考"的请求权，即诉愿权——在我国法律体系中，这近似于提起行政复议的权利，同时亦可以被纳入我国现行宪法第 41 条中"申诉权"的解释范围。[40]

由此可见，宪法理论与实践中所说的"程序权"有特定的含义。在"主观权利/客观法"的二元体系中，程序权无疑属于一种主观权利，但是这种主观权利与权利化的基本权利程序保障显然不能等同：首先，程序权的重点在于救济，即要求国家（无论是司法机关还是行政机关）为基本权利受到侵犯的当事人提供救济，之所以称之为"程序权"乃是因为这种救济实现的关键在于有恰当的程序可供当事人依循；而基本权利的程序保障，正如前述，包含了救济的功能，但并非仅仅是救济而已。其次，程序权的义务承担者以法院为主，间或有行政机关，换言之，程序权所涉及的程序主要是司法审判程序，再加上行政复议（申诉）程序；而基本权利的程序保障，所涉及的法律程序在类型上更为多样化。[41] 最后，从"消极权利/积极权利"的二分法来看，程序权无疑属于积极权利，即要求国家提供救济的权利；而正如前述，基本权利的程序保障在规范内容上跨越了积极和消极这样的划分，所关注的范围更为宽广。

但是程序权与基本权利的程序保障又有非常密切的关联。

从历史发展来看，程序权最初是要求法院提供司法救济的请求权，也就是"诉讼基本权"，而如本章第一节所述，积极的程序保障在传统上也是"诉讼基本权"——换言之，这程序权和（积极的）基本权利程序保障在起源上是一致的，即都源于针对司法机关的"诉讼基本权"，但是随后体现出了不同

㊴ 例如，德国《基本法》第 19 条第 4 项规定："其权利受公权力侵害者，无论何人均可提起诉讼。"

㊵ 蔡定剑：《宪法精解》，法律出版社 2006 年版，第 268 页。

㊶ 当然，在理论上，对于程序权究竟涉及哪些程序，也存在不同观点。例如阿列克西就认为程序权包含三种类型：（1）请求国家形成私法程序的权利；（2）"狭义的请求权"，即请求司法和行政程序的权利，也就是本书所指的请求权；（3）参与立法程序的权利。See Robert Alexy, *A Theory of Constitutional Rights*, Translated by Julian Rivers, Oxford University Press, 2002, pp. 320-321. 不过，即使这样宽泛的界定，其所涉及的程序在类型上也与本书所说的基本权利程序保障所涉程序不同。

的发展脉络：程序权的义务对象扩大到行政机关（但依然以司法机关为主），而基本权利程序保障更是具有丰富的内容。

从内容上看，程序权的设置可以被视为前述七种规范内容中第（3）项和第（4）项的结合：第（3）项"未经合理的程序，国家不得拒绝或减少给付"，也就是将国家提供的救济视为一种给付，即制度给付（不同于社会权利所关心的物质给付），这种给付应当及时、充分（例如西方法谚有云，"法官不得拒绝裁判"）；并且只有经过特定的程序（如过了诉讼时效、上诉期限等），才可以拒绝救济或降低救济的力度（如原告丧失胜诉权），这主要是针对司法权以及行政权而言的。第（4）项"国家有义务设立合理的基本权利救济程序"，也就是要求立法机关首先应当及时形成完备诉讼程序和行政申诉（复议）程序，以便当事人能够切实地寻求救济；其次，立法机关所形成的相关程序本身应当具备公平合理的特质，也就是这种"法定程序"应当尽可能地符合"正当程序"的要求。这是针对立法权而言的。

此外，程序权所涉及的一些具体程序制度也是基本权利程序保障体系的组成部分，如立案程序、回避程序、人身自由保护程序等，既是程序权具体化的表现，同时也是权利化的基本权利程序保障所必然包含的部分。

总之，作为主观权利的基本权利程序保障，事实上是若干权利组成的体系；而作为既有概念的"程序权"则可以被视为这个权利体系中的一部分。

（二）基本权利程序保障的"权利化"

在辨析了"作为主观权利的基本权利程序保障"和"程序权"这两个概念之后，前者本身，也就是基本权利程序保障的"权利化"，还有两个问题有待厘清：第一，哪些程序保障适宜"权利化"？第二，"权利化"的程序保障的权利结构是怎样的？

1. 哪些程序保障适宜"权利化"

哪些程序保障适宜"权利化"，也就是程序保障"权利化"的标准问题。

首先需要指出，权利的外延是随着时代发展而不断变化的，既有如前所述的社会福利由"政府的赠与"转为"福利权"这样的"权利化"，也有如隐私权、女性投票权等历史上的"新兴权利"，但权利的内涵则是大致保持不变的。因此这里所讨论的程序保障的"权利化"，以新时代为经验依托，主要关注"权利"这一概念的内涵；[42] 因此，这里需要暂时将目光从既有规范这一"制度性事实"的层面转向基于特定经验的应然层面。而在应然层面，当

---

[42] 当然，关于"权利"这一概念的内涵，有大量基于不同角度的阐释，如哈特的选择论、麦考密克的利益论、霍菲尔德基于四种法律关系的分析框架等。此处的分析只是其中的某些角度而已。

我们说"某某应当成为一种权利"的时候，可能有两种意思：第一种是"某某应当受法律保护（或承认）"；第二种是"某某应当成为法律规范意义上的权利（而非法律原则或狭义的法益）"——显然，这里所讨论的"基本权利的某些程序保障应当成为一种（或几种）权利"，是就第二种意义而言的。

基于"主观权利/客观法"的二元框架，"主观权利"的核心要素在于请求权，换言之，"权利化"的基本权利程序保障，应当具有确切的请求权内涵。同时，正如前述，"主观权利/客观法"的二元划分也与德沃金的"规则/原则"的划分颇有相通之处：在德沃金看来，规则是适用时全有或全无的、绝对而无例外的，原则是可部分适用的、相对而有例外的[43]——因此，"规则"可以对应于"主观权利"，即对于国家的要求应当是明确的规则，而不存在国家可自行选择的空间。综上，能够"权利化"的基本权利程序保障应当在权利主体的请求权和义务主体的义务内容两方面都具有明确性，而这种明确性则取决于逻辑上的合理设置与经验上的可操作性。

基于这样的标准，重新审视前文提出的基本权利程序保障的七种规范内容，可以进一步厘清其中可明确作为权利的内容。

在消极的程序保障方面，三种规范内容（即"未经合理的程序，国家不得限制或剥夺基本权利"、"未经合理的程序，国家不得干预基本权利的行使"和"未经合理的程序，国家不得拒绝或减少给付"）能够权利化的程度取决于"国家"的具体含义：（1）当"国家"具体指行政机关时，相关的程序保障通常均可以成为一种权利，也就是当行政机关未经合理程序而限制或剥夺基本权利、干预基本权利的行使、拒绝或减少给付时，权利主体有要求行政机关停止侵害（以及要求损害赔偿）、要求给付的权利。[44]（2）当"国家"具体指司法机关时，主要指的是提供司法救济的给付请求权，也就是前文所涉及的针对司法权的"诉讼基本权"，此处不赘述。（3）当"国家"具体指立法机关时，"拒绝或减少给付"就是指立法不作为的情形，在基本权利程序保障方面，这种情形实际上与"积极的程序保障"对于立法机关的要求是一致的，所以留待下文探讨；而"限制或剥夺"以及"干预"的情形，所对应的就是

---

[43] [美] 罗纳德·德沃金：《认真对待权利》，信春鹰、吴玉章译，中国大百科全书出版社 1998 年版，第43—50页。

[44] 这里的给付既包括要求行政主体作出具体行政行为的请求权，也包括一般给付请求权（如金钱物质给付等）。通常认为，与社会福利有关的行政给付，由于涉及可行性等问题，相关的给付请求权只能是"最低限度"或者"最基本程度"的（王锴：《行政法上的请求权体系与功能研究》，载《现代法学》2012年第5期）；换言之，这种给付请求权在范围上是相对有限的。不过，这里的给付请求权针对的是"未经合理程序"而拒绝或减少给付的情况，这种给付请求权作为一种主观权利应当是没有疑义的。

要求确认立法无效的请求权，通常与宪法审查制度相关。

在积极的程序保障方面，四种规范内容（即"国家有义务设立合理的基本权利救济、限制、实现和给付程序"）主要是针对制定规则的权力，因此主要是针对立法机关的，当然，行政机关的行政立法，以及司法机关在权限范围内设置司法程序细节的行为，也在此范围内。这四种规范内容所对应的权利其实是一致的，即权利主体面对立法不作为（又称"立法怠惰"）时的权利。一般认为，构成立法不作为须满足两个要件：一是宪法课予立法者制定或修改法律的义务（可能是明示、也可能是暗示）；[45] 二是负有义务的主体无正当理由而不履行该义务。[46] 对应的主观权利则包括：在宪法审查制度下的确认立法不作为请求权，以及立法不作为的赔偿请求权。[47] 当然，国家违反相关义务的情形还有一种可能，即国家虽然设立了相关的程序，但所设立的程序不尽合理——这种情况一般来说属于立法裁量（又称"立法形成自由"）的范畴；但是当这种不合理性严重到对基本权利本身的限制、剥夺或对其本身的行使造成干预时，则会产生要求确认立法无效的请求权，与前文"消极的程序保障"领域中的要求确认立法无效请求权一致。

2. 作为主观权利的基本权利程序保障的体系结构

如前所述，基本权利的程序保障本身在一定范围内可以作为权利，并且是多种权利；换言之，基本权利程序保障的"权利化"所形成的是一个权利体系。大致而言，这个权利体系的结构可以分为三个层次：（1）按照权利所对应的义务承担者，可以分为针对立法权[48]的权利、针对行政权的权利、针对司法权的权利这三类，这构成了权利体系的第一层次；（2）前文所述及的各项请求权，都可以归入某一类权利之下，这构成了权利体系的第二层次；（3）在每一项请求权之下，还有若干与具体程序环节相关的请求权，如"诉讼基本权"可以进一步具体化为裁判请求权、适时救济请求权和要求公平法院裁判的请求权等。这些更为具体的请求权构成了权利体系的第三层次。综上，作为主观权利的基本权利程序保障的体系结构可以如图3-2所示。

---

[45]　对于行政立法和司法程序细节的设置而言，也可能是法律所课予的义务。

[46]　陈爱娥：《立法怠惰与司法审查》，载《宪政时代》2001年第3期。

[47]　当然，立法不作为的赔偿在世界范围内都还是一种相对较新的国家赔偿形式，存在一些问题尚未解决。可参见杨福忠：《立法不作为侵权赔偿：国家赔偿责任形式的新发展》，载《政治与法律》2008年第9期；王锴：《立法不作为与基本权利保障》，中央广播电视大学出版社2009年版。下文第五章亦会对立法不作为作专门的探讨。

[48]　这里的"立法权"作宽泛的理解，既包括立法机关制定法律的权力，也包括行政立法和司法机关在权限范围内设置司法程序细节的权力。

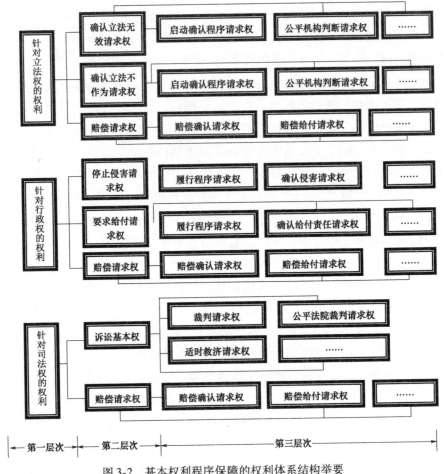

图 3-2 基本权利程序保障的权利体系结构举要

关于图 3-2，有以下三点需要说明：（1）第三层次的具体程序的请求权有相当的数量，图中只能略举一二。（2）对于第三层次的内容，可以依不同的标准或不同的关注重点而作不同的划分，图中所列的也仅是一种理解而已（绝非"唯一理解"）。（3）图中所列内容存在许多重复的现象。例如，第二层次中每一类均有"赔偿请求权"，将其合并而单独作为第一层次中的一种类型，亦无不可；第三层次中请求权的重复就更为多见——这在某种程度上预示这一体系中各请求权存在的深层次关系，也从另一个角度暗示这一体系表现方式的多样性。因此，图 3-2 仅仅是基本权利程序保障的三层权利结构的示意图，并非逻辑上"不重复、不遗漏"的完整的权利体系（这个问题有待于今后的进一步研究），并且是初步的、可替代的。

此外，从第一层次到第三层次，是权利逐渐具体化的过程，而从第三层次进一步具体化，则触及了各种对于制度的要求。例如"公平法院裁判请求权"就包含了回避、质证、辩论等制度要求；"适时救济请求权"则包含审判期限、送达等制度要求。因此，这一个权利体系实际上是与制度紧密相连的。事实上，以请求权为核心特征的主观权利只是基本权利程序保障的一种表现方式而非全部意义所在。本书的观察基点在于制度的层面，而制度内容的确立，除了主观权利之外，还需要若干原则性内容的支撑，也就是需要某种"客观法秩序"的存在，这就是下文要讨论的内容。

三、作为"客观法"的基本权利程序保障规范

如前所述，主观权利只是基本权利程序保障规范的一种表现方式，而另一种表现方式则是作为"客观法"，也就是作为某种法律原则，虽然不具有请求权但足以形成某种"客观法秩序"，对于基本权利的保障而言也有重要的意义。以下首先论述基本权利程序保障作为"客观法"的内涵，即这种"客观法秩序"的具体内容；其次对这种"客观法秩序"的意义——亦即其在基本权利程序保障的规范体系中的功能进行探讨。

（一）基本权利程序保障作为"客观法"的内涵

前述基本权利程序保障的权利体系固然是一个开放的、有相当规模的体系，但对照前文所提出的七种规范内容，其覆盖面仍然是不足的。从另一个角度看，基本权利程序保障的七种规范内容均可被理解为一种法律原则，按照"主观权利/客观法"的二元体系，也就是一种"客观法秩序"——七种规范内容也就是七项法律原则，这七项原则共同构成了作为整体的基本权利程序保障的"客观法秩序"，这种法秩序的内涵可以从以下三方面加以理解。

1. 对所有国家权力的约束

基本权利的程序保障，首先是对所有国家权力的约束，亦即前文所列七种规范内容中所要求的对象"国家"，具体指的是所有国家公权力的行使者。

国家公权力通常被划分为立法权、司法权和行政权。其中，司法作为正当程序原则兴起的领域，"司法权的行使必须遵循正当程序"已成为几乎没有争议的要求。行政权作为直接作用于基本权利主体、与社会日常生活关系最为密切的权力类型，随着行政权的膨胀，其受制于程序约束的必要性也越来越成为共识。正如英国行政法的泰斗威廉·韦德所指出的：在政府权力持续增长的背景下，只有程序公正才有可能使得行政权为人们所能容忍。⑲ 但是对

---

⑲　［英］威廉·韦德：《行政法》，徐炳、楚建译，中国大百科全书出版社1997年版，第93页。

于立法权而言，近代以来受人民主权理念的影响，行使立法权的代议机关通常被视为体现民意的机构，其是否应受民主过程之外的因素限制、限制的范围大小等，均是存在争议的问题；而基本权利的程序保障对立法权的约束，其正当性可基于以下三个理由：第一，民主本身在很大程度上正是一种程序，[50] 对于民主程序的要求显然可以构成对立法权的内在限制；第二，20 世纪以来种种"议会衰落"的表现以及对其的反思使得对立法权施加某些外在限制成为必要；第三，基本权利的存在本身就被视为对民主可能的"多数暴政"的制约，[51] 因而基本权利的程序保障覆盖立法权的行使亦有其合理性——当然，不同类型的权力受到约束的具体表现和程度存在差异，这是作为"客观法秩序"的宪法原则性的体现，也是为具体适用留下的解释空间。

与之相关的另一个问题是国家公权力的行使者（也就是受约束的具体主体）如何界定。由宪法和法律明确赋予职权的国家机关自不待言，在行政领域"由法律法规授权"行使行政权力的组织当然也属此类。存在疑义的是，没有法定职权的组织（或个人），由于种种原因而具有实际上类似于权力的强制力，是否受程序保障的约束？这个问题实质上是宪法原则能否适用于私人关系（哪怕只是形式上的私人关系）——对此，德国宪法学中的"第三人效力"理论[52] 和美国宪法学中的"国家行为理论"[53] 均有参考意义。值得注意的是，这两种理论本身均存在一定的争议，显示出这个问题的复杂性。当然，这是另一个专门性的问题，这里不展开讨论。

2. 对所有基本权利的保障

基本权利的程序保障，涵盖了所有的基本权利，无论这种基本权利的类型是什么，也无论这种基本权利有无宪法明文的列举。

如前所述，基本权利传统上被区分为消极权利和积极权利，这种区分方式尽管受到批评和质疑，但这种基于国家义务的区别标准本身在今天仍然是有意义的。基于这种区分，前文阐发了基本权利程序保障的七种规范要求，从而涵盖了以此标准所界定的全部基本权利范围。此外，需要说明的是，这七种规范要求尽管来自对"消极权利/积极权利"这一划分，但并不囿于这种区分，两者之间并无排他性的、严格对应的关系。也就是说，相关规范要求

---

⑤⓪ Joseph Schumpeter, *Capitalism, Socialism and Democracy*, George Allen & Unwin, 1976, p. 269.

⑤① 例如贡斯当就曾指出，人民主权"应被约束在正义和个人权利所限定的范围之内"。[法] 贡斯当：《古代人的自由与现代人的自由》，阎克文、刘满贵译，商务印书馆 1999 年版，第 63 页。

⑤② [德] 康拉德·黑塞：《联邦德国宪法纲要》，李辉译，商务印书馆 2007 年版，第 282—289 页。

⑤③ See Michael Mastanduno, David A. Lake, G. John Ikenberry, Toward a Realist Theory of State Action, *International Studies Quarterly*, Vol. 33, No. 4 (Dec., 1989).

的适用并不需要首先确定某种特定基本权利属于消极权利还是积极权利，而是可以直接依基本权利的具体内容而适用。以"平等"为例："平等"在宪法上究竟是一种原则还是一种权利，本身就不无争议。[54] 而平等作为一种基本权利，其内容也众说纷纭，有观点认为"平等权"的本质部分就是社会权；[55] 也有观点认为平等权是要求国家排除歧视的请求权；[56] 亦有观点认为平等权是指平等原则与其他基本权利相结合所产生的权利，[57] 则与自由权的结合（如"平等地表达自由"）也会产生消极权利的内容——但程序保障对于"平等权"的适用，并不需要先在学理上明确这些争议，而只需要根据具体情况直接适用即可。这样，无疑降低了适用程序保障的门槛和难度。

"涵盖所有基本权利"的另一重含义是不以特定宪法的实定条文为限：既包括宪法条文列举的基本权利，也包括未被列举的基本权利。关于"未列举基本权利"（又称"未列举宪法权利"）的存在，目前学界几乎已无疑义。[58] 这一概念之所以能成立，是因为在宪治主义看来，基本权利并非由某一部实定的宪法所"授予"，而是先有了需要保障的基本权利，然后再通过宪法加以保障；"未列举基本权利"的提出便是为了应对宪法中不完备的列举致使基本权利反受侵害的可能性。[59] 相应地，本书认为，基本权利的程序保障也并非某部实定宪法所"施加"的外部保障，而是基于"基本权利"（以及"法治""人权"等相关概念[60]）本身的内在要求，因此势必涵盖未列举基本权利，而这一点显然也有助于宪法适用过程中对于未列举基本权利的解释和认定。从另一角度来说，正如前文第一章所论及的，"基本权利的程序保障"本身也正是为了更好地超越基本权利在宪法条文中"列举式"的规范模式，进而寻求一种整体式的保障机制。

---

[54]　许庆雄：《现代人权体系中平等原则之研究》（上），载《中正大学法学集刊》2002 年第 1 期（总第 6 期）。

[55]　许庆雄：《现代人权体系中平等原则之研究》（上），载《中正大学法学集刊》2002 年第 1 期（总第 6 期）。

[56]　许崇德：《中华人民共和国宪法史》，福建人民出版社 2005 年版，第 241 页。

[57]　许庆雄：《现代人权体系中平等原则之研究》（上），载《中正大学法学集刊》2002 年第 1 期（总第 6 期）。

[58]　相关的系统性研究，可参见屠振宇：《未列举权利研究—— 美国宪法的实践和经验》，中国法制出版社 2012 年版；张薇薇：《宪法未列举权利比较研究》，法律出版社 2011 年版等。

[59]　Eugene W. Hickok ed. , *The Bill of Rights*: *Original Meaning and Current Understanding*, University Press of Virginia, 1991, p. 423.

[60]　可参见前文第二章第二节。

3. 程序正当性的要求

基本权利的程序保障，同时还要求相关的程序应当具有合理性，也就是符合"正当程序"的要求。

前述七种程序保障的规范内容，每种都含有"合理的程序"的内容。其中有些程序可以在宪法中作具体的规范，但更多的程序，基于宪法规范的篇幅和规范层次的考虑，只能在宪法中作原则性的要求。[61] 这种原则性产生了两方面的要求：一方面，要求立法机关制定相应的程序规范，由此可能产生对于立法机关的请求权，也就是形成某种"主观权利"的可能性，这已在前文中有所论及，此处不赘述。另一方面就是要求实定法化的程序规范应当符合正当程序的要求，以此作为宪法对实定法进行评价的重要标准——至于正当程序具体有哪些标准，将在下文第四章和第五章加以讨论。这里要强调的是：尽管学界对于正当程序应当具有哪些标准有一些共识，但由于基本权利本身的丰富多样和相关制度的不同属性，这些共识在具体适用时依然只能是原则性的。例如，"当事人的参与"通常被认为是正当程序的标准之一，在实践中，立法程序中往往更为重视公众参与的实现，而在行政决策程序中，"一味按照立法程序"的参与要求则因为可能带来高昂的行政成本并削弱政策的灵活程度而受到批评。[62] 因此，尽管行政决策程序原则上也需要符合参与的标准，但当事人并没有相应的请求权，而"当事人的参与"本身也难以形成"全有或全无"的规则。在相关程序中，存在大量这样的情况，因此，"程序正当性的要求"作为一种"客观法秩序"，也就是作为一种原则要求，具有充分的必要性。

作为"客观法秩序"，程序正当性的要求主要用于评价实定法层面的程序制度是否符合正当程序的相关标准。在这里，"正当程序"成为勾连应然与实然（制度性事实）的关键性概念，使得作为宪法原则的"基本权利程序保障"在整体上既关注于具体的程序制度，又提供了极富宪法解释空间的概念工具。

（二）基本权利程序保障作为"客观法"的意义

前文从三个方面探讨了基本权利程序保障作为"客观法"的内涵，并且分别论及这三个方面各自对于这一"客观法"本身的意义。以下进一步探讨

---

[61]　而且正如本章第一节所考察的，即使在宪法规范中的具体程序规定，通常也还需要相关法律的进一步具体化。因此，宪法规范中关于程序的规定，整体上以原则性要求为多。

[62]　Mendelson N A. Regulatory Beneficiaries and Informal Agency Policymaking. *Cornell L. Rev.*，2006，92：397.

作为"客观法"的基本权利程序保障本身对于整个宪法体系可能具有的意义。

1. 与"主观权利"共同构成相关法律制度的基础

在德国宪法学中，作为基本权利双重属性的"主观权利"与"客观法"之间所具有的密切联系，本身即是教义学上的重要议题。[63] 本书对这种关系的教义学内容不拟展开，但需要指出的是，两者之间的这种密切关系在基本权利程序保障这个领域，共同构成相关法律制度的基础。

一方面，作为"客观法"的程序保障奠定了相关制度的宽广应用范围和深厚理论根基。基本权利程序保障的"客观法秩序"针对所有国家权力、涵盖所有基本权利，从而为相关法律制度划定了一个相当广泛的范围：相关法律制度可以存在于立法领域、行政领域和司法领域，可以全面地保障宪法条文所列举的和没有列举的基本权利；换言之，基本权利无论何种类型、何种形式、在何种领域，均受到程序的保障。同时，基本权利程序保障的"客观法秩序"在评价实定法层面的程序制度时，通过"正当程序"这一概念装置，为相关的宪法适用提供了具有深厚理论支撑的解释空间。

另一方面，作为"主观权利"的程序保障构成了相关制度实施和完善的基础。法律制度的实施效果受很多因素影响，但就近代以来的历史经验而言，当事人"为权利而斗争"的行为显然是法律制度能够实施的前提和基础。[64] 同时，如前所述，基本权利程序保障的相关制度涉及领域广泛、种类复杂，包含了大量制度细节并且必须具备足够的灵活性，因此难以通过某种"顶层设计"一蹴而就，而是需要在"为权利而斗争"的过程中不断获得完善。

2. 与其他基本权利相关原则共同构成更大范围的"客观法秩序"

基本权利程序保障的提出，正是为了构筑一个更为完善的基本权利保障机制——在某种程度上，也可以说是一种有效保障基本权利的"客观法秩序"。这种法秩序通常包含了若干更为具体的与基本权利相关的"客观法秩序"（即宪法原则）。以我国现行宪法为例，其中的依法治国（第5条第1款）、尊重和保障人权（第33条第3款）、人格尊严不受侵犯（第38条）、权利不得滥用（第51条）等，均可被视为此，而这些原则所共同构成的"客观法秩序"，即显示出我国现行宪法在规范层面对于基本权利的界定和保障状况。而就更一般的层面来看，与基本权利保障相关的"客观法秩序"，除了程序保障之外，还有"基本权核心不容侵犯"等可供参考与借鉴。

---

[63]　张翔：《基本权利的规范建构》，高等教育出版社2008年版，第135—139页。

[64]　［德］鲁道夫·冯·耶林：《为权利而斗争》，郑永流译，法律出版社2007年版。

换言之，作为"客观法"的基本权利程序保障并非孤立地存在，而是与其他相关原则一起，构筑基本权利保障的"客观法秩序"，而这也是本书提出基本权利程序保障的初衷。

第三节　程序保障的作用机理

前文分别就基本权利程序保障的规范模式和规范属性展开讨论，这两者均可被视为对于规范结构的静态观察视角。以下则基于动态的观察视角，探讨程序保障在与基本权利相关的宪法解释过程中的作用机理。大致而言，相关的作用机理可以分为两种：一是在涉及与基本权利相关的不确定法律概念（宪法概念）时，即使这种概念是实体性的，也可以从程序的角度加深理解；二是涉及对基本权利加以限制的规则时，可以从程序的角度对此类规则加以审视。

一、对不确定法律概念的补充

（一）不确定法律概念与基本权利保障

法律概念是法律规范的基石，也是法律适用的最基本单位。对法律规范的理解，很大程度上正是以对法律规范的理解为基础的。从德国的潘德克顿法学到后来的概念法学，更是以"完善的法律概念"为前提而构建出逻辑自足的、不存在漏洞的规则体系，进而发展出基于形式逻辑的法律解释方法。[65] 但是自 19 世纪末开始，在社会生活急剧变化的背景下，以耶林为代表的对于概念法学的全面批评[66]动摇了概念法学所设想的规则体系和法律解释方法，同时也使得人们反思作为概念法学基础的"完善的法律概念"这一前提。几乎与此同时，德国行政法学领域首先出现了"不确定法律概念（Unbestimmter Rechtsbegriff）"，这一术语指称那些"具有流动特征"的概念，[67]"不确定法律概念"在法律中广泛存在，"甚至较确定法律概念为数更多"。[68] 当然，不确定法律概念产生的根源在于人类语言的模糊性，因此对于不确定法律概念的讨论也绝不仅限于行政法领域，哈特就讨论过法律概念中"毫无争议的核心"

---

[65] 梁慧星：《民法解释学》，中国政法大学出版社 1995 年版，第 55—62 页。

[66] ［德］鲁道夫·冯·耶林：《法学的概念天国》，柯伟才、于庆生译，中国法制出版社 2009 年版。

[67] 翁岳生：《行政法》，中国法制出版社 2002 年版，第 225 页。

[68] 吴庚：《行政法之理论与实用》（增订 8 版），中国人民大学出版社 2005 年版，第 76 页。

和"不确定的边缘"的二元结构,[69] 相关论述已广为人知。美国宪法学家劳伦斯·却伯曾经举了一个极端的例子来说明看似确定的概念总是存在着不确定性——美国宪法规定年满三十周岁才有资格参选参议员,却伯说,如果是阿拉伯数字的"30",则有人会说年满二十四周岁就有参选资格,因为八进制的"30"正是十进制的"24"。[70] 在司法实践领域,美国的尼克斯案[71]将"番茄是蔬菜还是水果"(也就是"蔬菜"或"水果"的概念是否包含"番茄"在内)这个争议一直打到联邦最高法院,也凸显了"蔬菜""水果"这类看似明确的生活概念在成为法律概念后存在的不确定性。

不确定法律概念的普遍存在,使得它对于基本权利保障具有重要的影响。

一方面,许多基本权利本身就是不确定法律概念。相对于社会生活的丰富多样,作为宪法概念的特定基本权利必然是高度抽象的,这样才能在有限的篇幅内规范尽可能多的社会行为;而这样一来,基本权利的内容就势必因其抽象性而在适用过程中产生不确定性。例如,美国宪法第一修正案规定了作为基本权利的"表达自由(Free Expression)",但是,什么是"表达"?或者说,哪些"表达"在宪法保护的范围之内?就实践来看,"表达"本身便是典型的不确定法律概念。在得克萨斯州诉约翰逊案[72]中,焚烧国旗的行为被认为是一种表达的方式而受到"表达自由"的保护;而在弗吉尼亚州诉布莱克案[73]中,焚烧十字架的行为则被认为是一种"仇恨象征(Symbol of Hate)"而不在"表达自由"的保护范围之内——当然,这种对于"表达"(更准确地说,是"应当受宪法保护的表达")的理解,背后都有特定的历史经验:在美国,焚烧十字架的行为总是与三 K 党的恶行联系在一起,因此焚烧十字架给相关人群造成的恐惧绝非凭空想象。[74] 相对于焚烧十字架而言,焚烧国旗是否应当受表达自由的保护则引起了更大的争议:尊重国旗在美国同样是一种历史传统,当时美国 50 个州中有 48 个州立法禁止焚烧国旗;联邦最高法院 5:4 的判决亦体现了这一问题的巨大争议,通常被认为是自由派的史蒂文斯大法官在反对意见中写道"国旗的象征价值不可估量",而肯尼迪大法官

---

⑥⑨　〔英〕哈特:《法律的概念》,张文显、郑成良、杜景义、宋金娜译,中国大百科全书出版社 1996 年版,第 13 页。

⑦⓪　L H. Tribe, Taking Text and Structure Seriously: Reflections on Free-form Method in Constitutional Interpretation, *Harvard Law Review*, 1995: 1221-1303.

⑦①　Nix v. Hedden, 149 U. S. 304 (1893).

⑦②　Texas v. Johnson, 491 U. S. 397 (1989).

⑦③　Virginia v. Black, 538 U. S. 343 (2003).

⑦④　在弗吉尼亚州诉布莱克案的判决意见中,执笔的奥康纳大法官用大量的篇幅梳理了焚烧十字架与三 K 党的历史关联。

在协同意见中则针锋相对地写道"国旗保护蔑视它的人"。这两个案件及其相关的争议牵涉的问题很多，但无疑都充分表明了"表达自由"这一基本权利概念本身的不确定性。

另一方面，对于基本权利限制规则的界定，也包含许多不确定法律概念。毋庸置疑，一切权利都有其界限，基本权利的保障，并不是要摒除这些界限，而是将这些界限明确为具体的限制规则，避免这些界限被公权力滥用。可以说，对基本权利内容的界定是从肯定的方面明确基本权利的内容，而对基本权利界限的界定则是从否定的方面明确基本权利的内容，两者是基本权利保障的一体两面。而正如基本权利内容包含着不确定法律概念，基本权利的界限——即使进一步明确为某种限制规则——也包含着不确定法律概念，从而对基本权利的保障产生影响。以表达自由为例，霍姆斯大法官在申克诉合众国案[75]中提出的"清楚且现实的危险（Clear and Present Danger）"被认为是对表达自由限制规则的经典表述；然而什么是"清楚"、怎样才算"现实"，均具有极大的不确定性，尤其是这一规则如何适用于所谓"煽动者"，在当时引起了相当大的争议。[76]直到50年后，这一限制规则被另外一条规则"即刻的不法行动（Imminent Lawless Action）"所取代，[77]但后者在适用中仍然存在不确定性。[78]

由于人类语言的模糊性，与基本权利相关的不确定法律概念是无可避免的；反过来说，由于社会生活的无限丰富和立法者（制宪者）的能力所限，适当的不确定法律概念对于确保宪法规范在面对社会生活时的灵活性也不无助益。而从基本权利保障的角度，至少在具体个案中，需要将相关的不确定法律概念确定化，这一过程涉及法律方法的多种技术，并且也许没有"唯一正确解"。本书所关心的，则是在这种"确定化"的过程中，程序所能起的作用。

（二）以"公共利益"为例

"公共利益"是与基本权利密切相关的一个重要概念：一方面，公共利益因为涉及教育、劳动、环境等领域，从而与通常所认为的"社会权"息息相

---

[75] Schenck v. United States，249 U. S. 47（1919）.

[76] Frank R. Strong, Fifty Years of "Clear and Present Danger"：From Schenck to Brandenburg-and Beyond. *The Supreme Court Review*（1969）：41-80.

[77] Brandenburg v. Ohio，395 U. S. 444（1969）.

[78] Frank RStrong, . Fifty Years of "Clear and Present Danger"：From Schenck to Brandenburg-and Beyond.

关；另一方面，公共利益本身又是对特定基本权利加以限制的重要理由。[79] 而与此同时，"公共利益"本身又是一个极为模糊的不确定法律概念，[80] 这种不确定性极大地影响了相关基本权利的保障。因此，下文以"公共利益"为例，以图展示程序对于涉及基本权利保障的不确定法律概念的作用机制。

1. 理论上的两种研究进路

以公共利益为理由对特定的基本权利加以限制，这是当前的普遍现象。由于被限制的基本权利通常是实体上的，因此首先从实体上对相关公共利益的内容进行确证、从而厘清特定情况下某种基本权利的具体范围，这也是符合思维习惯的；沿着这种思维习惯继续前进，就是将这些限制类型化，进而对公共利益的实体内容作出抽象的概括，由此形成"实体的基本权利—实体的基本权利界限"的结构——这可以称之为"公共利益研究的实质主义"。[81] 这种研究进路通常首先需要对"公共利益"进行概念上的拆分和解释，也即对"公共"和"利益"的分别解释："公共"通常指不确定的多数人，[82] 亦有德国学者进一步指出，只有"非隔离性的群体"或者"成员数量极大的隔离性群体"才能称得上"公共"。[83] "利益"通常指客体对于主体的价值，德国学者 Neumann 区分了"主观的利益"和"客观的利益"，前者指共同体成员可直接享有的利益，后者指超乎个体之上、为其他目的所享有的利益，[84] 这种区分对于公共利益具体内容的探讨有着重要的意义。在此基础上，实质主义的研究进路还包括公共利益在法律上的构成：如有学者提出，公共利益应当包括公共性、利益的重要性、现实性、通过正当程序实现这四个基本要素；[85] 亦有学者分析了公共利益的代表者、公共利益的受益对象、公共利益的判断

---

⑦　这一点也体现在我国现行宪法中。如第 10 条第 3 款对于土地权利的限制（"征收或者征用"）、第 13 条第 3 款对于私有财产权的限制（同样是"征收或者征用"）；而对基本权利作出概括性限制的第 51 条中"国家的、社会的、集体的利益"也可被视为"公共利益"的另一种表述方式。值得注意的是，第 51 条规定了两条基本权利的界限，除前述"不得损害公共利益"外，另有"不得损害其他公民的合法的自由和权利"，而后者被一些学者同样视为"公共利益"的一种（参见张翔：《基本权利的规范建构》，高等教育出版社 2008 年版，第 62 页注释 1 及相关正文）——这就意味着"公共利益"成为在实体上限制基本权利的唯一理由；当然，学界对此也有不同观点。

⑧　[德]卡尔·恩吉施：《法律思维导论》，郑永流译，法律出版社 2004 年版，第 133 页。

⑧　关于公共利益研究的实质主义和程序主义的界分，可参见余军：《"公共利益"的论证方法探析》，载《当代法学》2012 年第 4 期。

⑧　陈新民：《德国公法学基础理论》（上），山东人民出版社 2001 年版，第 186 页。

⑧　胡锦光、王锴：《论我国宪法中"公共利益"的界定》，载《中国法学》2005 年第 1 期。

⑧　陈新民：《德国公法学基础理论》（上），山东人民出版社 2001 年版，第 185 页。

⑧　黄学贤：《公共利益界定的基本要素及应用》，载《法学》2004 年第 10 期。

主体等结构性要素⑧——无疑，这种实质主义的研究进路奠定了"公共利益"研究的基础，是其他研究进路得以展开的前提。然而，实质主义的研究进路仍然难以彻底解决"公共利益"在规范上所引发的难题：这不仅在于实质主义的解释和命题本身亦不乏模糊之处，更重要的是，实质主义的目标在于将"公共利益"的具体内容最大限度地明确化（这种明确化不仅体现在个案中，也体现在更为宏观的、抽象的层面上），但是"公共利益"的不确定性在规范适用时也在另一方面体现为灵活性，这有助于弥补立法者的不足并增强相关规范的社会适应性，这也是不确定法律概念的规范功能之一，实质主义的研究进路越是迈向抽象层面，就越容易矫枉过正。此外，在个案的判断上，单纯实质主义的视角也容易陷入"方法论的盲目飞行"。⑧

正因为如此，产生了针对"公共利益"的程序主义的研究进路。需要说明的是，这两种研究进路并非互相排斥的，如前述关于实质主义的研究中也有将"正当程序"作为公共利益基本要素之一的例证。这两种研究进路毋宁是思维方式的区别：在程序主义看来，在宏观的、抽象的层面，"公共利益"的实质内容本身是什么并不重要，重要的是通过怎样的过程得到其实质内容，只要过程得以确定，具体的实质内容完全可以在个案中得以解决。

程序主义的进路首先是指通过公开讨论等决策程序确定公共利益的具体内容。如德国学者 F. M. Marx 教授所言，需在一个开放的整体环境中，通过公开的信息和充分的讨论，使社会公众明确相关公共利益的具体内容，从而影响立法者，最终形成与公共利益相关的"内容拘束力"。而这种认识在某种程度上亦来自特定历史发展的经验。⑧ 在历史上，这种形成公共利益的程序主要指民主程序，即公共决策最基础的程序形式，尤其是古典的代议民主程序，也就是社会公众选举代表组成立法机关，通过选举程序和立法程序形成立法者在理性上对于"公共利益"具体内容的体认。然而，这种基于代议制的程序主义进路很快就因为代议制本身的衰落而显得颇为可疑。

到了 20 世纪 50—60 年代公共选择理论的兴起，为程序主义的研究进路提供了另一种理论的基础。作为经济学的一支，公共选择理论关心的是"追求个人利益的人们何以实现共同体的目标"——公共选择理论认为，"理性的

---

⑧　胡鸿高：《论公共利益的法律界定——从要素解释的路径》，载《中国法学》2008 年第 4 期。

⑧　陈林林：《方法论上之盲目飞行——利益法学方法之评析》，载《浙江社会科学》2004 年第 5 期。

⑧　例如有学者分析过法国在王权利益和民权利益博弈的过程中，"公共利益"这一理念的意义及其对民主程序在法国体制中获得接受的影响。［英］约翰·邓恩：《让人民自由：民主的历史》，尹钛译，新星出版社 2010 年版，第 102 页。

立法者"是不存在的，只有"理性的个人"是真实存在的；每个人都是为了自己的利益而行动，并不存在一种"为了公共利益的集体行为"。[89]换言之，传统意义上民主的选举程序和立法程序并不必然能够对公共利益形成准确的理解，符合共同体利益（但未必符合某些共同体成员利益）的"公共利益"的形成和实现有赖于更为细致的政治决策程序（以及对既有相关程序的反思）。不过，公共选择理论的基石——经济学上的"理性人"假设——本身亦受到来自不同角度的严肃的批评，从而影响了这一理论对于公共利益的分析；此外，公共选择理论亦未提供足够的具有可操作性的程序制度，从而使得该种理论的批判性多于建设性。

稍后出现的协商民主（Deliberative Democracy）理论及其发展，[90]为程序主义的研究进路提供了更丰富的理论拓展。当然，协商民主本身是一个拥有复杂理论渊源和广泛应用前景的理论体系，其对于公共利益的认定至少有以下几点是富有启发意义的。首先，协商民主对于有效协商的程序提出了更为具体的要求。例如，哈贝马斯对于"理想的商谈情景"的论述，[91]尽管常被批评为过于理想化、且部分要求与法律制度难以相合（例如在"理想的商谈情景"中，商谈可以随时恢复甚至无限进行，但法律上对于"公共利益"的认定必然需要一个最终的决断），但毕竟为相关的程序制度提供了相对具体的评价标准。其次，协商民主与基本权利本身具有密切的关联。哈贝马斯运用商谈原则重构了基本权利的起源，即基本权利的"逻辑起源"在于商谈原则与法律形式的"互相交叠"。[92]这种密切关联使得"公共利益"无论是作为基本权利的一部分还是作为限制基本权利的理由，都必须要经过商谈原则的审视。最后，协商民主作为代议民主的补充，更强调人们自由开展的、非正式的沟通途径，哈贝马斯认为这类途径的蓬勃发展既可以避免自由主义可能造成的对公共事务（公共利益）的漠视，也可以避免共和主义那样将参与公共事务作为"德行的实现"，从而形成一种中间立场，[93]而这种中间立场对于公共利益的认定而言，也是较为适宜的。

---

[89]　[美]詹姆斯·M. 布坎南、戈登·塔洛克：《同意的计算——立宪民主的逻辑基础》，陈光金译，中国社会科学出版社 2000 年版，第 11—34 页。

[90]　关于协商民主的起源、发展、存在问题等，可参阅 J. Elster, *Deliberative Democracy*, Cambridge University Press，1998，pp. 1-18.

[91]　包括平等的参与机会、不受压制、平等真诚的对话和沟通、平等的话语权利等。李英明：《哈贝马斯》，东大图书公司 1986 年版，第 119 页。

[92]　[德]哈贝马斯：《在事实与规范之间——关于法律和民主法治国的商谈理论》，童世骏译，生活·读书·新知三联书店 2003 年版，第 148 页。

[93]　[德]哈贝马斯：《哈贝马斯在华演讲集》，人民出版社 2002 年版，第 84—88 页。

2. 法律程序的标准

无论是公共选择理论、还是协商民主理论，甚或古典的代议民主理论，其关注点都在于立法或决策阶段，也就是"公共利益"具体内容的形成阶段；换言之，这些理论所关心的程序在性质上均属于政治程序。以下则将从法律程序的视角考察公共利益的具体程序标准——当然，政治程序与法律程序并不能截然区分，这也使得前述理论（尤其是协商民主理论）对于相关法律程序而言依然有基础性的意义。而这里所谓的"程序标准"则是就"正当程序"而言的，也就是探讨"确定公共利益具体内容的法律程序，应当符合怎样的标准"；或者说，"应当经由怎样的法律程序，方能将'公共利益'这个不确定法律概念确定化"——站在宪法审查的立场，就是探讨国家公权力以"公共利益"为理由的限制基本权利的行为，究竟应当符合怎样的程序标准才具有正当性。考虑到司法程序的相对独立，以下主要集中于立法行政领域。由于后文第四章将会结合具体的权利类型、第五章将会探讨具体的程序设计，因此以下仅就信息公开、公众参与、有效救济这三个基本的程序要求作一概览。

在与公共利益相关的程序中，信息公开具有前提性的基础地位，当事人只有通过信息公开掌握了相关信息，才谈得上有效的参与和救济。有学者指出，获得信息的能力是使得当事人能够与国家处于对等地位的重要因素，因而也是正当法律程序所必须要保障的。对于"特定案件中信息公开的相关做法是否符合正当程序"的评价，大致可以从信息公开的对象、方式和内容这三方面着手：就一般原则而言，信息公开的对象应当包括所有可能的利害关系人在内，于"公共利益"而言，就是前述"不特定的多数人"（或者"非隔离性的群体/成员数量极大的隔离性群体"）——这也就决定了，无论怎样界定"公共"的实体范围，在程序上都应当采用主动公开（辅之以依申请公开）的方式，才与"公共"的含义相符。在现代社会，信息的主动公开有多种具体的方式，评价相关方式的基本原则为利害关系人是否能够便利地获取相关信息，即前述"获得信息的能力"的保障。由于公共利益相关信息涉及面广，各人关心的程度也不尽相同，因此对于获取信息便利性的评价应当以"最关心的人能否便利获取"为基准。在具体方式上应当包括信息公示、重点人群特别告知、通畅的依申请公开渠道等。而具体方式的合理性也应当参酌一般社会经验，如某些信息被放置在几乎无人访问的网站或网页上，自不应被认为是合理的公示方式。信息公开的内容应当以"公众据此能够作出理性判断"为标准，如政府行为的相关信息、公共利益的具体内容、关联第三方（如工程中的施工企业）信息等。

公众参与是公共利益相关程序的核心环节。在程序主义看来，唯有通过有效的公众参与，才能确定公共利益的具体内容，进而相关的决策行为才是可以被接受的。因此，公众参与的程序正当性评价标准就在于公众参与的有效性，即相关的参与程序是否有助于公众意见确实地影响（甚至是"决定"）了公共利益具体内容的形成。而从程序的角度，公众参与有效性的评价可从以下几方面入手：第一，公众参与的方式及其具体组织是否便于所有利害关系群体参与；第二，公众参与的过程是否确保了不同观点均有大致相当的表达机会；第三，公众参与所形成的结论（或非结论性的其他重要观点）是否被决策所采纳（或者通过适当的方式说明未被采纳的理由）。在形式上，公众参与包括听证会、座谈会、论证会、问卷调查等多种类型，其中听证会是最接近司法程序、因而也被认为是最正式的公众参与程序，但是至少在行政领域，这种司法化的程序在增加行政成本的同时并不必然能够约束行政权力，因而其过度的使用是受到诟病的。⑨ 因此，具体采用何种参与程序，仍应以诸种实际因素综合考量为宜。

公共利益作为一种"以公众为名"的理由，少数人（或相对弱势的群体）的利益常有可能被忽略甚至牺牲，因此，确保每一个利害关系人拥有有效的救济途径，也是公众参与程序非常重要的组成部分。相关的救济途径应当包含三种情况：第一是事前的救济，即公众参与过程开始之前，当参与机会遭到剥夺或限制时可以寻求的救济。如要求相关信息的公示、报名参与不被接受时要求说明理由、参与程序的组织令利害关系群体难以有效参与时对相关组织表达异议等；如果涉及个人利益还应确保当事人陈述和申辩的程序性权利。第二是事中的救济，即公众参与过程中如出现限制表达的情形，相关当事人可以寻求的救济。如在各种参与过程中要求发言或提交书面材料、在听证会等较为严格的程序中要求其他参与方遵守公平的议事规则等。第三是事后的救济，即对于公众参与所形成的公共利益具体内容或国家机关据此作出的行为不服可以寻求的救济。如针对相关的行政行为提起行政复议、行政诉讼或行政赔偿等。在形式上，上述救济涉及立法程序、行政程序（行政决策程序、行政救济程序等）和司法程序，因此具体救济程序是否合理，应当基于其各自的程序类型加以确定。

现代社会作为某种意义上的"风险社会"，对于公共利益的实践也产生了直接的影响：公共利益在社会生活中出现得越来越频繁，但"公共利益"也

---

⑨ ［英］卡罗尔·哈洛、理查德·罗林斯：《法律与行政》（上卷），杨伟东等译，商务印书馆2004年版，第398页。

越来越意味着"公共风险",如转基因技术在提高粮食产量的同时又备受"是否对人体有害"的质疑;核电、化工、垃圾焚烧等产业的发展促进了社会生活的便利但又被人怀疑其安全性等。相应地,公共利益的程序主义进路也显示出新的特点:一方面,对于许多相关新技术的评价造成了社会公众深刻的分裂(如支持转基因与反对转基因、支持核能与反对核能、支持 PX 与反对 PX 等),这使得人们很难在实体上就相关公共利益的具体内容达成共识(以 PX 项目为例,就业和经济发展无疑属于公共利益,避免可能的生产事故当然也是公共利益,对于 PX 项目运作的不同评价使得这两种公共利益很难达成共识),在这种情况下,公平合理的程序就成为有可能促成共识的越来越重要的途径。另一方面,公共风险的控制涉及多个领域,并非法律可以一力承担,法律程序更不可能成为解决公共风险的万灵金丹。因此,在充分肯定程序主义对于"公共利益"这一不确定法律概念的补充作用的同时,对于其在具体实践中的局限也应有充分的认识。

二、对基本权利限制规则的审视:以明确性原则为例

前述对于"公共利益"的分析,主要是基于其作为一种不确定法律概念的性质,探讨通过程序的途径将其进一步确定化的可能性。而正如前述,"公共利益"在实践中也通常作为一种基本权利限制规则的组成部分,即这一概念涉及某种公权力行为限制基本权利的做法是否具有合宪性的论证。从这个角度来说,基本权利的保障在很大程度上正表现为对于公权力限制基本权利的行为是否具有合宪性的判断(无论判断者是谁)——更直白地说:宪法规定了基本权利,立法和行政等公权力的行使行为可以限制基本权利,而基本权利的保障就是从合宪性的角度对于这种限制行为的限制。[65] 在宪法的实践过程中,这种"限制之限制"的审查发展出了一些技术规范,被称为合宪性审查的基准,其中较为成熟的审查基准以德国的比例原则和美国的三重基准为典型。[66] 值得注意的是,尽管程序上的要求未必都可以作为一种独立的审查基准,但与程序相关的要求还是频繁地出现在对于基本权利限制规则的审视过程中,从而与审查基准产生了某种关联。以下便以合宪性审查为视角,以"明确性原则"为例考察程序要求对于基本权利限制规则的审视。

所谓"明确性原则",又称"法律的明确性原则",就是要求限制基本权利的法律必须清楚明确,不应模糊不定。显然,这令人想起了朗·富勒的"程序

---

[65] 林来梵、季彦敏:《人权保障:作为原则的意义》,载《法商研究》2005 年第 4 期。

[66] 林来梵主编:《宪法审查的原理与技术》,法律出版社 2009 年版,第 234 页。

自然法"八条要求㉗——然而，早在《法律的道德性》之前半个世纪的1914年，在"美国国际联合收割机公司诉肯塔基州案"㉘ 中，联邦最高法院就基于第五修正案的正当法律程序条款提出了"含混即无效（Vagueness Doctrine）"的原则，这可以被视为明确性原则在美国宪法实践中的滥觞。㉙ 到了1926年的"康纳利诉通用建筑公司案"，"含混即无效"原则获得了更具体的阐释："禁止人们做某事或要求人们做某事的法律在字面上如此含混以至于一般智力程度者必须猜测其含义，并且其适用各有不同，这种情况违反了正当法律程序的根本要义。"㉚ 这一段文字清楚地表达了明确性原则的基本内涵和要求。值得注意的是，"康纳利诉通用建筑公司案"主要涉及的是刑事法令（Penal Statute）——作为限制基本权利的最为严厉的手段，在刑事领域的合宪性审查中较早地出现明确性原则的要求，也是合乎情理的，但明确性原则并未局限于刑事领域，而明确性原则的含义也在实践中获得了进一步的明确。在1972年的"格兰内德诉罗克福德市案"㉛ 中，市政府的一项反噪音条例禁止人们在学校授课场所附近"蓄意喧哗、干扰学校授课的安宁与良好秩序"；由于这一规定实际上是针对校园内外的集会游行示威活动，因此被指违反了第一修正案所保护的表达自由。在这个案件中，最高法院指出：一部法律如果未能清楚地界定其所欲规范的行为，那么"就会因为没有公正地告知而诱使无辜者违法"，同时会产生未经许可地授权"警察、法官以及陪审团基于临时的、主观性的基础处置相关警务"的后果，不可避免地会带来专断和歧视的危险——这个判例将"含混即无效"引入表达自由领域，从而使之成为审视对表达自由的限制规则的重要标准。㉜

㉗　富勒提出的"使法律成为可能"的八条程序自然法分别是：法律的一般性、颁布、原则上不溯及既往、清晰性（即"明确性"）、没有矛盾、不要求做不可能之事、稳定性、官方行动与公布的规则之间的一致性。

㉘　International Harvester Co. of America v. Kentucky, 234 U. S. 589 (1914).

㉙　"含混即无效"是美国宪法实践中的专有名词，"明确性原则"的使用范围则更广；但两者的内容几乎完全一致，因此下文视行文需要而采用"含混即无效"或"明确性原则"的表述，不再作专门的说明。

㉚　Connally v. General Construction Co., 269 U. S. 385, 391 (1926).

㉛　Grayned v. City of Rockford, 408 U. S. 104 (1972).

㉜　G. R. Stone, L. M. Seidman, C. R. Sunstein, M. V. Tushner, P. S. Karlan, *The First Amendment*, 3rd ed., Aspen Publishers, 2008, pp.117-119. 事实上，在这个判例之前，在表达自由领域已经有与明确性原则相关的一些反思，如霍姆斯大法官所提出的"明显且现实的危险"这一限制表达自由的著名规则，就有批评指责其过于含混不清以至于可能成为不当限制表达自由的恶劣原则，而"明显且现实的危险"在20世纪50年代的运用（如Dennis v. United States, 341 U. S. 494 (1951)）也在某种程度上印证了这一批评。

　　然而，正如"不确定法律概念"的存在所昭示的，人类的语言文字总有不确定性，如何界定明确性原则的要求呢？正如美国学者劳伦斯·却伯教授所感慨的，宪法所能容忍的含混程度"不是要求能够被精确地预测，在任何特定领域，立法者总是面临着两难的困境：用语太过具体就要冒立法目的被轻易规避的风险，用语过于宽泛则要冒打击面扩大化的风险"。[103] 在一系列相关判例中，关于"含混"程度的认定标准逐渐明晰，主要体现为两方面：一方面，前述"康纳利诉通用建筑公司案"提出，法律的明确性应当符合"一般智力程度者"的认知能力。"格兰内德诉罗克福德市案"支持了这一点，并且进一步明确"一般智力程度者"的主体特指相关限制性规范的适用者（在该案中，就是对有争议的禁令有解释权的州法院）而非所有的社会公众；引申来说，就是对相关限制内容含混程度的判断，须考虑适用群体的专业知识和行业习惯（而非一般的社会平均水平）。另一方面，如前所述，"格兰内德诉罗克福德市案"还指出了含混的限制性规定可能引发"专断和歧视的危险"，而基于这个思路，是否可能引发"专断和歧视"也可以反过来成为判断含混程度的标准。在与该案同一时期的"史密斯诉格坤案"中，涉及合宪性争议的马萨诸塞州的一部法律禁止"轻蔑地（Contemptuously）"对待国旗，法院认为相关的表述并未"在作为刑事犯罪的不敬对待国旗的行为和不应受刑事追究的行为之间合理地划出清晰界限"。[104] 而这样的后果就是使执法权有被滥用的危险，因此该法律被判为无效。在1983年的"柯兰德诉劳森案"中，法院认为引起争议的法律规定表述得过于含混，以至于执法者的自由裁量权过大，从而判定该法律无效[105]——到了2007年的"冈萨雷斯诉卡哈特案"，[106] 这两方面的要求获得了统一，该案明确提出了"含混即无效"的两条判断标准：第一，相关表述能否为其适用群体（在该案中，适用群体为执业医师）的一般智力程度所明确地理解；第二，相关表述是否合理地划出了清晰界限（该案认为，相关法律采用解剖学标志作为界限是足够合理的），从而排除专断执法和歧视性执法的危险。至此，"含混即无效"原则本身才算足够清晰，而这一美国版的"法律的明确性原则"也形成了充实的内容。同时也可以看到，"含混即无效"在美国尽管主要集中于表达自由（包括对待国旗的

---

[103] Laurence H. Tribe, *American constitutional law.* 2nd ed., Foundation Press, 2000, p. 1033.

[104] Smith v. Goguen, 415 U. S. 566 (1974).

[105] Kolender v. Lawson, 461 U. S. 352 (1983). 该案所涉及的法律要求在街上游荡的人在接受治安官询问时证明自己是"可靠和可信的（credible and reliable）"。

[106] Gonzales v. Carhart, 550 U. S. 124 (2007). 该案所涉及的法律禁止以特定的方式实施堕胎手术。

行为、集会游行示威等）的保护领域，但并不局限于此，而是有更为广泛的适用范围（如堕胎所涉及的基本权利等）。

无独有偶，日本的宪法实践中同样将明确性原则作为审视基本权利限制规则的重要标准，日本宪法学者芦部信喜称之为"明确性的基准"，并指出如果不符合这一基准，则一方面无法对公众做到"公正告知"；另一方面也无法限制执法者裁量权的恣意，而这两方面的后果都是正当程序上的问题。[107] 在日本，相关的判例主要涉及对于表达自由的保障（这一点也与美国类似）。如1975 年的"德岛市公共安全条例案"，该案涉及的条例规定了维持交通秩序的许可条件，其中涉及对于集会游行示威权利的限制，相关的限制规定在一审和二审都被认定为"不明确"，但被最高法院所推翻。[108] 此外，同样涉及表达自由保障的相关判例还有"海关检查案"，相关法律所规定的"危害风俗书籍、画图"中的"风俗"被认为符合明确性原则，但存在相应的反对意见；以及《关于确保新东京国际机场安全的紧急措施法》中禁止"可认为实行暴力主义性质的破坏活动或有实行之嫌疑的人"在规制区域使用工作物的规定是否因其规定的不明确而侵犯集会自由的争议等。[109] 同时，相关争议也不仅限于对表达自由的保障：如1958 年的"帆足计案件"，该案涉及当时日本《护照法》第13 条规定的对于"有相当充分的理由足以认定可能从事明显且直接危害日本利益或安全之行为的人"可拒绝签发护照的规定是否合宪（此案涉及日本宪法中的居住与迁徙自由），尽管最高法院判决该条款合宪，但芦部信喜教授认为该条款同样不符合明确性的要求。[110]

需要说明的是，尽管如前所述，芦部信喜教授将明确性原则称为"基准"，美国的宪法实践也使得体现为"含混即无效"的明确性原则逐渐具备了相对细致的技术规范，但与比例原则或三重基准这样典型的合宪性审查基准相比，明确性原则仅仅是一种最低的要求；换言之，符合明确性原则的要求对于基本权利限制规则的合宪性审查来说只是必要非充分条件。明确性原则

[107] ［日］芦部信喜：《宪法》（第三版），［日］高桥和之增订，林来梵、林维慈、龙绚丽译，北京大学出版社2006 年版，第176 页。同时，芦部信喜教授指出不符合这一基准的第三个问题是会造成基本权利行使的萎缩，当然这属于实体性的方面。值得注意的是，前两个程序性的问题与前述美国"格兰内德诉罗克福德市案"的观点如出一辙，由此也可窥见美国的宪法判例对于日本宪法学的影响。
[108] ［日］芦部信喜：《宪法》（第三版），［日］高桥和之增订，林来梵、林维慈、龙绚丽译，北京大学出版社2006 年版，第177 页。
[109] ［日］芦部信喜：《宪法》（第三版），［日］高桥和之增订，林来梵、林维慈、龙绚丽译，北京大学出版社2006 年版，第177—178 页。
[110] ［日］芦部信喜：《宪法》（第三版），［日］高桥和之增订，林来梵、林维慈、龙绚丽译，北京大学出版社2006 年版，第202 页。

的这种特点，使得它可以和其他要求相结合，形成更有可操作性的合宪性审查标准。以美国的表达自由领域为例，针对政府限制表达自由的手段是否合宪的审查通常会综合使用不得过于宽泛（Overbreadth）、不得含混、不得事前限制这三个要求。[⑪] 其中第一项"不得过于宽泛"主要是实体上的要求，但其与"不得含混"又有着密切的关系：在很多时候，表达含混的限制性规则往往就会限制得过于宽泛，而一些看似表达得很清楚的限制性规则如果适用得过于宽泛了，那么这种清晰表达很可能只是一种假象，只是"为了将合宪的形式与不合宪的适用分开"；[⑫] 因此，认定某项限制规则因"过于宽泛"而违宪，往往也能避免这种限制规则在适用过程中产生的含混的后果[⑬]——换言之，"不得过于宽泛"和"不得含混"之间高度的相关性，使得认定其中一项即可涵盖另一项的要求，从而降低了这两项要求各自适用时因个案的具体情况导致难以认定的可能性。

当然，明确性原则与其他审查基准相结合的可能性也不仅限于表达自由的保障领域，而是（与明确性原则本身的适用范围一样）有着更广泛的适用领域。以被称为"公法学帝王原则"的比例原则为例：比例原则传统上被认为包含三个子原则，即妥当性原则（公权力限制基本权利的手段是否能达到其所宣称的目标）、必要性原则（是否存在可同样达到目标但对于基本权利损害更小的手段）和均衡原则（公权力对于基本权利的损害和所达成的目标之间应成比例，不能为了利益较小的目标而损害利益较大的权利）；但其中"妥当性原则"独立存在的必要性多遭质疑，因为在行政领域，若行政行为不能达成其所宣称的目标则显然有违行政合法性原则；[⑭] 而在立法领域，手段与目标明显无关的立法亦不多见。但是如果与明确性原则相结合，即"如果对基本权利的限制手段不够明确以至于难以被限制对象理解和遵守，则可以认定该限制手段未能达到其所宣称的目标（无论其目标具体内容是什么）"，这样"妥当性原则"作为一种独立的评价基准显然也就有了存在的必要。事实上，作为程序要求的明确性原则与其他实体性要求相结合，往往可以形成更为完整、更为全面的审查基准，对于基本权利的保障因而也就更为有力。

此外，这里虽然主要以明确性原则为例说明程序性要求对于基本权利限

---

⑪ G. R. Stone, L. M. Seidman, C. R. Sunstein, M. V. Tushner, P. S. Karlan, *The First Amendment*, 3rd ed., p. 109.

⑫ P A. Freund, *The Supreme Court of the United States*, Peter Smith, 1972, pp. 67-68.

⑬ Richard H. Fallon, Making Sense of Overbreadth. *Yale Law Journal* (1991): 853-908.

⑭ 陈新民：《中国行政法学原理》，中国政法大学出版社 2002 年版，第43—44页。

制规则的审视作用，但程序性要求显然并不仅限于明确性原则。仅以前述富勒的八项"程序自然法"而论，除了明确性（清晰性）之外，其他七项亦可作为对基本权利限制规则的审查要求，并且有一些已经被成文宪法化。例如，同样作为"程序自然法"之一的"不得溯及既往"，在美国宪法第 1 条第 9 款中就规定了联邦议会不得制定溯及既往的法律，而第 10 款则规定了州议会不得制定溯及既往的法律，这些实际上都涉及对基本权利限制规则的程序性要求。当然，正如富勒自己所意识到的，完全符合程序自然法要求的"完美境界"只是一种乌托邦，对于每一项标准的认定都存在例外和限度（甚至这些标准之间彼此也会产生矛盾），⑮ 这也就意味着作为基本权利限制规则审查基准（如果能称为"审查基准"的话）的程序性要求，亦存在进一步技术化和体系化的巨大空间。

---

⑮　［美］富勒：《法律的道德性》，郑戈译，商务印书馆 2005 年版，第 49—53 页。

第四章　基本权利的类型化分析

本章以基本权利自身为视角，通过对不同类型的基本权利的分析，探讨各类基本权利对于程序保障的差异性要求。本章首先以基本权利差异化的程序保障要求为基准，结合我国现行宪法的规范内容，提出一个类型化的分析框架；其次基于这个框架，依次探讨我国现行宪法中各类基本权利对于程序保障的具体要求，这种探讨将从相关基本权利的一般属性和我国宪法法律的特定规范这两个层面展开。

第一节　差异化的程序保障与基本权利的类型

前文第三章对于基本权利程序保障规范结构的探讨，主要是将基本权利视为一个整体，考察程序保障的一般性、共同性的内容；既是对"消极意义上的基本权利"和"积极意义上的基本权利"的区分，同样也是以考察程序保障一般性、共同性内容为目标的。然而，正如社会生活的丰富多彩一样，基本权利本身也是多样性的，在此基础上，针对不同基本权利的程序保障也必然有其个性化的一面。可以说，前一章所探讨的基本权利程序保障一般性内容相当于各类基本权利程序保障的"最大公约数"，而本章所关心的则是以此为基础的各类基本权利对于程序保障的差异化要求——这两个部分相结合，方有可能形成具有现实针对性和可操作性的基本权利程序保障的各类具体机制。大致而言，基本权利的不同类型所产生的差异化的程序保障要求可能出现在以下几个方面。

第一，不同类型的基本权利对于程序保障规范模式的要求可能存在不同。本章所探讨的基本权利的类型，可以视为前文第三章所涉及的"消极意义上的基本权利"和"积极意义上的基本权利"的进一步延伸，也就是以这两大类型为基础的进一步细分或补充。① 而在第三章中，已经以相当的篇幅讨论了

---

① 因此，前文第三章第一节中亦有"基本权利的类型"的表述，而本章所讨论的则是前后相关的自然延伸。

这两大类型基本权利与程序保障的不同规范模式的关系，即"消极意义上的基本权利"——"积极意义上的基本权利"和"消极的程序保障"——"积极的程序保障"之间的关系；初步的结论是，基本权利的这两大类型和程序保障的两种规范模式并不存在排他性的对应关系，但对于程序保障模式的差异化要求却是显而易见的。随着基本权利在类型上的进一步细分，这种差异化要求也会进一步明显——当然，这种差异化与其说是"对两种程序保障规范模式的差异化要求"，不如说是"对两种程序保障规范模式不同搭配方式的差异化要求"。例如，传统上都被视为"积极权利"的休息权和获得物质帮助权，前者对于程序保障的要求涉及"未经合理程序不得剥夺休息的权利""应当设立劳动者和用人单位关于休息协商的合理程序"等不同的规范模式；后者亦涉及"未经合理程序不得克减应予给付的物质帮助""应当设立合理的物质帮助给付程序"等不同的规范模式；而这两种基本权利各自所要求的程序保障应如何搭配，显然是存在差异的。这一点，亦可以视为前一章关于程序保障规范模式的内容在基本权利具体类型中的进一步体现。

第二，不同类型的基本权利意味着程序保障的实体目标不同。如果按照罗尔斯对于程序正义的分类，基本权利的保障程序（和罗尔斯所举例的刑事审判程序一样）属于"不完善的程序正义"，也就是这种程序存在一个有待实现的实体目标，程序也是为了实现这个目标而设计的，但设计出来的程序无法确保总是能够实现这个目标。[②] 对于基本权利的保障程序而言，笼统地说，其实体目标就是基本权利的实现；不同类型的基本权利固然有其不同的目标，而即使同一名称的基本权利有时也存在不同的实体目标，当然这要与基本权利的具体内容相结合才有值得探讨的空间。例如，对于我国宪法中劳动权的保障程序，其究竟是以"全民就业"（即就业率导向）为目标，还是以确保公民"通过劳动获得报酬"为目标，显然对于程序保障的要求也会存在重大的不同。当然，这种实体目标的具体化，应当是在兼顾相关基本权利一般属性和特定宪法规范体系的基础上得出的，[③] 而这亦是本章探讨各类基本权利时所秉持的基本指针。此外，从程序本身的视角来看，实体目标固然重要，但程序自身良好设计的重要性犹有过之（可参考前文提及的富勒的"程序自然法"）。在这一点上，本书抱持新程序主义的立场，即承认实质正义（即相关

[②]　［美］约翰·罗尔斯：《正义论》，何怀宏、何包钢、廖申白译，中国社会科学出版社 1988 年版，第 86 页。

[③]　例如，有学者结合我国现行宪法体系，探讨了我国宪法中的宗教信仰自由在目标上的特殊性。白斌：《宪法教义学》，北京大学出版社 2014 年版，第 100—101 页。

基本权利的实现）作为程序的一部分，并以程序作为沟通实质正义与形式正义的纽带，实现形式理性与实质理性在建构过程中的循环。④

第三，不同类型的基本权利对于程序保障具体制度的要求也有不同。一方面，各类基本权利在内容和目标上均存在差异，当然对于程序保障的具体制度也会有不同的要求。这种不同在前文所探讨的"消极意义上的基本权利"和"积极意义上的基本权利"的基础上进一步展开，成为相关制度能够具有针对性和可操作性的重要保障。由于各类基本权利本身具有明显的区别，因此其对于程序保障具体制度的区别化要求也就自不待言。值得注意的是，有时候不同类型的基本程序会对同类型的程序制度产生不同的要求：例如，同样是信息公开程序，针对经济社会文化权利中包含要求政府给予的权利的，其对于信息公开制度大多要求以主动公开为原则，从而确保政府的二次分配自始至终处于社会公众的视野之中；而针对人身自由等包含了要求排除政府不当干预的权利，对于信息公开制度则大多要求以依申请公开为原则，以便尊重相关当事人的隐私。另一方面，同一基本权利内部可能也会产生对于程序保障的不同要求：例如，当前通常被视为经济权利之一的财产权，其既包含要求政府不得无故没收财产或限制财产使用的一面，也包含要求政府设置合理的征收征用及补偿制度以实现财产权社会义务的一面⑤——这是前述程序保障规范模式的区别，而仅就财产权社会义务这一面而言，其对于征收程序、征用程序、补偿程序等的要求显然也存在不同，因此"财产权"这一基本权利本身对于程序保障的要求亦是多样化的。总之，这些对于具体制度的不同要求使得一种基本权利对应于多种程序保障制度，一种程序保障制度亦对应于多种基本权利，两者之间形成"多对多"的网状结构，亦成为各类相关制度得以不断萌发的重要基础。

当然，探讨各种基本权利对于程序保障的差异化要求，绝非否定各类基本权利对于程序保障同样存在大量基础性的共同要求，这些共同要求正是前文第三章所讨论的重点。可以说，一项具有现实针对性和可操作性的程序保障制度，必定需要由一般性内容和特殊性内容共同组成。如果将基本权利程序保障的一般性、共同性要求比喻成一座高山，那么具体某种基本权利的特殊性、个性化要求就是山上崛起之峰，置身于这个体系之内可以发觉"横看成岭侧成峰，远近高低各不同"的景致，但这不过是"只缘身在此山中"罢

---

④ 季卫东：《法律程序的形式性与实质性——以对程序理论的批判和批判理论的程序化为线索》，载《北京大学学报》（哲学社会科学版）2006 年第 1 期。

⑤ 张翔：《财产权的社会义务》，载《中国社会科学》2012 年第 9 期。

了。此外，探讨各种基本权利对于程序保障的差异化要求，本身是一个从基本权利的角度考察程序保障的思路，这与前文第三章更多地从程序保障的角度考察基本权利的思路相结合，恰可以形成一种相对全面的考察方式。

明确了不同基本权利对于程序保障的差异化要求以及这种差异化要求对于程序保障相关制度的意义，那么接下来就需要对基本权利进行合理的分类，以便具体地讨论，这也是本章接下来的主要内容。而在具体讨论基本权利的分类之前，有以下两个问题有必要事先厘清。

第一，纳入分类的对象，是我国现行宪法规范中的基本权利。基于本书研究的一贯立场，本章所考察的基本权利同样围绕我国现行宪法中的相关规范展开；换言之，本章所探讨的基本权利类型化分析，主要是基于规范的分析而非基于比较的分析。当然，以我国现行宪法规范中的基本权利为对象，并不意味着考察过程断然拒斥比较法方法的运用；相反，只有将我国宪法对于基本权利的规范置于基本权利一般性的理论探索和实践经验中，才能在"一般性—特殊性"的二元框架内对前者作出准确的定位，进而展开恰当的分析；换言之，基于其他国家相关经验的比较法方法亦是本章所将运用的重要方法，在某种意义上甚至可以说是具有一定前导作用的方法。

以我国现行宪法规范中的基本权利为对象，进一步的问题是，哪些规范涉及基本权利呢？从宪法结构的角度，第二章"公民的基本权利和义务"无疑是相关规范最为集中的部分；同时，本书研究的对象是基本权利而非基本义务，所以宪法第52条至第56条对于基本义务的集中规定当然也就不在本章所考察的范围。但问题是，第33条至第51条关于基本权利的集中规范中也涉及义务的内容，如第42条（劳动的权利和义务）、第46条（受教育的权利和义务）和第49条（计划生育的义务、抚养和赡养的义务）等；对此应当看到，这种"镶嵌于基本权利中的义务"与第52条至第56条那些在规范形式上独立存在的基本义务存在不同，前者更多的是作为对于相关基本权利的特别限制而存在的，换言之，这些对于义务的表述可以被视为规范所设定的相关基本权利的内在限制，因此这些内容不能不成为本章所考察的对象。此外，现行宪法的其他部分也可能涉及对基本权利的规范，其中最显著的当属第13条所规范的财产权，这一条尽管在结构上属于"国家基本经济制度"的一部分，但就其内容而言无疑是对于公民财产权的完整规范。此外，对于基本权利概括式的规定（如第33条⑥、第51条等）亦不在本章专门分类的对象范围。

⑥ 但第33条第2款因涉及平等，故而作为例外。

关于考察对象需要厘清的最后一点是，宪法规范没有明文列举的权利，是否在本章考察的范围？成文宪法对于基本权利的罗列并未穷尽应然意义上的基本权利，这已成为宪法学界的共识，故而有"宪法未列举权利"这一概念的存在。[⑦]我国现行宪法在2004年修改时增加的"国家尊重和保障人权"一款，亦可以被理解为在规范上为"宪法未列举权利"设定了兜底条款，从而令这一概念在我国现行宪法中实证化。[⑧]但在现有的理论探讨以及实践中，"未列举权利"的特殊性主要体现在表现方式上，而就其具体内容而言并未突破现有的对于基本权利类型的认识；而本章着眼于基于权利内容的基本权利类型，因此对于"未列举权利"不作专门的考察。

第二，对于我国现行宪法规范中的基本权利，采用怎样的分类标准？对于基本权利的分类由来已久，如法国大革命时的旗帜"自由、平等、博爱"即可视为对基本权利的一种分类。[⑨]这种分类或出现于成文宪法之前、或不针对特定的宪法规范，而是试图寻求一种普遍适用的、理论上的分类框架，因此可以称之为学理性的分类。基本权利的学理性分类对于理解基本权利的内涵具有前导性的作用，前文所涉及的耶利内克基于个人面对国家的四种地位而对"主观公法权利"所作的分类，以及从贡斯当到以赛亚·伯林的关于"消极权利—积极权利"二分类，均属于这种学理性的分类。此外，此种分类中比较重要的还有约翰·洛克的"生命、自由、财产"三分类等。本章以我国现行宪法规范中的基本权利为对象，因此不宜直接采用某种学理分类，但是这些学理上的探索无疑是本章重要的智识渊源，更何况有些学理分类对于实定宪法亦有着深刻的影响，[⑩]因此这些分类对于本章分析的重要性（尽管是间接的重要性）也就不言而喻。

与学理性分类相对的是针对某一特定规范体系的分类，这也是本章所直接采用的分类方式。我国现行宪法自1982年以来，亦有大量围绕其基本权利部分所作的分类。其中较早的如十分类法，包括平等权、政治权利和自由、宗教信仰自由、人身自由、批评建议申诉控告检举权和获得赔偿权、社会经济权利、文化教育权利和自由、妇女权利和自由、关于婚姻家庭老人妇女和

---

⑦ 张薇薇：《宪法未列举权利比较研究》，法律出版社2011年版。

⑧ 林来梵、季彦敏：《人权保障：作为原则的意义》，载《法商研究》2005年第4期。

⑨ 这一分类影响到后来的人权法。如捷克学者Karel Vasak借助这一分类概念对于"三代人权"的阐释。See Karel Vasak，"For the Third Generation of Human Rights：The Rights of Solidarity." *Inaugural Lecture to the Tenth Study Session of the International Institute of Human Rights*，Strasbourg 2（1979）．

⑩ 如约翰·洛克的"自由、生命、财产"对于美国宪法的影响，以及耶利内克对主观公法权利的分类对于德国宪法的影响等。

儿童的权利、华侨归侨侨眷的权利。⑪ 此后还出现了四分类和五分类等分类，囿于篇幅，不再一一详述。以下围绕我国现行宪法中关于基本权利的相关规范，结合基本权利本身的属性以及与程序保障相关的考虑因素，作出如下分类：（1）平等；（2）政治权利与自由；（3）宗教信仰自由；（4）人身自由；（5）经济社会文化权利；（6）对特定主体的权利保护；（7）获得救济的权利——需要说明的是，这种分类完全是出于考察的便利，绝非无意自诩"更优"甚或"正确"，而完全是可以被替代的。

以下对于我国现行宪法关于基本权利规范的类型化考察，将主要沿着"与程序保障的一般性关系"和"现行规范体系中的程序保障"两个层面展开。在许多情况下，这两个层面的探讨势必涉及相关基本权利的一些基础性原理和普遍性问题，但本章并不拟构建一个基本权利的百科全书式的体系，因此将以"与程序保障有关"为限，对这些内容作探讨。

第二节　平等

一、基本内涵的厘清

将"平等"纳入本章的分析框架，一个首要的问题就是厘清"平等"的内涵：宪法上所规定的平等，究竟是一项权利，还是一项原则？套用前述耶利内克的理论体系，如果平等是一项权利，则应当具有主观上的请求权内容；如果平等是一项原则，则仅为其他权利的反射利益而已。对于这个问题，理论上一直存在争议。其中，"平等权利说"是出现得较早的观点，在历史上"平等"和"自由"常被作为并列的两项基本权利诉求；⑫ 到了 20 世纪，"平等权"的内涵在传统的"政治和法律地位平等"的基础上，还随着工作权、环境权等社会权利的发展而获得了进一步的充实，⑬ 从而形成与"自由权"相抗之势。不过，即使"平等权利说"也承认"平等权"与其他基本权利的不同，即"平等权"必须与其他权利结合起来才有意义。例如，联合国《公

---

⑪　吴家麟主编：《宪法学》，群众出版社 1983 年版，第 364—386 页。

⑫　早在古罗马时期，西塞罗就意识到平等和自由的并立关系；而到启蒙时代，平等和自由就成为"影响和激发人权概念的"核心要素。[奥] 曼弗雷德·诺瓦克：《民权公约评注：联合国〈公民权利和政治权利国际公约〉》，毕小青、孙世彦译，生活·读书·新知三联书店 2003 年版，第 453 页。

⑬　许庆雄：《现代人权体系中平等原则之研究》（上），载《中正大学法学集刊》2002 年第 1 期，（总第 6 期）。

民权利和政治权利国际公约》（简称《公约》）将"平等权"视为"不受歧视的权利"，并认为只有在与《公约》其他实体权利相联系的情况下才有意义，即"平等权"（或"不受歧视权"）本身具有某种"从属性质"。[14] 也正是因为这种"从属性质"，使得亦有观点认为平等并非一种独立的权利，而是贯穿所有基本权利的宪法原则，即"平等原则说"；该说认为"平等"只是一种"权利的状态"，[15] 所谓"平等权"只是权利理论不成熟阶段的一种误解或误用，当今世界各国的宪法规范均不存在"保障平等权"这样的表述方式，就可说明这一点[16]——当然，由此亦产生了兼顾两说的"折中说"，即认为宪法上的平等一方面是要求保障特定基准的主观权利，另一方面也是排除不合理区别的客观法原则，两者并行不悖；[17] 换言之，宪法上的平等既是一种可以要求国家纠正歧视做法的权利，同时亦是一项可以涵盖所有基本权利的宪法原则——这也是我国宪法学界长期以来相当主流的一种观点。[18] 以"折中说"为基础，与平等相关的程序保障亦可分为两部分：一部分，平等作为一种基本权利，本身是需要正当程序加以保障的客体；另一部分，平等作为一种宪法原则，又可以与程序保障相结合，成为评价程序是否正当的标准之一。本节接下来的内容主要关注前一部分，即作为基本权利的平等需要怎样的程序保障，至于作为程序评价标准的平等，则将在下文第五章进行探讨。

　　"平等"在内涵上需要厘清的另一个问题是，我国宪法中的平等，仅仅是法律适用的平等，还是包括了立法的平等？在历史上，平等作为宪法的一项基本内容，最初体现为"法律面前人人平等"的要求；而当时的平等仅仅要求法律适用的平等，也就是对于行政权和司法权的约束，并不涉及立法。[19] 法律适用的平等，就是要求行政官员和法官在法律实施过程中不得恣意地区别对待，而任何人亦不得享有法律之外的任何特权——这在当时的历史背景下，无疑是巨大的进步。但是随着时代的发展，人们逐渐意识到，如果法律本身

---

⑭　[奥]曼弗雷德·诺瓦克：《民权公约评注：联合国〈公民权利和政治权利国际公约〉》，毕小青、孙世彦主译，生活·读书·新知三联书店2003年版，第29页。

⑮　蔡茂寅：《平等权》，载《月旦法学杂志》，1999年第46期。

⑯　许庆雄：《现代人权体系中平等原则之研究》（上），载《中正大学法学集刊》2002年第1期（总第6期）。

⑰　许庆雄：《现代人权体系中平等原则之研究》（上），载《中正大学法学集刊》2002年第1期（总第6期）。

⑱　许崇德：《中华人民共和国宪法史》，福建人民出版社2005年版，第241页；韩大元：《1954年宪法与新中国宪政》（第二版），武汉大学出版社2008年版，第334—345页。

⑲　[奥]曼弗雷德·诺瓦克：《民权公约评注：联合国〈公民权利和政治权利国际公约〉》，毕小青、孙世彦主译，生活·读书·新知三联书店2003年版，第461页。

不平等、不公正，那么平等地适用不平等的法律，其结果还是不平等。因此，逐渐产生了"立法也应当平等"的要求，也就是针对立法权的约束，这种约束要求国家机关不得进行歧视性的立法，也就是不得恣意地区别对待：一方面，要求立法本身不得带有歧视的内容；另一方面，要求积极立法来消除已经存在的歧视。[20] 显然，"立法平等"的理念使得平等涵盖了所有的国家公权力，从而被认为是"在平等的阶梯上前进了一大步"。[21] 在我国，1954 年宪法表述为"法律上一律平等"，1975 年和 1978 年的修改均取消了这一内容，而1982 年宪法将其修改为"法律面前一律平等"[22]。值得注意的是，在 20 世纪80 年代早期，法学界曾经热烈地讨论过平等是否包括立法平等的问题；[23] 在90 年代建设社会主义市场经济的背景下，也出现过呼吁"法律面前一律平等"应当包括立法平等的有力主张。[24] 对于这个问题，本书认为：第一，正如前文第一章所述及的宪法解释立场，制宪者（修宪者）的意图对于理解相关的宪法规范具有重要意义，但这种意义并非绝对的、排他性的；第二，"法律面前一律平等"的表述在字义上亦未绝对地排斥立法平等的可能性，并且其他涉及平等的条款（第 4 条第 1 款民族平等、第 34 条选举权平等、第 36 条第 2 款宗教平等、第 48 条男女平等）亦不可能完全排除对立法的要求；第三，如前所述，从比较法的角度来看，立法平等已经被普遍接受并被视为对平等原则的重要充实；第四，涉及立法歧视的争议在当前屡见不鲜，将立法平等作为一项宪法层面的审查基准有其必要性——基于这些理由，本书认为，我国现行宪法关于平等的相关规范（包括第 33 条第 3 款的概括性规范和其他几处具体规范）在约束行政权和司法权的同时，也可以被理解为包括对于立法权的约束。

二、平等权的程序保障

我国学界一直以来便注意到宪法中的平等与程序的密切关系，但是由于"平等"这一概念本身的复杂内涵，对于平等与程序关系的讨论往往也侧重于

---

[20]　［奥］曼弗雷德·诺瓦克：《民权公约评注：联合国〈公民权利和政治权利国际公约〉》，毕小青、孙世彦主译，生活·读书·新知三联书店 2003 年版，第 462 页。

[21]　［美］E. 博登海默：《法理学：法律哲学与法律方法》，邓正来译，中国政法大学出版社 1999 年版，第 286 页。

[22]　肖蔚云：《我国现行宪法的诞生》，北京大学出版社 1986 年版，第 132 页。

[23]　张友渔主编、王叔文副主编：《中国法学四十年》，上海人民出版社 1989 年版，第 93 页。

[24]　周永坤、铁犁：《立法平等论的两次尝试》，载郭道晖、李步云、郝铁川主编：《中国当代法学争鸣实录》，湖南人民出版社 1998 年版，第 453—464 页。

平等的某个侧面。例如，有学者认为宪法上的平等仅仅意味着"程序上的平等"，无法实现实体上的平等，[25] 这是侧重于平等作为法律属性（而非事实属性）的一面；还有学者认为"法律适用的平等"就是程序公正，[26] 这是侧重于平等要求执法（司法）公正、任何人均不享有法外特权的一面。而本章在此处的讨论，同样也只能侧重于平等的某一侧面——如前所述，平等作为一种权利，主要指的是"要求保障特定基准"，也就是要求国家在分配资源时不得恣意地差别对待；换言之，以下所探讨的，可以表述为"怎样的程序设置，可以约束国家在分配资源时不能恣意地差别对待？"亦如前述，平等作为一种权利往往与其他实体权利联系在一起，如果巨细靡遗地列数"平等某某权"则会与后文的内容多有重复，同时也会造成本章结构的混乱，因此以下仅选择有代表性的三项平等权：平等选举权（有宪法具体条文的体现）、平等参与权（通过结合若干宪法条文的体系解释可以得出）、平等受国家对待的权利（通过平等权的一般原理可以得出）。[27]

（一）平等选举权

平等选举权首先体现在现行宪法第34条，即年满十八周岁的公民"不分民族、种族、性别、职业、家庭出身、宗教信仰、教育程度、财产状况、居住期限，都有选举权和被选举权"；《中华人民共和国全国人民代表大会和地方各级人民代表大会选举法》（以下简称《选举法》）第4条也作了同样的表述——这种意义上的平等选举权也被称为"普遍选举"，是平等选举权在程序上的基本要求之一。同时，平等选举权在程序上的另一个基本要求是"一人一票"，这在选举法第5条表述为"每一选民在一次选举中只有一个投票权"。

关于普遍选举，现行法体系中的程序保障主要是选民名单争议的救济，这在选举法第29条以及民事诉讼法第188条至189条的"选民资格案件"[28]中均有清楚的程序规定。而关于一人一票则较少有明确的程序性规范——当然，一人一票最初所反对的复数投票权已经基本成为历史的遗迹；[29] 但随着时

---

[25] 蔡定剑：《宪法精解》（第二版），法律出版社2006年版，第243页。

[26] 李薇薇：《平等原则在反歧视法中的适用和发展——兼谈我国的反歧视立法》，载《政法论坛》2009年第1期。

[27] 这三项权利可以涵盖几乎所有的基本权利类型和国家权利类型。同时，后两种权利并未被我国现行宪法专门性地列举，因此可以避免与后文的重复；而第一种权利可以被视为选举权（政治权利）的一部分，因此下文相关部分会作相应处理以免重复。

[28] 关于选民资格案件，作为政治权利在现行法律体系中唯一可向法院提起诉讼的部分，将在本章第三节具体分析。

[29] 不过，复数投票权并非全都如欧洲中世纪的等级会议那样十分久远之事。以英国为例，在1948年《代表改革法案》之前，拥有多处房产的人依然拥有复数投票权。

代发展，一人一票有了更细致的要求，亦即每个选民的投票权不仅要数量相等，而且权重也要相等。正如"一人一票（One Person，One Vote）"这个英文短语的出处——美国雷诺兹诉辛氏案㉚所表述的，"政府代表相同数量的国民"，进而认为"某一部分选民选票分量是另一部分选民的选票分量的二倍、五倍甚至十倍"的做法同样违反了一人一票原则；当然，法院并不认为一人一票要求"选票分量"做到"数字意义上绝对精确的平等"，其他的因素在合理的范围内也是可以纳入考虑的。就这个意义来看，我国选举法在 2010 年修改之前存在的"四分之一条款"——即农村选民所产生的人大代表名额只有同样数量的城市选民的四分之一——对农村选民和城市选民的区别对待，姑且不论其在历史上的合理性，至少在今天看来已经没有合理性可言，因此可以被认为是与一人一票原则相悖的。㉛

（二）平等参与权

这里的平等参与权是指公众平等地参与社会公共事务的权利。在现行宪法中，第 2 条第 3 款规定"人民依照法律规定，通过各种途径和形式，管理国家事务，管理经济和文化事业，管理社会事务"，这可以被视为参与的权利；同时，结合第 33 条第 2 款的"法律面前一律平等"，通过前文第二章第一节所探讨的体系解释的方法，可以将这种参与的权利进一步具体化为这里所说的平等参与权。

平等参与权强调保障公众有平等的机会参与各种社会公共事务（机会平等），而非每个人拥有同样的对于社会公共事务的影响力（结果平等），这主要是出于两方面的原因：一方面，对于同一件公共事务，即使是利害关系大致相同的人通常也会有不同的重视程度和参与意愿，是否参与、参与到什么程度、以怎样的方式参与，应当尊重当事人自己的选择；另一方面，不同的职业、专业、工作经历、生活经验等都会使得不同的人对于某件公共事务实际上拥有不同程度的发言权，这就使得其对于该公共事务的影响力在实际上是不同的㉜——而这种对于平等参与机会的确保，就更多地有赖于程序上的合理设置。以立法听证为例，参会代表的代表性通常被认为是评价听证会质量

㉚　Reynolds v. Sims，377 U. S. 533（1964）.

㉛　无独有偶，日本的选举制度中同样存在农村选民与城市选民权重不同的问题（农村选民的权重高于城市选民），并且被日本最高法院认定在违宪。[日]山本佑司：《最高裁物语：日本司法 50 年》，孙占坤、祁玫译，北京大学出版社 2005 年版，第 442—445 页。

㉜　例如，医生和环境学者对于公共健康问题通常有较大的发言权，交通专家对于城市交通治理通常有较大的发言权，而律师和记者在公共参与中通常均能发挥较大的影响。当然，这种基于专业背景的发言权可能发生专业利益和政府俘获的问题，这将在下文第五章相关制度的部分进一步探讨。

的重要标准之一,[33] 而代表性的评价标准可以概括为"利害相关的各方均有代表参加听证"——也就是"自然公正原则"之一的"双方意见都要被听取"在立法情境中的表述。为了做到这一点,一些地方在听证规则上试图作出实体上的规定,如武汉市人大常委会曾经试图用"证人正反比例制"确定参加人选,但"为了避免讨论得零碎",最终没有采用这一制度;[34] 再如广州规定公务员不得被选为重大行政决策听证的代表,[35] 引起广泛争议——这些为了确保平等参与权的实体规定或不具有可操作性,或存在大量争议,在某种程度上反映了平等参与权实体保障的困难。而从程序的角度,通过信息充分公开、保障特殊群体参与条件(如避免在工作日安排有"上班族"参加的听证)等确保各方均有平等的参与机会,在理性、平和的大环境中自然能最大限度地确保听证会的代表性。

(三)平等受国家对待的权利

"平等受国家对待"在现行宪法中并未明确列举,但是正如前述,如果将"法律面前一律平等"视为一种基本权利,则"要求国家平等对待"就成为题中应有之义;结合前述"平等权的从属性质",在理论上,将现行宪法中的任何基本权利与之相结合,都可以解释出"平等的某某权"的具体内容。

如前所述,平等权所要求的并非机械的、结果上的相同,而是要求国家不得恣意地区别对待;而要确保这种要求得以落实,在程序上有赖于一套运作良好的宪法审查机制,其中的关键在于宪法解释程序和清晰明确的审查基准。关于宪法解释程序,将在下文第六章集中探讨;而"平等受国家对待的权利"的审查基准就是指:在审查国家公权力的行为是否侵犯"平等受国家对待的权利"时,辨别国家对于权利主体进行区别对待的行为,究竟属于"合理差异",抑或属于"歧视"的判断标准——在这个问题上,德国的比例原则和美国的三重审查基准均可资参考。[36] 其中,美国的三重审查基准针对不同类型的平等议题采用宽严程度不同的审查力度,如涉嫌种族歧视的通常采取最严格的审查、[37] 涉嫌性别歧视的通常采用中等程度的审查、[38] 涉嫌其他社

---

[33] Baker, William H., H. Lon Addams, and Brian Davis. "Critical Factors for Enhancing Municipal Public Hearings." *Public Administration Review* 65. 4 (2005): 490-499.

[34] 黎赐锦、郑毅生、汤黎明:《地方人大及其常委会听证制度研究》,载《人大研究》2003 年第 12 期。

[35] 《广州市重大行政决策听证实行办法》,2014 年 10 月公布。

[36] 林来梵主编:《宪法审查的原理与技术》,法律出版社 2009 年版,第 234—336 页。

[37] Eg. Washington v. Davis, 426 U. S. 229 (1976).

[38] Eg., Mississippi Univ. for Women v. Hogan, 458 U. S. 718 (1982).

会经济权利的歧视时则通常采用最为宽松的"合理性审查"㊴——这当然是基于特定的历史经验与社会状况，不宜直接照搬；但这种针对不同平等议题采用不同力度的审查模式却有可以借鉴之处。就我国现行宪法而言，规范中有四处明确涉及平等，即民族平等（第4条第1款）、选举权平等（第34条）、宗教平等（第36条第2款）和男女平等（第48条）——结合"法律面前一律平等"的含义，对于这种列举不应理解为仅有这四个方面包含平等的权利；更合理的解释应当是：由于历史和现实的原因，这四个方面作为特殊问题被制宪者提出，意为强调在这四个方面尤其要重视"平等受国家对待的权利"。这种"普遍权利＋重点强调"的规范结构，是否蕴含了不同审查力度的要求，是值得进一步探讨的。㊵

第三节　政治权利与自由

本节所讨论的政治权利与自由对应于现行宪法第34条和第35条；具体而言，政治权利是指第34条的选举权和被选举权；政治自由是指第35条的言论、出版、集会、结社、游行和示威的自由。就第34条而言，其中的被选举权还涉及与人大代表资格相关的其他规定，因此本节只关注选举权的部分。就第35条而言，其所规定的内容亦可被概括为"表达自由（Freedom of Expression）"；考虑到当下"表达"所涉及的大量与政治没有直接关系的内容（例如商业广告），"表达自由"的表述在某种意义上可能更为准确，因此以下采用"表达自由"的表述。

一、选举权的程序保障

（一）秘密投票

选举权的程序保障重点在于确保选举过程的平等和自由。其中，平等选举权在前一节已有所讨论，这里主要讨论选举权的自由行使，也就是在选举过程中选民可以完全按照自己意愿（而不受外界干扰地）投票的权利。为了实现这一点要求的选举程序被称为"秘密投票"，也就是事后无法确认哪一张

㊴　Eg. Massachusetts Board of Retirement v. Murgia，427 U. S. 307（1976）.

㊵　与之相关的另一个问题是，现行宪法在"基本权利"部分规定了特殊主体的权利保障（第48条至50条）；这实际上可以被视为在我国传统和现实背景下对于特定"合理差异"的权利化。因为现行宪法将其作为独立的基本权利，因此本章在第七节对此单独讨论。

票是哪一个人投的。

历史上，关于选举应当秘密投票还是公开投票，在思想界曾经有过不同看法：例如，约翰·密尔就认为，秘密投票会令投票者更多地考虑私利而非公益，因此公开投票才是负责任的体现；[41] 而卢梭则认为，公开投票适用于正直风尚占统治地位的社会，而当社会风气腐化到出现贿选的时候，还是采用秘密投票为好[42]——然而，历史经验表明，与公开投票相对应的并非必然是公益和正直，也可能是社会上强势群体对弱势群体的压制；[43] 因此，作为一种退而求其次的选择，秘密投票成为当今选举投票的主流方式。[44] 20 世纪初，澳大利亚率先发展出形式相对完备的秘密投票制度，被称为"澳大利亚投票法（Australian Ballot）"。这种投票制度在程序上有四点特征：第一，选票由政府统一印刷，以避免印制选票者通过选票上的细微差异辨认投票人；第二，所有的参选政党和候选人姓名都出现在选票上；第三，选票只分配给各投票站，以避免大量选票落入私人手中；第四，所有选民都被要求在秘密写票处写票，以避免因为有人公开写票而给秘密写票者造成压力。[45] "澳大利亚投票法"程序简便，同时又确能保障秘密投票，因此很快被推广开来。当然，在选举实践中，秘密投票原则的具体保障及界限仍然是一个值得探讨的问题，以日本为例，在相关的司法判决中，形成了"投票贿赂罪之调查，仅限于查明贿赂之授受和投票之事实，不得调查何人对何人投票"[46] "伪造投票和其他不正投票犯罪的侦查，可以排除秘密投票原则的适用"[47] 等规范要求。

我国的选举制度也重视秘密投票这一程序上的要求。早在抗日根据地时期，中国共产党就采用了"豆选"的办法让不识字的选民也能够秘密投票。[48] 我国现行选举法第 40 条第 1 款规定，人大代表的选举"一律采用无记名投票的方法"，这可以被视为现行规范中关于秘密选举的表现。然而在技术上，尽管秘密投票必须无记名，但无记名并不必然能够做到秘密：例如，曾经有地方人大规定选举方式为"赞成候选人当选的不划，反对的划×，弃权的划

㊶　[英] J. S. 密尔：《代议制政府》，汪瑄译，商务印书馆 1984 年版，第 151—167 页。

㊷　[法] 卢梭：《社会契约论》，何兆武译，商务印书馆 2005 年版，第 153—154 页。

㊸　关于英美 18、19 世纪在公开投票体制下选举的弊端和乱象，可参见牛铭实、米有录：《豆选》，中国人民大学出版社 2014 年版，第 31—44 页。

㊹　张千帆：《宪法学导论：原理与应用》（第二版），法律出版社 2008 年版，第 300—302 页。

㊺　Rusk, Jerrold G. "The Effect of the Australian Ballot Reform on Split Ticket Voting: 1876-1908." *American Political Science Review* 64. 04（1970）: 1220-1238.

㊻　《日本国宪法判例译本》（一），司法周刊杂志社 1984 年版，第 83 页。

㊼　《日本国宪法判例译本》（二），司法周刊杂志社 1984 年版，第 191—192 页。

㊽　牛铭实、米有录：《豆选》，中国人民大学出版社 2014 年版。

○"，这就意味着人大代表只要一动笔就"暴露"出不赞成候选人当选的意愿，选票虽然无记名但已失去了意义；直到十届全国人大三次会议表决通过了会议选举和决定任命的办法，规定无论是投赞成、反对还是弃权，都需要动笔写票，这才弥补了这个程序上的漏洞。⑲

总之，秘密投票是一项看似简单，但是涉及大量问题的程序性要求，有待于在选举实践中不断完善。

（二）选举纠纷的解决程序

任何权利的实现都会产生纠纷，因此纠纷解决程序就成为确保权利实现的必要条件。如果说，一般意义上的权利纠纷解决以诉讼为主要途径，那么基本权利的纠纷解决所对应的就是宪法诉讼。关于宪法诉讼程序的一般问题，将在下文（以宪法解释程序的形式）集中探讨。这里关心的是：在我国并未建立体系化的宪法诉讼制度，并且宪法解释也缺乏具有可操作性的程序规范的背景之下，选举纠纷的解决程序在我国却有实定法的存在，而且部分地采取了诉讼形式——在某种意义上，这可以说是我国实定法体系中仅有的宪法诉讼类型（尽管相关规范出现在民事诉讼法中），而相关实定法所构成的程序规范及其问题也值得在这里专门探讨。

选举纠纷的诉讼解决程序首先表现在选举法第 29 条，即选民资格争议，这也是选举法所明文规定的唯一的选举纠纷类型。选举法第 29 条设置了一个两阶段的解决程序，即先向选举委员会提出申诉，对申诉不服的再向法院起诉——以选举委员会作为裁断者的纠纷解决模式将在稍后再作探讨，这里先关注诉讼解决的部分，这一诉讼更加具体的内容主要规定在民事诉讼法第188 条、第 189 条，其程序要点大致为：（1）当事人不服选举委员会的决定，可以在选举日的 5 日前向法院起诉；（2）法院受理后必须在选举日前审结；（3）判决书应当在选举日前送达；（4）一审终审。⑳

在现有的选举纠纷解决程序中，涉及诉讼方式的只有选民资格案件这一类（准确地说，是"申诉前置"＋"法院诉讼"）；而其他的选举纠纷是以何种程序解决的呢？这里首先有必要界定此处所涉及的"选举纠纷"的具体范围：就字面而言，"选举纠纷"或许可以包括与选举相关的所有纠纷，但是相关纠纷如果完全属于民事责任、行政责任或刑事责任，则可以循现有的纠纷

---

⑲　钟言：《全国人大常委会完善选举和表决方式：投赞成票也需动笔划票——程序小改动凸现民主的进步》，载《吉林人大》2005 年第 3 期。

⑳　一审终审的规定体现在民事诉讼法第 185 条，即按照民事诉讼特别程序审理的案件，实行一审终审。而选民资格案件属民事诉讼法列举的特别程序之一。

解决渠道加以处理，并不需要特殊的程序设置。[51] 然而选举过程中存在着难以归入以上三种责任的纠纷类型，如选举法第 30 条第 2 款规定，"选民或者代表十人以上联名"可以推荐候选人，这一联名的门槛并不高；而第 31 条则对候选人数量和应当选代表名额的差额设定了上限——这就使得拿到联名的被推荐候选人数量很可能超过法定差额上限；而选举法第 32 条对此所设计的制度就存在着产生纠纷的可能：仅以第 32 条第 1 款的直接选举而论，当出现被推荐候选人数量多于差额上限时，先提交选民小组讨论、协商，"根据较多数选民的意见"确定正式候选人；"不能形成较为一致意见"时通过预选来确定——然而，如何确定"较多数选民的意见"、如何判决是否形成"较为一致意见"，在规范的表述上均较模糊，从而令选举委员会拥有较大的自由裁量权；如果有当事人对选举委员会的相关决定不服，就会产生纠纷。此种纠纷显然不属于民事纠纷或刑事纠纷，通常也与治安管理无关，而由于选举委员会并非行政主体因而也不属行政纠纷；换言之，这种纠纷不能完全[52]归为某种已经具备完整纠纷解决机制的法律责任，这便是这里所关注的选举纠纷。类似的纠纷在选举过程的每个环节都有存在的可能性，例如，当事人对选区划分不满、对选举委员会安排的选举活动（或不安排某种形式的选举活动）不满、对选举委员会不调查处理涉嫌破坏选举的行为不满等——这些纠纷有一个共同点，就是或多或少地都以选举委员会为当事人一方，类似于行政主体在行政纠纷中的角色。而这类纠纷的解决程序，在选举法及相关法律中并无明确的规范，在实践中大量此类纠纷由选举委员会自行处置，而这显然有悖于"任何人不能做自己的法官"的正当程序要求。事实上，此类纠纷的性质与前述选民资格案件是一致的。因此，扩大民事诉讼中这一特别程序的受案范围，将所有选举纠纷都纳入诉讼解决的渠道，同时仿照现行选民资格纠纷的模式，对所有选举纠纷的解决都采取"申诉前置 + 法院诉讼"的程序框架，在当下是具有可行性的。

二、表达自由的程序保障

如前所述，这里所探讨的表达自由特指我国现行宪法第 35 条的言论、出版、集会、结社、游行和示威的自由。在实定法上，这一条涉及集会游行示

---

[51] 选举法第 58 条（选举法中唯一规定法律责任的条款）所涉及的就是选举纠纷的行政（治安）责任和刑事责任。

[52] 这里强调"完全"，是因为某些选举纠纷可能部分地涉及民事责任、行政责任或刑事责任，但如果只处理这部分的责任仍然无法解决选举纠纷本身。

威法（这亦是我国目前仅有的直接以特定基本权利作为标题的法律），以及以《社会团体登记管理条例》为代表的一系列关于结社的法规和规章、以《出版管理条例》为代表的一系列关于出版的法规和规章——可以说，尽管在内容上仍非全面，但至少在形式上形成了宪法条文、法律、行政立法、地方立法的相对完整的规范体系，这也是本书讨论相关程序保障的基础。需要指出的是，有时候某种特定基本权利会涉及一般性的程序保障的问题，[53] 这些问题安排在其他章节探讨，这里所关注的只是与表达自由直接相关的具有特殊性的程序保障。具体而言，以下首先关注对于整个表达自由均有重要影响的明确性原则；然后选择表达自由中的结社作为重点，关注结社自由的程序保障。

（一）明确性原则的审视

前文第三章第三节已经探讨过作为宪法审查技术的明确性原则，即国家限制基本权利的规则应当清晰明确、不可模糊不定。第三章第三节探讨了明确性原则与程序保障的一般关系，以及该原则在一些国家的宪法实践中应用的具体情况；而这些情况中有一个值得注意的现象，就是明确性原则在实践中的应用多与表达自由有关，这或许是因为："表达"介于受法律约束的"行为"和法律无法约束的"思想"之间，其作为一种社会行为无疑应当受法律约束，但其内容与人的思想直接相关，因此本身势必具有某种不确定性（相对于其他行为而言），于是国家约束或限制此种行为的规则也就难免有模糊化的倾向，在这种情况下，强调明确性原则也就十分必要。[54] 可以说，明确性原则与表达自由的保障之间存在某种天然的紧密关联，这也使得本节对于我国表达自由的探讨有必要在总体上用明确性原则加以有针对性地审视。由于表达自由在我国宪法框架内具有多种类型，在现实中的表现形式更加多样，因此下面的考察以集会游行示威（一种表达自由的类型）和网络言论（一种表达自由在现实中的表现形式）为例。

在集会游行示威领域，集会游行示威法中涉及基本权利限制的条款主要有第 11 条、第 12 条、第 19 条至第 27 条等，其中存在一定的不确定概念，主要包括两类：一类是权利行使可能影响的对象，包括"交通秩序""社会秩序""公共安全"等；一类是影响的程度，包括"严重影响""严重破坏"

---

[53] 如德国的"示威者拘留"判决指出：法院即使在有必要加速审理的情况下，也只能减缩审判程序，而不能"危害到审判的独立性与符合法律形式的程序的公平性"。尽管这一判决所针对的是作为表达自由的示威权利，但所提出的其实是司法审判的一般性程序要求。

[54] 明确性原则另一个常见的领域是涉及罪刑法定原则的基本权利限制规则，囿于篇幅，这里不再展开。

"直接危害"等。前者基本可以视为"公共利益"这个概念的具体化，进而可以视为对宪法第 51 条的原则在集会游行示威领域的具体化；按照前文第三章第三节第一部分的分类，这种立法上的表述属于对"公共利益"这个不确定概念在实质方面的进一步确定化，也就是将"公共利益"具体化到秩序、安全等方面。后者作为对权利行使状况的描述，实际上是为公权力的介入设置门槛，也就是必须要达到"严重影响"等程度，相关权利的行使才应当受到来自公权力的限制，这也为比例原则的运用打下了实定法依据——这两者都可以说是相关基本权利限制规则中的核心概念，然而正如前述，这两者均存在一定程度的不确定性。对此，有两种情形值得注意：第一，这种不确定性是某个高度抽象的概念在不同层级的立法中不断具体化的某个中间状态，如前述"交通秩序"，是对"公共利益"这个更抽象概念的具体化（之一），同时这个概念在《集会游行示威法实施条例》第 13 条中获得了更为具体的阐释。第二，如"严重影响"这样的概念，本身无法在有限的篇幅内巨细靡遗地罗列；同时，与丰富多样的现实生活相比，过于具体的条文也可能会使之僵化。这种情况，正如前文第三章第三节第一部分所述，是在实质主义进路上遇到的阻碍，因此有必要考虑形式主义的进路，即通过特定的程序对其进行具体化使之符合明确性原则的要求，在这里尤其重要的也许是与集会游行示威相关的司法程序以及涉及相关概念的宪法解释程序。

如果说，集会游行示威的权利在当前尚未被普遍行使，那么在互联网普及率超过 70%、网民规模达 10.32 亿[⑤]的环境中，涉及网络言论的权利行使及其限制已经成为无时无处不在发生的法律问题。当然，网络言论本身并非单一的权利客体，如网络言论侵权、电子合同等涉及民事权利，这些显然不在这里考察的范围；这里所关注的主要是国家公权力对于网络言论的限制，在实定法的框架内基本属于行政法的领域，但亦可追溯到"国家权力—公民权利"二元宪法理念。在国家针对网络言论的限制措施中，一个关键的概念就是"有害信息"——这个概念最初只是一般性地出现于文化出版领域，但随着网络规制的发展，"有害信息"与网络的关系也越来越密切。[⑤] 相关实定法的运作机制表现为：一旦网络言论涉及"有害信息"，则公权力即有介入或限

---

　　⑤　数据援引自中国互联网络信息中心：《中国互联网络发展状况统计报告（第 49 次）》（2022 年 8 月发布）。

　　⑤　据"北大法宝"数据库的检索，截至 2022 年 5 月 20 日，在文中包含"有害信息"的中央法律法规、司法解释及其他规范性文件有 225 部，而同段落中同时还包含"网络"或"互联网"的有 202 部，占 89.8%；在文中包含"有害信息"的地方法规规章及其他规范性文件有 2581 部，而同段落中同时还包含"网络"或"互联网"的有 2323 部，占 90%。

制的正当理由。因此,"有害信息"成为公权力限制网络言论相关权利的中枢概念。对于这个概念,实定法中尚无明确的列举或阐释;散落在各实定法中的"有害信息"具体内容大致包括:造谣、诽谤、危害国家安全、破坏民族团结、涉及邪教、涉及毒品、破坏市场秩序、妨碍社会治安、淫秽色情、迷信等——由于公权力对于网络规制的领域非常广泛,因此"有害信息"的内容也必然是非常多样的,而越是内容多样,就越有必要施以明确性原则的审视,以免权力在某个概念的模糊地带被滥用。以明确性原则来看,目前关于"有害信息"的规定至少存在两方面的问题:一方面,尽管存在大量的下位概念,但是"有害信息"本身却既没有清晰的界定,也缺乏相对明确的逻辑结构,从而使得"有害信息"成了一个可以无所不包的"口袋概念";另一方面,许多下位概念本身也缺乏明确性,如"淫秽色情"和严肃的文学艺术、科学研究如何界分[57]等——可以说,就现有的实定法规范而言,"有害信息"作为限制基本权利的重要理由,尚难以通过明确性原则的审查。

(二)结社自由的程序保障[58]

在我国的实定法体系中,尚未有直接规范结社自由的法律,相关内容主要以行政立法和地方立法的形式出现;同时采取了类型化的规范模式,以国务院的《社会团体登记管理条例》、《民办非企业单位登记管理暂行条例》和《基金会管理条例》为主干(这种三分类还反映在民政部门内部的机构设置)。理论上,被统称为"民间组织"的社会团体、民办非企业单位和基金会均属于结社自由所指的"社",但其中社会团体在规范上与结社自由的关系最为密切:相关规范直接以"保障结社自由"作为立法目的(之一),[59] 这在现有的法律和行政法规中仅此一部。与社会团体相关的程序及其制度应当是最能体现结社自由与程序保障的关系的,因此以下主要围绕社会团体展开考察。

在实定法中涉及社会团体的程序——正如《社会团体登记管理条例》的名称所强调的那样——主要表现为登记程序,具体包括成立登记、注销登记和变更登记。而其中最具有典型性的是成立登记:对于社会团体而言,成立登记是其获得法律地位的起点,也是公民结社自由最直接的体现;对于国家公权力而言,成立登记作为"准入"的形式,体现了其对结社自由加以保障或限制的界限的掌握。

---

[57] See Stone G R, Sunstein C R, Karlan P S, et al. *The First Amendment*, 3rd ed. , Wolters Kluwer 2007, pp. 135-284.

[58] 本小节观点以论文成果发表于《我国社会团体登记程序的反思与重构》。

[59] 《社会团体登记管理条例》第 1 条:"为了保障公民的结社自由……制定本条例。"

传统上，社会团体的成立登记程序体现为"双重管理、两阶段登记"的特点：在申请筹备阶段，社会团体发起人首先要确定业务主管单位，先向业务主管单位申请筹备，后者审查同意再向登记管理机关申请筹备，经审查获得同意后方可开展筹备工作；在申请成立阶段，社会团体发起人要再次向登记管理机关提交相关文件并申请成立登记，⑥⓪ 未经批准自行筹备或自行以社会团体名义活动的都属于"非法民间组织"而在被取缔之列⑥① ——简言之，在申请筹备和申请成立两阶段，都需要业务主管单位和登记管理机关各自审查同意，也就是需要经过四个审查环节才能最终登记成立，程序环节的烦冗可见一斑。而程序本身还存在两方面的问题：一方面，四个环节的审查程序赋予国家机关极大的权力，但约束性的设置，如审查期限、说明理由的义务、不予批准的理由等均付之阙如，致使现有程序对于公权力的约束不足，难以限制其恣意。另一方面，救济程序不足，整个登记程序缺乏对于当事人陈述、申辩机会的明确要求，更不用说听证机会；事后虽然可以提起行政复议和行政诉讼，但仍存在一些因为登记程序的特殊性而产生的问题。⑥② 之所以如此，是因为程序背后的价值取向，也就是国家管理社会团体的"首要目标是限制其发展并规避可能的政治风险"，⑥③ 而这种程序上的高门槛也使得"身份问题"成为困扰许多社会团体的一大痛点，⑥④ 结社自由也就很难被认为是得到了保障。

近年来，包括社会团体在内的各类社会组织因其调动社会资源、整合社会力量的能力而逐渐被视为社会治理助力，对社会团体的理念也转变为"培育发展和管理监督并重"；⑥⑤ 反映到成立登记的程序上，主要表现为各地"先行先试"的一些探索，如部分社会团体可以不用确定业务主管单位而直接向登记管理部门申请登记，⑥⑥ 取消部分社会团体登记中的申请筹备环节、⑥⑦ 放宽业务主管单位的范围限制等。应当说，这些改革措施对于改善前述登记程序

---

⑥⓪ 在实践中，在向登记管理机关申请成立登记之前，还要经业务主管单位的审查同意。参见葛云松：《论社会团体的成立》，载《北大法律评论》1999 年第 2 卷第 2 辑。

⑥① 《取缔非法民间组织暂行办法》（民政部令〔2000〕21 号）第 2 条。

⑥② 例如，因无法确定业务主管单位而不能申请筹备，当事人该怎样提起行政复议或行政诉讼。

⑥③ 王名：《改革民间组织双重管理体制的分析和建议》，载《中国行政管理》2007 年第 4 期。

⑥④ 谢海定：《中国民间组织的合法性困境》，载《法学研究》2004 年第 2 期。

⑥⑤ 《中共中央关于构建社会主义和谐社会若干重大问题的决定》，2006 年 10 月 11 日中国共产党第十六届中央委员会第六次全体会议通过。

⑥⑥ 《长沙市社会组织登记和监督管理办法（试行）》（2011）第 7 条。

⑥⑦ 《广州市民政局关于进一步深化社会组织登记改革助推社会组织发展的通知（穗民〔2011〕399 号）》。

的弊病，具有重要的积极影响；然而改革背后的理念是将社会团体从"防范对象"转为"社会治理的工具"，并未完全回到"保障结社自由"的宪法要求上来，这就使得登记程序在难以祛除原有弊病（如一些地方虽然改为备案制，但如果没有明确不予备案的理由，则还是难以避免"名为备案，实为审批"的情况）的同时，可能产生一些新的问题，如通过各种政策措施引导社会团体参与社会治理，意味着公权力对社会团体事务更多介入，而这种介入应遵循怎样的正当程序，则是当下值得关注的课题。

第四节 宗教信仰自由

在学理上，宗教信仰自由可以被归入精神自由的范畴，从而与表达自由、通信自由、学术自由等并列。但是，在我国现行宪法的规范框架中，表达自由被归入政治自由，通信自由被归入人身权，学术自由被归入文化权利，而宗教信仰自由单列一条并被置于政治自由之后、人身自由之前，显示出制宪者将宗教信仰自由单独对待的立场，因此本章这里也单独进行讨论。

同时，在理解我国宪法关于宗教信仰自由的规范时，也应当充分注意本国历史的特殊性，以"政教分离原则"为例：该原则作为近代以来立宪体制关于宗教规范的核心内容，在我国宪法中也获得了一定程度的接受；但是作为该原则历史基础的欧洲中世纪政教合一体制、大规模的宗教迫害和宗教战争等，在我国历史上缺乏对应的经验，因此在宪法的制定和修改时对于该原则亦有不同的理解并体现在规范文本中；[68] 同时，制宪者和修宪者基于对近代外国宗教组织在中国境内活动情况的警惕，特别强调宗教"不受外国势力的支配"（宪法第36条第4款）——指出这一点，并不是断然拒斥作为基本权利的宗教信仰自由具有普遍性的内涵与要求；而是在充分认可其普遍性的基础上，强调具有特殊性的经验与历史对于宗教信仰自由这一特定基本权利规范的影响。当然，这个问题在整个基本权利规范体系中都是存在的，但在宗教信仰自由领域尤为明显，故而有特别指出的必要。

日本学者芦部信喜将宗教信仰自由的内容划分为三个层面：内心信仰的自由、宗教行为的自由和宗教结社的自由，[69] 颇具参考意义。不过在我国宪法

---

[68] 蔡定剑：《宪法精解》（第二版），法律出版社2006年版，第257页。

[69] ［日］芦部信喜：《宪法》（第三版），［日］高桥和之增订，林来梵、凌维慈、龙绚丽译，北京大学出版社2006年版，第133页。

规范中，宗教结社的内容可以归入结社自由中，因此以下只就前两个层面的程序保障展开讨论。

一、内心信仰自由的程序保障

将某种特定宗教作为内心信仰，因其基本上属于内心思想的自由，通常在宪法上受到绝对的保护，即无论任何公权力主体、在任何情况下，都不得侵犯公民的内心信仰。[⑦⑩] 这一点在我国宪法中也有所体现，即第 36 条第 2 款。在规范结构上，本款的约束主体是"任何国家机关、社会团体和个人"，不仅所有的国家机关受该条款约束，同时考虑到宗教信仰的实际情况和适用宪法第三人效力的可能性，"社会团体和个人"同样也可被视为基本权利意义上的受约束主体。受约束的行为则包括两种，即不得强制信仰（或不信仰）、不得歧视——可以说，就第 36 条第 2 款的规范内容而言，对于作为内心信仰的宗教信仰同样采取了绝对保护的模式。就程序保障而言，对于此种绝对保护的模式有两点值得注意。

第一，以权利主体的同意作为必要的程序环节。传统上宗教信仰自由总是被视为一种消极权利，即国家不得干预；但是随着社会的发展，与宗教信仰相关的基本权利也逐渐蕴含了积极的内容，宪法第 36 条第 2 款的"不得歧视"就有国家在分配资源时不得以宗教作不合理区分的意味，而官方的态度中[⑦⑪]亦将国家给付作为保障宗教信仰自由的重要表现。在这种情况下，考虑到宗教信仰的复杂多样，国家在各种给付中都应当充分尊重权利主体的意愿，以其同意作为程序上的必经环节。日本最高法院曾经判决监狱未经死刑犯要求而在行刑前对其施以特定的宗教教诲或仪式的行为违宪，表达的正是此种观点。

第二，界分"内心宗教信仰"和"宗教行为"的程序。如果说，内心宗教信仰作为内心思想的自由理应受宪法的绝对保护，那么当宗教信仰外化为具有社会影响的社会行为，就势必和其他社会行为一样有可能受到基于公共利益等理由的限制——换言之，宗教行为的自由所受的是宪法的相对保护。关于这种相对保护及其相关的程序保障，将在下一小节探讨。这里要强调的是，受绝对保护的"内心信仰自由"和受相对保护的"宗教行为自由"之间并非泾渭分明；因此，公权力有可能以限制宗教行为自由为名限制本应受绝

---

⑦⑩ ［日］芦部信喜：《宪法》（第三版），［日］高桥和之增订，林来梵、凌维慈、龙绚丽译，北京大学出版社 2006 年版，第 133 页。

⑦⑪ 国务院新闻办公室：《中国的宗教信仰自由状况》，1997 年 10 月。

对保护的内心宗教信仰。为了避免这种情况，在个案中无可避免地需要对某种客观事实究竟属于内心信仰还是宗教行为进行界分。然而，宗教信仰的多样性和社会现实的复杂性均决定了这种界分难以通过成文法的形式——罗列；为了避免公权力恣意地界分，有必要对这种界分行为设置合理的程序加以约束，这也是狭义的"基本权利程序保障"的体现。

二、宗教行为自由的程序保障

我国现行宪法中与宗教行为自由相关的条款，主要是第36条第3款，该条款采用了典型的"保障+限制"模式：前句强调保障，其中"正常的"这个限定语颇有解释的空间。后句强调"限制"，即公权力限制宗教行为的理由包括社会秩序、身体健康和教育制度；而第36条第4款其实也可以视为一种限制，即"宗教团体和宗教事务不受外国势力的支配"。在实定法层面，相关规定主要包括《宗教事务条例》（以及各地相应的地方法规和规章）和针对特定宗教的部门规章及其他规范性文件。而在程序保障方面，有以下两组关系值得特别关注：

第一，与宗教行为相关的法律程序与一般法律程序的关系。宗教行为属于宪法和法律调整的社会行为，而后者所涉及的法律程序常不以宗教行为为限。例如，宗教社团的登记也涉及社会团体的登记程序，宗教财产（尤其是不动产）的处置也涉及一般财产的相关法律程序等。当然，在法律适用层面，按照特别法优先于一般法的原则，如果存在对于宗教行为相关法律程序的特别规定，无疑应当优先适用该特别规定。然而在应然层面，两者应如何协调——或者说，国家是否应当（以及如何）对宗教行为采取特别的法律程序？这个问题其实涉及针对宗教行为的平等对待：规制人们行为的法律程序应当遵循平等原则，在这里表现为不得歧视宗教行为或非宗教行为，也不得歧视某种（或某些）特定宗教的相关行为——换言之，不得仅仅因为某种行为涉及宗教，就在法律程序上给予特别的限制或优待；确有必要对宗教行为规定特别程序的，该特别程序应当以保障宗教信仰自由为价值取向，[22] 同时将限制措施的理由严格限定在宪法第36条所列举的事项中。

第二，宗教程序与法律程序的关系。程序性、仪式性是许多宗教行为的共同特征，因此宗教程序对于宗教行为有着重要的意义。宗教程序与法律程

22　例如德国联邦宪法法院曾判定，宗教结社自由并不意味着法律意义上的宗教团体必须采用法人等特定的法律形式，而是要保障宗教团体"合法存在的可能性"和"从事一般法律事务的可能性"。《德国联邦宪法法院裁判选辑》（三），司法周刊杂志社1992年版，第226页。

序的密切关联也是由来已久。不过在今时今日，尤其是在当下中国的语境中，这种影响可以说是微乎其微的；宗教程序和法律程序主要表现为另一种关系，即法律程序对宗教程序的介入，如以政府审批作为宗教行为的必备程序环节，这实际上是国家通过程序介入宗教活动的表现。这种介入有必要通过比例原则等基准加以审视，而其中的限制理由，亦应限定在宪法第36条所列举的事项中。

第五节　人身自由

人身自由可以说是与程序保障最为密切的基本权利：在历史上，普通法中"正当程序"这一观念的出现及相关制度的发展，与当时君主对人身自由的践踏有密切的关系；一般认为"正当程序"最早的表述即出现在《大宪章》关于人身自由的规定中。[73] 在当今世界各国的成文宪法中，"未经正当程序（或法定程序）不得侵犯公民人身自由"也已成为常见的对于人身自由的保障模式。[74] 在我国现行宪法中，第37条的公民人身自由也是整部宪法中仅有的直接规定保障程序的基本权利。不过，随着时代的发展和相关制度的实践，对于人身自由的程序保障已经形成了一个相对而言更为专门和体系化的领域，即"刑事正当程序"，因此本节也将从这一角度加以审视。同时，在我国现行宪法规范中，与人身自由高度相关的条款除了第37条之外，还包括第38条（人格尊严）、第39条（住宅自由）和第40条（通信自由和通信秘密）——其中，人格尊严条款具有总揽基本权利全局的重要意义，在前文第二章已有概要性的论述，在后文第五章还将作为正当程序的标准之一加以探讨，因此这里暂时从略；住宅自由可以被视为人身自由在物质领域的延伸，通信自由和通信秘密可以被视为人身自由在精神领域的延伸，因此以下一并考察。

---

[73] 一般认为，《大宪章》中所说的"本国法律（the law of t he land）"即后世的"正当程序"。这个概念出现于《大宪章》第39条："任何自由人，如未……经本国法律判决，皆不得被逮捕，监禁，没收财产，剥夺法律保护权，流放，或加以任何其他损害"。See Black H C, Garner B A, McDaniel B R. *Black's Law Dictionary*. St. Paul, MN: West Group, 1999, p. 516.

[74] 孙谦、韩大元主编：《公民权利与义务——世界各国宪法的规定》，中国检察出版社2013年版。

一、刑事正当程序

"刑事正当程序"（或"正当刑事程序"）并非我国宪法或法律规范中所使用的正式术语，但这一概念可以作为沟通宪法与刑事诉讼相关法律的桥梁，从而对宪法第 37 条所针对的人身自由及其程序保障作更富体系性的考察。

（一）"逮捕"的程序要求

现行宪法第 37 条第 2 款明确规定了作为刑事程序的"逮捕"的程序要求，如前所述，是现行宪法中仅有的对于基本权利程序保障的"宪定程序"。从历史的角度来看，这一款的内容与 1954 年宪法第 89 条（同样是关于人身自由的规范）后句大致相同，只是在具体程序内容上有些差异。这个历史渊源还可以进一步上溯到两条线索：一是深刻地影响了 1954 年宪法内容的苏联 1936 年宪法，1954 年宪法第 89 条后句在内容上与苏联 1936 年宪法第 127 条后句几乎完全相同；二是我国近代以来的多部宪法性文件，在关于人身自由的条款中几乎都有类似的规定⑦⑤——显然，这两条线索共同的历史渊源在于《大宪章》以降的对于人身自由在刑事程序方面的保障。当然，与实际操作中的刑事程序相比，相关规定依然较为简略，需要"法定程序"的进一步明确。就逮捕程序而言，在 1954 年宪法通过之后几个月，全国人大常委会就通过了《逮捕拘留条例》这一单行法，对于逮捕程序作了进一步的明确；而刑事诉讼法 1979 年颁布以来，几个不同的版本均有逮捕程序的细致规定。

值得注意的是，宪法第 37 条第 2 款的程序其实反映了公安、检察院和法院三机关（以下简称"三机关"）在逮捕程序中各自的职能和地位；因此，现行宪法第 140 条关于三机关在刑事程序中"分工负责，互相配合，互相制约"的要求，可以被视为第 37 条第 2 款程序背后的逻辑。逮捕作为对犯罪嫌疑人最严厉的刑事强制措施，对当事人的人身自由也是一种严厉的限制，相应地对逮捕程序中的国家机关亦有必要施以严格的约束；从这个角度来说，三机关在逮捕程序中的关系更多地应落在"互相制约"这一点上，第 37 条第 2 款在逮捕程序中专门区分批准（决定）环节和执行环节并将相应的权力赋予不同的机关，显然也是如此考虑的。反过来说，假如三机关并不能形成真正的制约关系，则宪法中逮捕程序的批准（决定）和执行的区分也将失去意义，无法真正保障人身自由——刑事诉讼法领域对此问题多有讨论，如逮捕程序诉讼化、中立化等；2012 年的刑事诉讼法修改，在逮捕程序中增加了检

---

⑦⑤　夏新华编：《近代中国宪政历程：史料荟萃》，中国政法大学出版社 2004 年版。

察院可以讯问犯罪嫌疑人、询问诉讼参与人、听取律师意见，检察院可以对逮捕的必要性进行审查等内容，亦可看出逮捕程序进一步落实三机关"互相制约"的进步。当然，在刑事诉讼中，无论是逮捕程序规范的继续完善还是实践中逮捕程序规范的落实，依然有很长的路要走。

（二）人身自由的其他程序保障

现行宪法第37条第3款规定了禁止非法拘禁、非法搜身等其他非法限制人身自由的行为。这一条款在1954年宪法中并不存在，是1982年修宪时增加的；作为"文革"的教训之一，修宪者意识到，除了"逮捕"这一正式的刑事程序之外，权力侵犯人身自由的方式还有许多。⑰ 因此，第37条第3款具有兜底条款的意味，从而与第37条第2款构成更为完整的人身自由保障体系；而作为兜底条款，自然也就无法如第37条第2款那样将程序明确地列在宪法规范中。对此，第37条第3款采用的是付诸法律规定的方式，这一款出现了三处"非法……"的字样，即为明证；换言之，公权力想要以逮捕之外的方式限制或剥夺人身自由，至少要受到立法程序的限制——已于2013年被废止的劳动教养制度，便存在这方面的问题。

但仅强调"限制人身自由须有法律依据"还是不够的。"法律保留"的制度初衷之一是为了保障基本权利，但往往发展成"只要制定了法律就可以限制基本权利"。⑰ 因此，在强调"有法律依据"的基础上，还需要确保法律本身的正当性，而其中法律程序的正当性则是关键之一。以肇事精神病人强制医疗为例：根据刑法第18条第1款规定，精神病人不承担刑事责任，但"在必要的时候，由政府强制医疗"，这成为强制医疗的法律依据；然而多年来强制医疗的具体程序并不明确，传统上由侦查机关决定强制医疗，因明显违反"不能做自己的法官"的正当程序原则而受到诟病。2012年刑事诉讼法修改，专设一章"依法不负刑事责任的精神病人的强制医疗程序"，确立由法院主导的程序模式，显然是一个重大进步。

（三）其他刑事正当程序

2012年刑事诉讼法的修改，在"刑事诉讼法的任务"部分增加了"尊重和保障人权"的内容，由此与宪法第33条第3款（"国家尊重和保障人权"）建立了直接的联系；而后者是统摄基本权利整体的宪法条款，因此可以认为保障基本权利已经成为刑事诉讼在实体法层面的价值取向之一，而刑事正当程序则是实现这一价值取向的重要途径。当然，刑事正当程序在刑事诉讼领

⑰ 肖蔚云：《我国现行宪法的诞生》，北京大学出版社1986年版，第137—138页。
⑰ 林来梵：《转型期宪法的实施形态》，载《比较法研究》2014年第4期。

域已有大量的专门著述，这里囿于主题和篇幅，仅从保障人身自由的角度加以观察。以下从当前刑事诉讼中两则与人身自由密切相关的弊病——超期羁押和刑讯逼供切入，探讨相关的刑事正当程序。

超期羁押，顾名思义就是超过法定期限的羁押（包括逮捕、拘留等）行为，显然对人身自由造成了直接的侵害，其中超过多年的"久押不决"，其侵害性更甚。"运动式清理"同步的，应当是制度上的完善与落实，而具体的程序要求就显得非常重要。例如 2014 年发布的《最高人民法院、最高人民检察院、公安部关于羁押犯罪嫌疑人、被告人实行换押和羁押期限变更通知制度的通知》，确立了换押程序和羁押期限变更时的通知程序，使得羁押活动有迹可循，也便于法律监督机关的监督；2015 年，最高人民检察院刑事执行检察厅出台《人民检察院刑事执行检察部门预防和纠正超期羁押和久押不决案件工作规定（试行）》，对相关程序作了进一步的明确。当然，相关程序仍有可完善之处，如保障在押人员更便捷地获得律师帮助、被超期羁押者更有效地寻求救济等，均有待程序上的进一步明确和落实。而其他国家已被证明行之有效的一些程序，如人身保护令（Habeas Corpus）等，未必能直接照搬，但亦有可资参考之处。

刑讯逼供既损害了受刑者的身体和精神，同时也常导致无辜者身陷囹圄，其对人身自由的严重侵犯自不待言。我国清末修律以来就在立法层面反对刑讯逼供；就现行的法律制度而言，刑事诉讼法自始就明确"严禁刑讯逼供"，刑法有"刑讯逼供罪"，国家赔偿法也明确了刑讯逼供的国家责任，相关的其他规范性文件更是为数不少。然而，刑讯逼供是我国刑事诉讼领域有待进一步治理的现象。有学者指出，我国对于刑讯逼供的治理模式，自 20 世纪 70 年代末至今，经历了"口号式治理"到"运动式治理"再到"程序内治理"的发展变化，而随着"程序内治理"的全面铺开，刑讯逼供的状况有了较为明显的好转[78]——由此可见程序的重要性。遏制刑讯逼供的程序具有多样性，有些属于审讯程序中的具体要求，如审讯过程录音录像；有些涉及侦查过程中的权力配置，如侦押分离制度及相关程序；[79] 还有些则是刑事正当程序具有普遍性的要求，如确保律师有效介入的程序等。

当然，刑事正当程序对于人身自由的有效保障，在根本上还是有赖于宪法第 140 条（尤其是三机关"互相制约"）的真正落实；但反过来，当越来越

---

[78] 陈如超：《刑讯逼供的国家治理：1979—2013》，载《中国法学》2014 年第 5 期。

[79] 胡建淼、金承东：《论司法刑事侦查权与关押权的分离——阻却刑讯逼供的有效制度》，载《浙江学刊》2001 年第 2 期。

多有针对性的"正当程序"变为"法定程序",亦会对第 140 条的进一步落实有所裨益。

二、住宅自由的程序保障

住宅对于居住者而言具有多重意义,住宅自由则是源于普通法[80]而逐渐成为世界各国宪法中广为接受的一项基本权利。现行宪法第 39 条的"住宅不受侵犯",就其在规范体系中所处的位置(人身自由之后、通信自由和通信秘密之前)来看,更多是对于"私生活自由"[81]的尊重,这与一般所说的住宅自由是一致的;因此不论住宅建筑的价值贵贱、居住者对于住宅建筑的权利类型(自住或租赁),均不在住宅自由的行使及其限制所应当考虑的范围内。住宅的财产属性,更多地受公民财产权的保护,因而体现在现行宪法第 13 条中。[82]按照第 39 条后句的表述,现行宪法对于住宅自由的保障主要体现在禁止"非法搜查"和禁止"非法侵入"两方面;其中"搜查"作为正式的法律行为有明确的程序规定,"非法侵入"作为兜底性质的概念则相对模糊且多样化,但依然有程序方面的普遍性要求。

作为正式法律行为的搜查在刑事诉讼和民事诉讼中都有体现。刑事诉讼法第 136 条至第 140 条专节规定了刑事搜查制度,其中关于住宅搜查的程序要点包括:(1)搜查应当有搜查证(搜查证由侦查机关负责人签发)并出示,但紧急情况下可以凭拘留证或逮捕证搜查;(2)搜查时应当有当事人或其他见证人在场;(3)搜查应当制作笔录并由搜查人员和当事人(或其他见证人)签名确认。民事诉讼法第 255 条规定了对民事被执行人的搜查,程序上明确由人民法院院长签发搜查令,凭搜查令对被执行人的住所进行搜查。相比较而言,刑事搜查程序在实定法层面内容较多,但依然存在较为明显的问题:例如,搜查证由侦查机关签发,固然可以避免侦查人员个人的恣意,但整体上仍然是侦查机关自己决定自己的搜查行为。而搜查作为严重影响公民基本权利的行为,实有必要将搜查的决定权和执行权分开,充分参考法治

---

⑧ 英国 17 世纪早期的《权利请愿书》就有要求住宅不受侵犯的内容;美国宪法第三修正案规定了住宅不受军队侵犯,第四修正案规定了住宅(以及其他财产)不受不合理的扣押和搜查。

⑧ [日]芦部信喜:《宪法》(第三版),[日]高桥和之增订,林来梵、林维慈、龙绚丽译,北京大学出版社 2006 年版,第 216 页。2002 年发生在陕西省的"黄碟案"在当时引起了巨大的社会影响,在某种程度上正是反映了社会公众对于自身"私生活自由"的关心。

⑧ 当然,有些针对住宅的行为可能同时侵犯了住宅自由和财产权,如某些国家机关的非法强拆。不过无论是就历史发展、权利属性还是规范体系而言,将这两者分开讨论都是有必要的。对于财产权的程序保障,将在下文第六节中探讨。

发达国家通行的由"中立的司法机关"签发搜查证[83]的方式。再如，现有的搜查程序缺乏对住宅搜查的时间、范围、方式等的明确要求，难以约束搜查人员在搜查过程中的恣意。再如，现有的搜查证制度缺乏时限或交回搜查证的程序，也就是搜查程序只有明确的开始而没有明确的终结，从而难以避免"一证多搜"的权力滥用行为，也使得当事人的住宅自由始终面临不确定的危险。就程序本身而言，这些问题在民事执行的搜查程序中或多或少也是存在的；这也显示出，从保障住宅自由的角度，对各类搜查制度中的相关程序加以整体改善的必要性。

"搜查"是正式的法律行为，因此"非法搜查"也就有较为明确的内容；相比之下，"非法侵入"在规范上相当于"其他侵犯住宅自由的行为"的兜底规定，因此其内容也就较为模糊。同时，随着技术的发展，"侵入住宅"的方式除了传统的"破门而入"之外，诸如针对特定住宅的监听、监视，乃至声光电干扰等手段都会影响"私生活自由"，其影响有时候甚至较传统方式犹有过之；而正是由于侵入方式的多样化，使得统一的程序性规定较为困难。当然，与宪法第37条第3款类似，"禁止非法侵入"意味着公权力侵入住宅的行为至少要受立法程序的约束。不过，对此有两项程序原则可以参考：第一是决定权和执行权适度分离。住宅是私人生活的"堡垒"，侵入住宅给居住者造成的影响不言而喻；为了避免公权力及其执行者恣意地"想怎么侵入就怎么侵入、想何时侵入就何时侵入"，有必要参考逮捕程序，将侵入住宅的决定权和执行权做适当的分离。[84] 第二是实施持证执法制度，相关证件应当载明侵入行为的批准主体、执行主体，以及侵入的方式、时间、时限，以及当事人的权利和救济途径等，从而约束执法者的权力、保障当事人的权利。

三、通信自由和通信秘密的程序保障

通信作为人们日常生活的一种社会行为，其内容的部分与表达自由有一定的联系；但是表达自由强调公共参与的一面，而通信除了公共参与之外还有私人交流的意义。现行宪法将通信自由和通信秘密与表达自由分立，而将前者置于人身自由和住宅自由之后，无疑是在强调通信的"私人交流"意义；因此通信自由和通信秘密作为基本权利，和住宅自由类似，也可被视为对"私生活自由"的尊重，从而在某种意义上成为人身自由在精神层面的延伸。

---

[83]　孙长永：《侦查程序与人权——比较法的考察》，中国方正出版社2000年版，第105页。

[84]　如前所述，本书主张对住宅的搜查程序也应当确立类似于逮捕程序那样的"决定—执行"分离模式。

值得注意的是，在 1982 年修宪时，"通信"还仅仅是狭义的特指信件而不包括电话、电报等形式；[85] 但是随着时代的发展和技术的进步，信件作为私人交流的工具已日渐萎缩，新的通信手段层出不穷，如果还固守"通信就是信件"的狭义理解，则难免落后于时代，无法对公权力花样翻新的限制"私人交流的私生活自由"手段形成有效约束。

当然，在传统的"通信即信件"领域，通信自由和通信秘密的程序保障亦非毫无问题。例如，前文第二章曾经提及监狱法授权监狱检查犯人的通信、《看守所条例》规定看守所接受办案机关的委托可以检查人犯信件，这些均在主体上突破了宪法第 40 条中"检查通信的机关仅限于公安机关和检察机关"的规定。在实体上，出于公共安全的考虑，检查在押人员与外界的通信内容未尝不可，套用比例原则的分析概念，即此种限制措施具有"合目的性"。[86]然而，以突破宪法限定的主体实施通信检查，不啻为对基本权利的严重侵害，事实上，在现有体制下显然还有侵害更小的手段：为了实现检察院对监所的监督，我国普遍实施了检察院驻监所检察室制度，只要将代表检察院的驻监所检察室纳入监所检查通信的程序中，就可以不必与宪法第 40 条相抵触。而这种程序差异所造成的基本权利限制手段宽严程度的不同，亦显示出基本权利程序保障的意义。

除了传统的信件，可能属于"通信"的行为随着时代的发展而日益多样化。其中有些只是标的产生了变化，而方式并没有重大改变，例如随着快递业的发展，私人之间寄送包裹的行为是否属于"通信"？如果属于，那么对于快递包裹的检查同样需要遵守现行宪法第 40 条的严格程序；而即使宪法解释的结果是不属于宪法第 40 条所说的"通信"，作为涉及私人交流的一般行为自由，公权力对其的干涉同样涉及程序的问题，如国家机关对快递包裹进行检查、扣押的程序，私人之间收寄快递的程序（如是否要先核实身份证件才能收寄）等，而这些程序上的干涉同样需要符合比例原则。

另一些行为则随着新技术的发展，在方式上产生了重大变化，这主要包括随着互联网技术的发展而产生的即时通信、网上交易乃至网上信息浏览等信息交互行为。这类行为除了要考虑上一段的问题之外，还需要充分意识到与技术发展相关的权利保障的新特点：首先，各种形式的通信渗入生活的每一个角落，由此产生的"大数据下的透明人"使得人们的生活习惯、行为偏好、观点立场等都可以通过特定的通信方式表现出来，甚至可以由此分析出

---

[85]　蔡定剑：《宪法精解》（第二版），法律出版社 2006 年版，第 265 页。

[86]　《日本国宪法判例译本》（二），司法周刊杂志社 1984 年版，第 236—241 页。

社会群体的趋势等，这就使得公权力对相关通信内容的兴趣大增；换言之，公权力干预通信自由和通信秘密的可能性大为增加。其次，随着新技术的发展，监听、监视的手段也日益翻新，也就意味着公权力干预通信自由和通信秘密的能力获得了提高。最后，许多新的通信手段依赖于服务商提供的服务，相关服务商就此掌握了用户的大量隐私以及影响用户的能力，而公权力的干预往往与此类服务商密不可分，由此产生了基本权利第三人效力的问题——2013 年曝光并引起轩然大波的美国"棱镜计划"，即充分体现了上述特点。[87]这就使得相关权利的程序保障亦有必要相应地突出以下几点：第一，各种程序保障的义务承担者应当及于对用户信息具有实际控制力的服务商，也就是明确相关权利的第三人效力。第二，用户对于涉及互联网信息交互行为的相关干预措施的可能性和实施标准应当有知情权；换言之，相关干预措施应当遵循一定的规则和标准，而用户对这种规则和标准的知情同意应当成为相关干预措施启动环节必要的程序要求。第三，充分保障当事人陈述和申辩的权利；由于技术的原因，许多干预措施是在不为当事人所知的情况下进行的，因此当事人的陈述和申辩等程序性权利就难以得到实现，而这恰恰是相关实体性权利能否得到保障的关键。第四，确保干预结果和干预过程对于当事人而言可查询、可回溯，从而保证当事人事后寻求救济的现实可能性。

第六节　经济社会文化权利

经济社会文化权利在现行宪法中主要集中于第 42 条至第 44 条（劳动基本权）、第 45 条（物质帮助权）、第 46 条（受教育权）和第 47 条（文化基本权）。较为特殊的是第 13 条所规范的财产权，众所周知，财产权的保障在历史上存在一个变化的过程——近代如洛克这样的启蒙思想家提出绝对财产权的观点，[88] 与之相应的是近代宪法亦对财产权采取了绝对保护的模式；[89] 而

---

⑧⑦　"棱镜计划（PRISM）"是美国自 2007 年开始实施的一项深度电子监听计划，监听对象包括大量美国公民和外国政要，监听范围包括电子邮件、即时通信、社交网络等，雅虎等一些网络公司声称被迫参与该项监听计划。See Savage, Charlie; Wyatt, Edward; Baker, Peter. U. S. Says it Gathers Online Data Abroad. *New York Times*. June 6, 2013; Greenwald, Glenn. NSA Taps in to Internet Giants' Systems to Mine user Data, Secret Files Reveal. *The Guardian*. June 6, 2013; etc.

⑧⑧　［英］洛克：《政府论》（下篇），叶启芳、瞿菊农译，商务印书馆 1996 年版，第 18—33 页。

⑧⑨　如法国《人权宣言》第 17 条明确提出"财产是神圣不可侵犯的权利"。

到了以德国《魏玛宪法》为代表的现代宪法，则转向财产权相对保护的模式。[90] 绝对保护模式下的财产权是一种典型的自由权，即强调"国家不得干涉"的权利；而相对保护模式下的财产权，在坚持财产权"不受国家干涉"的同时，还强调其内在的义务属性，这种义务通常与公共利益有关，而公共利益又涉及国家的作为义务，这就使得财产权不再是单纯的自由权。同时，经济社会文化领域的多种行为，又与公私财产或多或少存在关系，脱离了财产权而考虑经济社会文化诸权利的实现是不切实际的；因此，将财产权纳入对经济社会文化权利程序保障的探讨，无论是就权利的内在属性而言还是就权利的现实需要而言，均是有必要的。当然，现行宪法将财产权置于总纲，作为基本经济制度的一部分，是现行宪法内在逻辑的体现；但这并不排斥从权利保障的角度，将财产权置于一个更大的权利概念下进行理解。本节围绕现行宪法的相关规范，对经济文化社会权利的程序保障分为财产权、劳动基本权、物质帮助权、教育和文化权利四部分加以考察。

一、财产权的程序保障

现行宪法第 13 条对于财产权的规定分为三款：第 1 款概括式地宣布私有财产受宪法保障及保障的范围（"合法的私有财产"），亦有学者称之为"不可侵犯条款"或"保障条款"；[91] 第 2 款强调"依法保障"私有财产权和继承权，而这一款亦是 2004 年修宪之前第 13 条第 2 款的孑遗（该条款保障私有财产的继承权）；第 3 款则是征用（征收）补偿条款。就程序保障而言：第 1 款概括式地保障通常不涉及具体的程序要求。[92] 第 2 款在理论上可能与施米特意义上的"制度保障"有关，而后者在德国宪法学的发展过程中又与作为基本权利功能之一的程序保障有密切的关联；而在我国的法律体系中，第 2 款涉及的程序除了与继承相关的民事程序之外，主要包括与财产保障相关的民事程序（如民事缔约程序、物权登记或转让程序等）、刑事程序（如罚金程序、没收财产的程序等）和行政程序（如罚款程序、扣押财产的程序等），这些程序的共同之处在于通过对财产权的行使施加某种公权力上的限制，而相关程序则是对这种限制的再限制，以此体现对财产权的保障——这种保障机制的一

---

[90] 《魏玛宪法》第 153 条规定"所有权伴随义务，其行使应同时有益于公共福利"。亦可参见张翔：《财产权的社会义务》，载《中国社会科学》2012 年第 9 期。

[91] 林来梵：《论私人财产权的宪法保障》，载《法学》1999 年第 3 期。

[92] 当然，如果没有分化出后两款的具体内容，仅凭概括式的保障条款也蕴含了程序的要求。最典型的莫过于美国宪法第五修正案"未经正当法律程序，不得剥夺……财产……"，甚至于以保障财产权为目标而发展出"实质性正当法律程序"的理论。

般原理，在前文第三章已有讨论，这里不再重复。这里有必要专门讨论的是与第 3 款相关的程序，即国家对于私有财产施以征收征用并给予补偿的程序。

按照现行宪法第 13 条第 3 款"依照法律规定……"的表述，国家对于私有财产的征收征用以及补偿应当有明确的法律依据。不过迄今为止，我国尚未有统一的法律涉及这个问题，而是散见于各相关的法律法规乃至规章中。与征收征用直接相关的，如税收征收管理法、《国有土地上房屋征收与补偿条例》等；还有在相关规范性文件中涉及征收征用的，如归侨侨眷权益保护法、土地管理法㊿等；此外，还有涉及中央与地方立法关系的，如突发事件应对法第 12 条要求"……被征用的财产在使用完毕或者突发事件应急处置工作结束后，应当及时返还。财产被征用或者征用后毁损、灭失的，应当给予补偿"，而《广东省突发事件应急补偿管理暂行办法》就对补偿制度进行了具体的规定。应当肯定的是，程序在现有的实定法中受到了一定程度的关注，如《国有土地上房屋征收与补偿条例》第 3 条规定"房屋征收与补偿应当遵循决策民主、程序正当、结果公开的原则"，而这三原则事实上都与程序有关。但是总体而言，相关实定法的程序部分仍然显得过于原则性；而在为数不多的具体程序制度中，对正当程序要求的关注又显得不足。由于国家征收征用行为的多样性，以下无法针对具体的程序制度一一罗列，仅就整个征收征用程序中具有普遍性的环节及其要求加以探讨：（1）征收征用的决定程序。这一环节的核心在于厘定相关公共利益的具体内容及其实现形式，从而奠定征收征用行为的合法性基础。前文第三章第三节探讨过确定公共利益意涵的程序化进路，其理论基础包括公共选择、协商民主等，其具体制度要求包括信息公开、公众参与等，这些在征收征用的决定程序中都是适用的。（2）征收征用的执行程序。执行程序最基本的要求同样在于信息公开，包括执行时间、方式、范围等。同时应确保当事人的陈述和申辩等程序性权利。执行程序的难点在于强制执行程序的启动和实施，一方面应尽量避免因不合理的个体要求阻碍公共利益的实现，另一方面须严格保障个人权利。对此，首先应严守底线，不得采用违法或明显不合理（如行政强制法第 43 条所禁止的事项）的手段；其次应着力维护理性的沟通环境，确保公众与政府的沟通、公众之间的沟通都能在良好的秩序中进行；最后就是比例原则等促进行政合理性的技术手段的充分运用。（3）补偿程序。广义的补偿包括征用后的返还，但实物返还的方式相对简单，问题相对较多的是货币补偿，并且后者也是当前最普遍

㊿ 当然，土地管理法的宪法依据应当是宪法第 10 条而非第 13 条。不过第 10 条第 3 款与此处讨论的第 13 条第 3 款在表述上基本相同，因此也有参考价值。

的补偿方式，因此这里主要讨论货币补偿的程序。这一环节的核心在于估价程序，而估价程序的关键则在于打破估价权和估价机构的垄断地位，以市场化的方式形成"市场价"。（4）当事人的救济程序。这里的救济主要指行政复议和行政诉讼，将在本章第八节具体探讨。

二、劳动基本权的程序保障

现行宪法关于劳动基本权的内容主要体现在第 42 条（劳动的权利和义务）、第 43 条（劳动者休息的权利）和第 44 条（退休制度）。这些条文基本延续了 1954 年宪法相关条文的框架和精神（第 44 条是新增的，但就基本精神而言，在原有的框架中并不突兀），也就是渊源于社会主义国家宪法关于劳动关系的传统定位；当然，现在对于上述条文的理解，还有必要结合联合国《经济、社会、文化权利国际公约》（我国已签署并批准）等在地域和时代两方面都相对主流的理念。在法律层面，相关的权利主要以劳动法和劳动合同法为基干；[94] 在法规规章层面，既有中央行政机关的行政立法，也有各地人大或人民政府的地方立法，所涉及的规范性文件就更多。

既有的规范体系中，涵括了一定数量的法定程序制度，其中最重要的当属劳动争议解决程序，以及劳动合同（包括集体合同）相关程序。

根据劳动法第十章，劳动争议有调解、仲裁和诉讼三种解决程序：在程序方式的选择上，当事人可以选择先调解再仲裁，也可以选择直接仲裁，但必须仲裁之后才能提起诉讼；在纠纷解决程序的被申请主体方面，调解由当事人向用人单位内部的劳动争议调解委员会提出申请，仲裁由当事人向劳动争议仲裁委员会提出申请，诉讼则由当事人向人民法院提出申请；在被申请主体的构成方面，劳动法第 80 条和第 81 条设置了在形式上能够体现"各方参与"的组成方式：劳动争议调解委员会由工会代表（任委员会主任）、职工代表和用人单位代表组成，劳动争议仲裁委员会则由劳动行政部门代表（任委员会主任）、同级工会代表和用人单位代表组成。此外，劳动法还对劳动仲裁和诉讼相关程序环节的期限作了规定。以前述规定为基干，2008 年实施的劳动争议调解仲裁法对调解和仲裁这两种劳动争议解决程序作了进一步的规定，如对于劳动争议调解委员会和劳动争议仲裁委员会的组织作了更为明确的规定、对于仲裁程序各步骤和环节的进一步细化等。当然，还有相关的诉讼法规定了劳动争议诉讼程序的具体内容。

---

[94] 严格说来，公务员法等也涉及上述宪法条文。不过这里重点关注劳动法意义上的"劳动者"。

劳动法第三章规定了劳动合同（以及集体合同）的基本原则和强制性内容，以及部分程序环节的期限，不过在程序上更多的细节规定在劳动合同法中。后者对于劳动合同的订立、履行（变更）、解除（终止）等均有明确的规定，同时对于集体合同的相关程序也作了专门规定，其中不乏一些程序上的细节，如明确用人单位的告知义务和劳动者的说明义务、用人单位在订立合同时不得扣押劳动者证件或要求提供担保等。在前述法律规范的基础上，以《劳动合同法实施条例》为代表的法规规章等亦对于劳动合同的程序有不同程度的补充和细化。

以上是从"法定程序"的角度对劳动基本权相关程序进行的考察。在此基础上还应当注重从"正当程序"角度的反思。相关的反思首先表现为对具体程序制度的反思，以劳动争议程序为多，如对于劳动争议解决中以仲裁作为诉讼前置程序的质疑、[95] 对于各规范性文件中劳动仲裁申请时效不协调状况的反思[96]等，这些在劳动法领域均有专论，这里不再重复。这里需要关注的是我国劳动立法领域在整体上较重视实体性规定，而相对轻视程序性调控措施的问题，而这个问题在劳动合同立法中非常明显：在 2007 年劳动合同法颁布前后，学界曾就法律中严格的解雇条件、无固定期限劳动合同的范围和条件等实体性问题展开了激烈的讨论，[97] 相关的争论在"经济新常态"的背景下甚至延续至今。从宪法的角度，这些争论可以概括为"劳动合同法对于劳动权利是否过度保护"——对于这些实体问题，本书无从置喙；但从权利保障的角度看，劳动合同法主要采用实体保障的方式，这就意味着立法权必须深刻且直接地介入劳动关系，而这种直接介入的方式和程度在当前错综复杂的经济社会环境下又很难拿捏，因此这种立法行为就很容易成为争议的焦点。事实上，在这种情况下，国家公权力与其作为一个充满争议的资源分配者，不如作为一个中立的裁断者；而这就需要立法更多地关注劳动市场环境的优化和维护，如进一步发挥劳动者组织的作用、促成劳动者和用人单位在劳动协商过程中事实上的平等地位等，这就更有赖于相关法律程序的充实和改善。

---

⑮ 徐智华：《劳动争议仲裁制度的缺陷与完善》，载《法学评论》2003 年第 6 期；秦国荣：《我国劳动争议解决的法律机制选择——对劳动仲裁前置程序的法律批判》，载《江海学刊》2010 年第 3 期。

⑯ 徐智华：《劳动争议处理几个疑难问题研究》，载《中国法学》2003 年第 3 期。

⑰ 董保华：《论我国无固定期限劳动合同》，载《法商研究》2007 年第 6 期；王全兴：《劳动合同立法争论中需要澄清的几个基本问题》，载《法学》2006 年第 9 期；冯彦君：《我国劳动合同立法应正确处理三大关系》，载《当代法学》2006 年第 6 期。

三、物质帮助权的程序保障

物质帮助权体现为现行宪法第 45 条，其中包括三个条款：第 1 款前句规定了一般性的物质帮助条件，即年老、疾病或丧失劳动能力，但这不应被认为是穷尽了所有可能的条件；⑱ 因此本款的重点应当在于后句，即国家"发展"相应的"社会保险、社会救济和医疗卫生事业"的义务。第 2 款和第 3 款强调了对于特定人群的物质帮助，可以被视为对第 1 款的补充，但制度上的重点显然还是在于第 1 款后句——换言之，物质帮助权在制度上的重点并非在于要求国家在何时、何地给付何种物质帮助，而在于要求国家建立起运作良好的相关制度（社会保险、社会救济、医疗卫生等）以备各种情形所需。同时，国家提供的物质帮助本身还有一个重要的特点，就是国家以何种方式提供、提供多少、提供到什么程度，均难以事前即在实定法上具体地厘定，因而国家在个案中具有相当大的裁量空间；⑲ 相应地，各相关制度的重点也就不在于事无巨细地胪列物质帮助的实体性条件、数量和方式，而在于构建一系列能令公权力"合乎目的"地运作的机制，而程序就是其中非常重要的组成部分——但这一点恰恰是我国目前相关的现行法律制度所明显缺乏的。以下结合社会保险法、《城市居民最低生活保障条例》《自然灾害救助条例》《城市生活无着的流浪乞讨人员救助管理办法》等直接涉及物质帮助权相关制度的法律法规⑳进行简要的分析。

社会保险法确立了基本养老保险等五大社会保险的结构，并明确了保费征缴、保险基金、保险经办和保险监督的制度框架。在五大社会保险结构部分，基本上是实体性的规定；而在制度框架部分涉及一些程序，如第 57 条、第 58 条的社会保险征缴程序，第 61 条、第 71 条的信息公开要求等。

《城市居民最低生活保障条例》、《自然灾害救助条例》和《城市生活无着的流浪乞讨人员救助管理办法》这三部法规所针对的对象不同、相关制度设计也各有特点，但它们均属于宪法第 45 条第 1 款"社会救济"的具体化，而从"社会救济的程序保障"来看，也有着共同的要求：一方面，程序设

---

⑱ 韩大元：《1954 年宪法与中国宪政》（第二版），武汉大学出版社 2008 年版，第 87 页。

⑲ 类似地，日本曾有宪法判决认为，"健康而文化性最低限度生活"的标准在行政部门"合乎目的之裁量判断"的范围之内，具体怎样判断均不会发生违法问题（但可能存在政治责任）。参见《日本国宪法判例译本》（六），司法周刊杂志社 1984 年版，第 630 页。

⑳ 前述法律法规分别以宪法第 45 条第 1 款的"社会保险"和"社会救济"为主题。而"医疗卫生"部分，虽然有《医疗机构管理条例》等医事法规，但直接涉及"物质帮助"的部分并不多，因此这里略过。

置要保障被救助对象的尊严。在现代宪法理念中，社会救济并不是对于被救济者的恩赐，而是公民对于国家的权利，这就要求公民成为政府救济行为的主体（而非客体），而这在很大程度上就体现为当事人在程序中的知情权、参与权、选择权、申辩权等程序性权利，而这在现有的规范中是明显不足的。另一方面，程序设置还要确保救助的效率。救助的效率既要求救济应及时送到需要的人手中，令被救助者不因救助过程的拖拉而陷入更为不利的境地，同时也要求救济应仔细甄别、确保救济物发给适当的对象——显然，这两种要求在一定程度上是存在张力的，这就需要在相关的程序中，通过确立被救助者的主体地位，在恰当的行政给付程序的灵活实践中实现这两项目标的动态平衡。[100] 如果一味从实体上试图加以事前的控制，则难免顾此失彼。

四、教育和文化权利的程序保障

教育和文化权利对应于现行宪法第 46 条和第 47 条。当然，对其内涵的准确把握，还必须结合位于宪法"总纲"部分的第 19 条至第 24 条的"基本文化制度条款"。同时，尽管教育和文化在一般意义上常常并称，但在宪法规范上有着相当不同的结构：第 46 条第 1 款对于"受教育"在采用了规范上不多见的"权利和义务"并提的表述，通说认为"受教育的权利"指要求国家提供适当教育资源的权利，而"受教育的义务"则是指适龄儿童的监护人有义务确保适龄儿童接受教育[102]——这种"既是权利也是义务"的规范结构，可以被视为"受教育的基本权利"的一种内部界限划定。此外，结合第 46 条第 2 款和第 19 条的内容，受教育权所对应的国家义务主要是要求国家主动作为的积极义务；但正如前文第三章所述，受教育的权利也包含了"选择自由"意义上的消极权利。第 47 条对于文化权利的规范分为前后两句，前一句表明最宽泛意义上的文化权利是一种"文化活动的自由"，即一种消极权利，后一句则表明国家对于部分文化活动即"有益于人民的创造性工作"负有"鼓励和帮助"的积极义务，显示出文化权的复合式规范结构。

在实定法层面，与受教育权相关的法律有三部，即教育法、义务教育法和高等教育法（以下简称"教育三法"）；以"教育三法"为基干建立的国家教育制度，从基本权利的角度来看制度性保障。

---

[100]　喻少如：《论社会救助制度中的行政给付程序》，载《法学评论》2011 年第 4 期。

[102]　肖蔚云：《我国现行宪法的诞生》，北京大学出版社 1986 年版，第 140 页；蔡定剑：《宪法精解》，法律出版社 2006 年版，第 277—278 页。

与受教育权相比，文化权尽管也涉及相关的法律法规及其他位阶更低的规范性文件，但没有如"教育三法"那样体系化的基干；而就这些规范的内容上看，"文化"在外延上比"教育"大得多。因此，这里无法就其具体内容面面俱到地考察，而只能以宪法规范为起点，探讨文化权程序保障的相关问题。就宪法规范而言，文化权的关键在于第 47 条后句中"有益于人民"，即国家权力究竟是消极尊重还是积极保障的分野；但是由于"文化"具有极为宽泛的内容，加之对这一标准的判断不可避免地带有许多政策性的色彩，因此很难用实体性规则加以罗列，而在这种情况下，程序的意义就凸显出来——换言之，如何运用程序在个案中恰当地辨明宪法第 47 条中的"有益于人民"，从而为公权力介入文化领域划定合理的界限，就是文化权程序保障的重要目标。当然，公权力介入的方式多种多样，包括直接设立研究主体、通过项目进行资助、通过合同进行购买等；这些介入方式既与特定文化活动的属性有关，又在一定程度上反映出公权力介入的强度，因此应当有相应的程序予以配合，以最大限度地实现宪法第 47 条的目标。

第七节 对特定主体的保护

在现行宪法中涉及特定主体保护的条款主要是第 48 条（男女平等）、第 49 条（对婚姻家庭的保护）和第 50 条（对华侨、归侨和侨眷权利的保护）。这些条款所涉及的内容各不相同，但是从基本权利保障的角度来看，则均是针对因为历史文化等原因在传统上属于弱势的群体，对其权利保障的特别强调。因此，这些条款应与宪法第 33 条第 2 款（法律面前一律平等）相结合，作体系式的理解；例如第 49 条第 1 款"婚姻、家庭、母亲和儿童受国家的保护"，并不意味着"父亲"就不"受国家的保护"。同时，这些条款（除了第 48 条外）也不同于前述第二节提及的"平等原则的特殊问题"，即民族平等（第 4 条第 1 款）、选举权平等（第 34 条）和宗教平等（第 36 条第 2 款），因其毕竟作为一项基本权利而被特别提出的——概言之，这类权利可以视为"平等保障"整体理念中的"优惠措施"这一概念的权利化，因此对这些权利的程序保障，有必要从对"优惠措施"的理解入手。

平等理念下的"优惠措施"通常是指对于那些因为历史、文化等原因长期处于"严重不利地位"的群体，国家给予其特殊的待遇，以保护他们免受现实中的歧视;[103] 例如美国常用的"积极行动（Affirmative Action）"或欧洲常用的"肯定性行动（Positive Action）"等均属此类概念。值得注意的是，此类优惠措施往往存在争议，反对者称其为"反向歧视"，意即国家给予的这种特殊待遇已使得受优惠群体处于相较于其他群体而言更为优越的地位，产生了新的歧视；如美国的"加州大学董事会诉巴基案"[104]（以下简称"巴基案"）及相关的争议——"巴基案"的判决肯定了给予特定种族优惠措施的大原则，但是否定了向特定种族保留固定入学名额的具体做法，这亦表现出"优惠措施"具体实施方式的多样性和对其评价的复杂性。

一、作为"优惠措施"内容的程序性利益

程序性质的利益可能成为"优惠措施"的内容。这里的程序性利益主要是指参与公共资源分配过程的机会；意即针对特定主体的优惠措施主要不是直接给予公共资源（授人以鱼），而是增强特定主体获得公共资源的可能性（授人以渔）——实现"尊严"这一基本权利的核心。[105] 换言之，作为基本权利的特定主体权利，在某种程度上可以被视为对应于国家给付义务，但是国家给付的内容主要不是物质利益，而是制度化的公共参与机会，也就是更强调基本程序"制度和程序保障"的一面。

一般而言，这种公共资源的分配过程首先是指立法和公共决策过程，因而令特定主体有更多的机会成为立法机构及其他相关公权力机构组成人员，就是"优惠措施"中一条重要的程序保障。著名的"美国诉卡罗琳产品公司案"[106] 第四脚注提出，司法审查应当尤其关注那些"无力通过政治过程寻求救济"的弱势群体；反过来说，增强这些群体在政治过程（即立法、公共决策等过程）中的力量，就是保障这些群体权利的首选方式。

保障特定主体参与政治过程比较常见的实施办法是候选人配额制（即在选举中强制要求特定主体候选人所占的比例，实践中比较多见的是对女性候选人比例的规定），但是这种做法是否合理，一直存在争议。以法国为例，法

---

　　[103]　[奥]曼弗雷德·诺瓦克：《民权公约评注：联合国〈公民权利和政治权利国际公约〉》，毕小青、孙世彦主译，生活·读书·新知三联书店 2003 年版，第 45—46 页。

　　[104]　Regents of the University of California v. Bakke, 438 U. S. 265 (1978).

　　[105]　[美]杰弗里·图宾：《九人：美国最高法院风云》，何帆译，上海三联书店 2010 年版，第 95 页。当然，"自力更生的能力"有着丰富的内容，正文所讨论的程序性利益只是其中之一。

　　[106]　United States v. Carolene Products Company, 304 U. S. 144 (1938).

国宪法委员会曾在 1982 年的"女性限额决定"[107] 中推翻了要求地方选举中各政党候选人名单中最多包括 3/4 同性候选人的立法；然而在 1999 年法国通过男女平等参政的宪法修正案，随后通过的平等选举法修正案明确要求各政党提出的国民议会议员候选人应当有 48%—52% 的女性。总之，这种配额制的做法，与宪法的平等原则和选举自由原则如何协调，仍然有待解决。就我国而言，选举法第 7 条规定了女性和归侨人大代表名额的保障，亦可视为对于宪法所特别规定的权利主体参与政治过程的保障。当然，选举法第 7 条并未规定明确的比例，因此只是一种原则性的宣示而非真正的配额制；但是在实践中，人大选举中的配额制是存在的，甚至会把女性候选人的配额直接分到选区[108]——如果说，候选人整体上的性别比例配额尚有一定的合理性，那么将配额直接分到选区的做法则在某种程度上暗示了"当选的代表应当符合一定的比例"，从而与选举法的基本原则有直接的冲突。

当然，无论是配额制还是更抽象的"公共参与"，都是一种机会上的保障；但是如果能力不足，即使有机会亦难以将其转化为真实的利益。因此，"授人以渔"除了要保障特定主体的参与机会外，还须注重特定主体参与能力的提升。在程序的意义上，这种参与能力主要通过特定主体之间结成社团、通过组织化的力量提升公共参与能力。在宪法上，这涉及作为基本权利的结社自由，在前文第三节已有讨论，这里不再赘述。

二、"优惠措施"实施方式的变动程序

"优惠措施"的具体实施方式应当是暂时性的，这是目前较为普遍的看法。例如，《国际人权法》中对赋予特定主体"旨在加速事实上的平等"的优惠措施通常总是强调其"临时性"[109]——这其中的原因也很好理解：既然是为了"事实上的平等"，那么当"优惠措施"足以填补"事实上的不平等"时即可告终止，以免造成新的不平等；同时，相关理论大多也乐观地认为，经过短时间的"优惠措施"之后，特定主体即可自立。[110] 不过，普遍的现实是实体性的利益一旦给出了就很难收回，而判断是否达成"事实上的平等"

---

[107] 82-146 DC，Rec. 66（18 Nov. 1982）.

[108] 陈美秋：《亦喜亦忧的"平衡"——"直击县乡两级人大代表换届选举"之代表名额分配》，载《人民政坛》2006 年第 12 期。

[109] ［奥］曼弗雷德·诺瓦克：《民权公约评注：联合国〈公民权利和政治权利国际公约〉》，毕小青、孙世彦主译，生活·读书·新知三联书店 2003 年版，第 470 页。

[110] 许庆雄：《现代人权体系中平等原则之研究》（上），载《中正大学法学集刊》2002 年第 6 期。

在理论上也存在困难。[⑪] 不过这更加凸显了"优惠措施"如何终止或改变的重要性。另外,变动不居的社会亦使得"优惠措施"的具体实施方式不得不时时面临反思和调整的必要;例如,我国长期以来采取女性退休年龄低于男性的政策,这在 20 世纪 50 年代体力劳动占绝大部分劳动岗位的情况下,对于女性无疑是一种优惠,然而在当前许多工作的收入与资历和经验直接相关的情况下,男女不同退休年龄的政策亦有再行考虑的必要。[⑫] 因此,"优惠措施"的具体实施方式有必要根据实际情况随时进行调整,而这种调整——无论是终止还是改变——亦应经过适当的程序。

就属性而言,这种程序属于立法程序或行政决策程序,其相关的细节将在第五章探讨,这里不再展开。

第八节 获得救济的权利

获得救济的权利在这里指的是现行宪法第 41 条"批评建议申诉控告检举和获得赔偿的权利"。关于这一条规范究竟在性质上属于何种基本权利,在学界有不同的归纳,如政治权利[⑬]、监督权和请求权[⑭]、监督权和获得救济的权利[⑮]、国事参与权和监督权(以及获得赔偿权)[⑯]、程序权[⑰]等——这些归纳均各有道理,这里也无意为相关争议下一定论,这里只是强调第 41 条作为基本权利在性质上的复杂性,这里将其界定为"获得救济的权利"亦只是取其一端而已。而之所以强调"获得救济的权利"(即以某种基本权利受到公权力侵害为前提的"次生权利"[⑱]),意在凸显其作为"权利的权利"的程序性,从

---

⑪ 许庆雄:《现代人权体系中平等原则之研究》(上),载《中正大学法学集刊》2002 年第 6 期。

⑫ 浦江潮:《女性退休年龄确需"审慎"研究》,载《检察日报》2011 年 3 月 2 日第 5 版。

⑬ 周叶中主编:《宪法》,北京大学出版社 2000 年版,第 267—268 页。

⑭ 董和平、韩大元、李树忠:《宪法学》,法律出版社 2000 年版,第 412—417 页。

⑮ 许崇德主编:《宪法》,中国人民大学出版社 1999 年版,第 183—184 页。

⑯ 蔡定剑:《宪法精解》(第二版),法律出版社 2006 年版,第 267 页。

⑰ 王锴:《论宪法上的程序权》,载《比较法研究》2009 年第 3 期。

⑱ 当然,"批评"和"建议"并不必然以权利受到侵害为前提,因此这里将第 41 条界定为"获得救济的权利"确实只是仅取一端而已。不过就其性质而言,"批评"和"建议"似可被视为现行宪法第 35 条(表达自由)的具体形式,相关的程序保障的讨论亦可参见本章第三节。

而与"基本权利的程序保障"的主旨相契合。[⑲]

所谓"获得救济"的程序性,指的是相关权利的实现尤其依赖制度化的正式程序,无程序则无权利的实现。以"获得赔偿的权利"为例,虽然1982年修宪时即明确了这一权利,但直到1989年的行政诉讼法才涉及国家赔偿相关程序的制度化规定,到1994年的国家赔偿法才确立了相关程序的制度体系;换言之,至少在20世纪80年代,获得国家赔偿的权利虽然有宪法依据,但实际操作中却因缺乏操作程序而难以确保该项权利制度化的实现。[⑳] 换言之,获得救济的权利同样也具有要求国家的组织与程序保障的"客观价值秩序"的一面。当然,对于立法者而言,相关救济制度的制定有着相当大的"立法形成与决定空间";但是相关制度和程序的设定须以最大限度地保障公民权利作为价值取向,并应当符合基本的正当程序要求——前者是新程序主义在制度上的典型表现,而后者与程序的关系更是自不待言。

在我国现行的制度体系中,与获得救济权相关的可以分为两部分:一是诉讼制度,如行政诉讼、国家赔偿等;二是非诉讼制度,如行政复议、信访等。以下仅就与程序保障有关的部分择要阐释。

一、诉讼制度与获得救济权的程序保障

如前所述,与这里所特指的获得救济权相关的诉讼制度主要包括行政诉讼和国家赔偿;而相关的基本法律在近年均经过了修订(行政诉讼法于2014年和2017年修正,国家赔偿法于2010年和2012年修正),相关规范的变动情况亦为观察程序保障制度提供了一个相对集中的角度。

在行政诉讼法的修正过程中,"保障当事人的诉讼权利"是一个明确的重点,[㉑] 与之相关的程序保障大致包括:(1)改善立案程序。长期以来,"立案难"是行政诉讼的一大难题,也成为当事人通过司法手段维护权利的一大障碍。2014年修正明确可以口头起诉(第50条第2款),以及明确登记立案的

---

⑲ 按照宪法第41条的表述,这里的权利是专门针对公权力而言的。当然在理论上,"获得救济"所对应的受到侵害的权利既包括私权也包括公权;但是作为私权的救济(如民事诉讼)在性质上属于"基本权利辐射间接作用"的结果,因此不在本章讨论范围内。而刑事诉讼虽然也有针对公权力的内容,但是相关的救济体现在国家赔偿的刑事司法赔偿中,因此这里也不再专门讨论刑事诉讼法的内容。

⑳ 有文献显示,在1982年修改宪法时对于该项权利的存废曾有过争议,后来是将第41条第3款中的"依照法律规定"视为一种限制,才将该项权利保留了下来,意即宪法中仅为原则性的宣示[参见蔡定剑:《宪法精解》(第二版),法律出版社2006年版,第269页]。

㉑ 信春鹰:《关于〈中华人民共和国行政诉讼法修正案(草案)〉的说明》,2013年12月23日在第十二届全国人民代表大会常务委员会第六次会议上。

相关程序（第 51 条），降低立案程序的门槛；并且在程序上明确相关责任，做到可追溯、可问责，从而改善"立案难"的状况。（2）改善证据规则，包括明确被告逾期举证的后果（第 34 条第 2 款）、增加被告补充证据的情形（第 36 条）、明确质证要求（第 43 条）。证据规则作为重要的程序制度，对于诉讼整体目标的实现有着举足轻重的意义。基于行政诉讼独特的诉讼结构，1990 年施行的行政诉讼法确立了"被告就被诉行为合法性负举证责任""不得事后取证"等原则，这都是为了保障在原行政法律关系中处于弱势地位的原告在诉讼过程中能够保持和被告同等的地位。而 2014 年修正增加并沿用的相关部分，也是这一意图的体现。（3）延长诉讼期限（第 48 条），也就是在程序上赋予当事人更充裕的准备时间。（4）增设简易程序以减少讼累（第 82 条、第 83 第、条 84 条）。但是依然有一些程序上有待改善之处，如行政诉讼与行政复议在程序上的衔接、对规范性文件的审查程序等，均还存在模糊之处，影响救济的实现。

国家赔偿法自 1994 年颁布以来，由于种种原因，实施效果存在许多问题，公民获得赔偿的权利在落实上还存在很多障碍，而 2010 年的修正在一定程度上也正是为了更好地将获得赔偿的权利落到实处。[22] 与之相关的程序改进主要体现在：（1）增加了行政赔偿义务机关在期限内未作出决定，赔偿请求人可以提起诉讼的规定（第 14 条第 1 款），以及刑事赔偿义务机关在期限内未作出决定，赔偿请求人可以提起行政复议的规定（第 24 条第 1 款）；通过增设救济渠道，避免了赔偿义务机关通过久拖不决的方式令当事人获得赔偿的权利事实上落空的可能。（2）在程序上确保当事人及时、便利地获得赔偿。如增加了要求赔偿义务机关出具注明赔偿申请书收讫日期的书面凭证的规定（第 12 条第 4 款），避免赔偿义务机关任意拖延；再如增设了赔偿协商程序（第 13 条、第 23 条），便于赔偿的落实。（3）举证责任有利于赔偿申请人。增加规定当事人在被限制人身自由期间死亡或丧失行为能力的，由赔偿义务机关承担其限制人身自由的行为与当事人死亡或丧失行为能力之间因果关系的举证责任（第 15 条）。

二、非诉讼制度与获得救济权的程序保障

在我国现行体制下，与获得救济权相关的非诉讼制度中制度化程度相对较高的包括行政复议制度和信访制度——当然，在法律关系及其规范结构上，

---

[22] 应松年：《让"国家赔偿法是不赔法"的说法从此消失》，载《政府法制》2010 年第 26 期。

这两种制度有很大的差异；不过对于获得救济而言，行政复议和信访均属于内部的救济途径，因而在程序上必须要面对"如何避免行政机关自己做自己的法官"的诘问；在这个意义上，两者亦不无可相互参照之处。

在复议程序上，行政复议法主张"非司法化"，避免烦琐的司法程序，追求程序的效率，从而实现便民的目的；[22] 但实践中这一点并未落实，"多数复议机关办理行政复议案件，以书面审查为主，文来文往，层层审批，程序繁杂且不够公开透明，行政相对人参与不够"，[24] 因此这种"非司法化"的行政复议程序是值得反思的；尤其是如果相对独立的行政复议委员会得以建立，这种委员会应当采用怎样的复议程序，是需要再行斟酌的。

《信访工作条例》第 14 条规定了信访部门负责信访具体工作，但是就其所列的各项职责来看，信访部门更多的是一个协调机构，本身并没有处理或参与处理信访事项的权力，其与法制机构在行政复议中的地位是不同的。尽管《信访工作条例》第 28 条第 3 款规定了回避制度，但在结构上，信访制度整体"自己做自己的法官"的倾向显然是更为明显的。当然，如果不将信访视作一种正式的、独立的救济制度，而是将其视为在各种正式救济制度之外查漏补缺的"兜底"方式，那么对于"不能做自己法官"的要求似乎也可以适当放宽；不过站在这样的视角上，于信访程序又凸显了两方面的要求：一方面，信访程序须与行政复议、行政诉讼、国家赔偿等救济制度实现"无缝衔接"。作为查漏补缺机制的信访，其程序的制度目标就应该是将各种信访事项准确、迅速地传递到相应的处理程序中；然而在规范层面，《信访工作条例》仅在第 28 条第 2 款规定了信访与诉讼分离的原则、在第 23 条第 1 款规定了信访受理机关应当告知信访人相关救济途径的义务，对于程序转换的具体细节缺乏规范，尤其是对于信访人相关程序性权利的保障缺乏明确的规范，这显然是不够的。另一方面，信访程序须更注重当事人对于程序公平性的主观感受。社会心理学的研究表明，在认为裁判者与对方有利害关系的情况下，纠纷当事人对于裁判者公正性的主观评价是相当低的，[25] 因此有必要在其他方面增强。一般来说，与当事人主观感受相关的主要体现为各种程序性权利，如当事人的知情权、参与权等。在《信访工作条例》中，涉及当事人知情权的主要体现为相关部门的告知义务，告知的内容包括采纳意见建议的情况

---

[22]　周婉玲：《我国行政复议组织与程序的改革》，载《法学研究》2004 年第 2 期。

[24]　《全国人民代表大会常务委员会执法检查组关于检查〈中华人民共和国行政复议法〉实施情况的报告》，2013 年 12 月 23 日在第十二届全国人民代表大会常务委员会第六次会议上。

[25]　E. g., Tyler, Tom R. "Procedural Justice Research." *Social Justice Research* 1. 1（1987）：41-65.

（第 22 条）、是否受理（第 23 条）、处理情况（第 31 条）、复查意见（第 35 条）、复核意见（第 36 条）等，同时在第 44 条第 3 项明确了未尽告知义务的法律责任。同时，《信访工作条例》还涉及了说明理由制度，包括请求合理但缺乏法律依据的"应当作出解释说明"（第 32 条）和延长办理期限的须告知延长理由（第 34 条）这两条均是对当事人知悉理由的权利的保障，可以视为知情权的一种特殊表现；但是对于理由的内容和标准没有提出明确的要求，致使实践中一些机关对此含糊其词，不能不认为是一种遗憾。而在参与权方面，一般是指当事人陈述和申辩的权利，以及陈述申辩最为正式的方式——听证。《信访工作条例》明确了信访事项的办理可以采用听证（第 13 条、第 36 条），但这里的听证均非强制性要求，并且听证的程序等具体规定也尚未明确，使得信访听证程序的标准和要求并不清晰，仍有待于进一步完善。

第五章　程序保障的制度建构

第四章从基本权利类型的角度，对于各类基本权利在程序保障方面的差异化要求进行了探讨。在此基础上，本章将聚焦程序保障的具体制度及其在我国现有制度体系中建构（或完善）的可能性。当然，在讨论具体的制度内容之前，还必须完成从"正当程序"到"程序制度"的跨越；因此本章首先需要讨论正当程序的评价标准——当然，这本身也是一个聚讼纷纭的重大学术问题，甚至可以从法学领域延伸至伦理学、社会学等领域，因此本章首先探讨并选择一个正当程序的标准体系，从而为本章其余部分的制度分析建立一个理论上的框架。在此基础上，本章将着重探讨几种常见的、涵盖面尽可能广的程序保障制度——信息公开制度、听证和参与制度、请愿制度[①]——并使其尽可能"嵌入"我国现有的制度体系中。

第一节　正当程序的标准

前文第一章第三节已经对前人在程序正义方面的理论成果进行了梳理。这里在前面所作工作的基础上，进一步关心正当程序的具体标准。

许多讨论程序正义的学者都会提出一系列判断程序是否正当的标准，并且这些学者所基于的方法论都不尽相同：如戈尔丁将他所归纳的程序正义标准归结为传统的体现；[②] 马肖基于"康德—罗尔斯"一系的自由主义政治哲学提出正当程序的尊严理论；[③] 贝勒斯以法经济学为基础分析了正当程序的各

[①] 这三者当然不可能涵盖全部的程序保障制度，而更多的是在目前制度体系中普遍存在的，同时也存在一定模糊性、需要进一步厘清的制度；同时，这三项制度也有内在的逻辑关系：信息公开是所有程序保障的前提、听证和参与是事前的程序保障、请愿则是事后的程序保障——因此，这三者也可以被视为一组有机的"制度集合"。此外，诉讼制度整体上亦可被视为一项重要的程序保障制度，不过考虑到诉讼制度在学科上已独立存在，因此这里不再专门讨论。

[②] ［美］戈尔丁：《法律哲学》，齐海滨译，生活·读书·新知三联书店1987年版，第240—241页。

[③] ［美］杰瑞·L. 马肖：《行政国的正当程序》，沈岿译，高等教育出版社2005年版，第185—238页。

个标准;④ 而汤姆·泰勒则是在社会心理学的经验研究基础上提出了相关的公平程序标准。⑤ 对于相关的方法论问题,这里不再展开,需要强调的是,尽管这些研究的方法论基础各不相同,但是研究结论却殊途同归地将正当程序的标准集中在有限的几项要求当中。⑥ 这种状况使得本章对于具体制度的讨论可以聚焦几项被普遍接受的正当程序标准,这里将具体讨论参与、平等、效率、利益冲突回避这四项标准。不过在具体考察这些标准之前,仍有必要先探讨这些标准背后具有总括性质的基础性原则,从而便于相关具体标准的展开,并进而为相关具体制度的分析与建构打下基础。

一、程序正当性的基础

本书认为,这种基础性原则可以从"人格尊严"⑦ 和"比例原则"两个方面加以考虑,前者指一切程序的正当性基础在于确保人格尊严,后者指作为手段的程序应当与作为目的的权利保障在整体上相适应——对于正当程序的标准来说,"人格尊严"是体,"比例原则"是用,两者结合形成了评价正当程序各具体标准的基础。

(一)"人格尊严"

前文第二章第二节从我国宪法规范的角度,探讨了其第 38 条前句的人格尊严作为基本权利程序保障的宪法规范基点的可能性。这里则站在更广泛的视角,探讨一般意义上"作为程序正当性基础的人格尊严"。许多关于正当程序的研究将保障人格尊严作为评价程序是否正当的标准之一,这在前文第一章至第二章均有涉及,这里不再重复。而这里的重点则在于:人格尊严可以作为统摄程序正当性诸标准的基本原则(之一);反过来说,相关的程序标准正是由于能够保障人格尊严,所以才能被视为判断程序是否正当的标准——这样,就可以使得相关论述超越前文第二章第二节的宪法解释领域,从而展开更广泛的制度建构。

---

④ 〔美〕迈克尔·D. 贝勒斯:《法律的原则——一个规范的分析》,张文显、宋金娜、朱卫国、黄文艺译,中国大百科全书出版社 1996 年版,第 32—34 页。

⑤ Tyler, What Is Procedural Justice: Criteria Used by Citizens to Assess the Fairness of Legal Procedures, *Law & Society Review* Vol. 22, No. 1, 1988.

⑥ 事实上,我国学者很早就注意到了这一点。如孙笑侠曾经对比了萨莫斯和贝勒斯的正当程序标准,指出其多有共同点或相似点。孙笑侠:《程序的法理》,商务印书馆 2005 年版,第 106 页。而如果扩大对比的对象范围,可以发现这种对于具体程序标准的"暗合"同样是存在的。

⑦ 这里所用的"人格尊严"这一概念即英语之 human dignity、德语之 Die Würde des Menschen;相关的中文文献中也作"人的尊严""人性尊严"等,这里均不作区分,统以我国宪法规范中所使用的"人格尊严"来概括。

在程序理论上对这个问题已有一定探讨，如马肖基于政治哲学的程序尊严理论;[⑧] 而在宪法理论层面，"保障人格尊严是国家公权力行使的基本要求"也已获得广泛的认同[⑨]——在这两方面的理论基础上，需要着重指出的是人格尊严与程序保障在制度层面的关联：能否有效保障人格尊严是相关程序制度能否奏效的关键，从这个意义上说，"人格尊严"可谓相关程序制度的"价值内核"。例如，各类行政听证程序的共同点在于"参与"，而这种参与的背后则是对利害相关群体主体地位的尊重（而不是将其视为实现某种目标的工具）；如果缺乏这种尊重，则无论形式上多么完备的听证程序也将沦为摆设。同时，受到尊重的当事人也会更加认同相关程序乃至公权力当局自身，从而可以令程序形成"对不利结果的缓冲效应"，这一点不仅在欧美社会得到证实，[⑩] 在我国同样也是如此。[⑪]

当然，以人格尊严作为程序的价值内核，并不意味着要将相关程序的各具体制度全部还原为对人格尊严的增减；对于制度的讨论有其独立的重要意义，这也是本章的重点。此外，社会心理学的研究发现，仅仅强调对程序的主观感受是不够的，因为有可能发生所谓"虚假意识（False Consciousness）"的情况，即人们主观上相信程序是公平的，但按照客观标准却并非如此。[⑫] 换言之，不能排除这种可能性：在设计程序时通过对相关制度细节的操弄，使得当事人感觉到自己受到了尊重，但程序实际上并未起到保障基本权利的作用，甚至对基本权利产生了破坏。因此，更具客观性和可操作性的基本原则也是必要的，本书认为，比例原则可以发挥这样的作用。

（二）"比例原则"

比例原则是公法上在讨论涉及限制基本权利的国家公权力行为是否妥当时非常常用的评判标准；一般包括三个子原则，即妥当性原则、必要性原则和狭义比例原则。[⑬] 对于"基本权利的程序保障"这一具体语境而言，这三

---

⑧ [美] 杰瑞·L. 马肖：《行政国的正当程序》沈岿译，高等教育出版社2005年版，第176页。也可参见前文第二章第二节。

⑨ 如《德国基本法》第1条第1款。

⑩ See Lind, E. Allan, and Tom R. Tyler. *The Social Psychology of Procedural Justice*. Springer Science & Business Media, 1988, p. 214.

⑪ 例如，在行政诉讼程序实施之后不久，即有调查发现当事人因为感觉到在行政诉讼程序中受到与行政机关平等的对待而增强了对体制的认同程度，"作为普通百姓的我，今天能够平等地与行政机关在法庭上辩论是非曲直……我需要的是这种感觉，有了这种感觉，即使败诉，我也心甘情愿"。夏勇主编：《走向权利的时代》，社会科学文献出版社2007年版，第566页。

⑫ Lind, E. Allan, and Tom R. Tyler. *The Social Psychology of Procedural Justice*. p. 75.

⑬ 陈新民：《德国公法学基础理论》（上、下），山东人民出版社2001年版，第368页。

个子原则可以具体表述为：程序的制度目标应当有助于基本权利的保障；程序如果不得不限制某种基本权利，那么这种限制应当是最低限度的；程序所维护的利益不应明显小于其所减损的基本权利——也就是说，"基本权利的程序保障"不仅需要那些从正面保护基本权利的程序，也需要对"限制基本权利的程序"所采取的限制，也就是一种反面的保障。需要说明的是，比例原则和正当程序原则均为公法领域的重要原则，其在实际应用中的关联性是多样的，例如，美国行政法就曾经用相当于必要性原则的"最小侵害原则"作为经济行政领域中正当程序原则的补充，[14] 以下所讨论的，也只是这种多样化关联性中的一种而已。

就妥当性原则而言，涉及公权力行使的方式与基本权利之间的关系，也就是要求国家机关的运作不可忽视基本权利的保障。这种打通宪法学传统上被视为两个部分的"国家机关"和"基本权利"之区隔的观点，即是本书整体上的出发点之一，在前文已多有论述。同时，正如前文第二章第二节所述，人格尊严可以作为统摄基本权利整体的上位概念，于是妥当性原则就可以成为连接比例原则与前述人格尊严的桥梁，从而使得这两项基础性原则形成某种有机结构。此外，一般认为妥当性原则只要求手段能部分地达成目的即可，[15] 也就是要求相关程序部分地有助于实现基本权利（乃至人格尊严）即可，这与前述"不宜将制度分析简单地还原为对人格尊严的增减"也是相通的。

就必要性原则而言，要求相关程序如何限制基本权利，且这种限制应当是最低限度的。对特定基本权利的限制是国家公权力运作的普遍样态，而这种运作同样有赖于特定的程序加以实现；因此这种"反面保障"的重要意义也就可想而知。对基本权利的"限制之限制"是基本权利保障的重要方式，[16] 这一点对于限制基本权利的程序而言也是适用的。必要性原则在大陆法系有相当广泛的应用，[17] 美国法上与之类似的"较少限制原则（Less-restrictive Alternative Principle）"也被普遍适用，[18] 显示出其在程序领域被广泛应用的可能性。而构成特定程序制度的步骤、环节、方式、关系等因素通过不同的组

---

[14]　Gug M. Struve, The Less-Restrictive Alternative Principle and Economic Due Process, 80 *Harv. L. Rev.* 1463（1967）.

[15]　陈新民：《德国公法学基础理论》（上、下），山东人民出版社 2001 年版，第 368 页。

[16]　林来梵、季彦敏：《人权保障：作为原则的意义》，载《法商研究》2005 年第 4 期。

[17]　陈新民：《德国公法学基础理论》（上、下），山东人民出版社 2001 年版，第 369—370 页。

[18]　Bastress, Robert M. "The Less Restrictive Alternative in Constitutional Adjudication: An Analysis, A Justification, and Some Criteria." *Vand. L. Rev.* 27（1974）: 971.

合，大多可以形成程度不同的多种程序可供选择，这也使得必要性原则的应用有宽广的前景。

就狭义比例原则而言，实际上是要求用利益衡量的方法，对相关程序所涉及的手段和目的进行权衡。这种权衡有时属于基本权利之间的冲突，有时属于基本权利与公共利益等因素的冲突，但对于特定程序而言，往往体现为对相关正当性标准之间的权衡与取舍。例如，在听证程序中，当事人充分的表达机会被认为是非常重要的程序正当性标准，但是如果任由当事人无休止地表达，则会影响到效率等其他标准的实现，因此有必要对相关标准进行权衡，而这就表现为对"表达"的限制。由于有些标准是主观的，有些标准是客观的，因此这种权衡还涉及主客观标准的协调，[19] 也就涉及前述对"人格尊严"这一基础性原则的补充。

如果说，人格尊严成为正当程序的基础是因为其可以作为程序正当性的价值内核，那么比例原则成为正当程序的基础则是因为其为对正当性标准的评价提供了一套能普遍应用的操作指南。这两项基础性原则一正一反，构成了程序正当性基础的完整结构。不过，这两项原则本身仍然过于抽象，对于制度的建构而言，还需要相对具体的评价标准。

二、参　与

程序的当事人能够制度化地参与程序的运作，使得当事人得以在一定限度内自己掌握自己的命运，这是当事人主体地位（而非实现某种目标的工具）的集中体现，也是前述人格尊严的重要反映，因而是正当程序相当重要的一项标准。同时，"参与决策能令人对决策程序感到满意"也得到了社会心理学的实证研究结果所支持。在我国，这一标准在宪法规范中也有一定程度的涉及：如前文第二章第二节所述，有学者结合我国现行宪法第2条第3款（人民依法管理各类公共事务）和第5条第1款（依法治国），认为这是行政听证程序乃至全部行政正当程序的宪法依据，[20] 而第2条第3款所直接体现的正是参与的要求。

在传统上针对诉讼程序的自然公正原则中，"双方的意见都要被听取"就蕴含了参与的要求（当事人在程序中有机会发表意见）。时至今日，当事人的参与已经是对诉讼程序非常重要且普遍的要求，例如，有学者这样阐述刑事诉讼程序的参与要求："那些权益可能会受到……影响的主体应有充分的机会

---

[19]　Lind, E. Allan, and Tom R. Tyler. *The Social Psychology of Procedural Justice*. p. 75.

[20]　章剑生：《论行政程序正当性的宪法规范基础——以规范实证分析为视角》，载《法学论坛》2005年第4期。

并富有意义地参与法庭裁判的制作过程，从而对……结果的形成发挥有效的影响和作用。"[21] 在正当行政程序的研究中，公众参与也是非常突出的议题；这一特点也影响到我国，以至于有学者指出，"在过去的二十多年中，中国学者……把当事人的参与作为行政程序制度建设的重点"。[22] 当然，不同类型的程序对于参与的要求是不一样的；相对而言，诉讼程序对于参与程度的要求更高一些，而行政程序（尤其是行政决策程序）则不宜一概而论，英国学者对此曾经有过反思，"过于司法化的（行政）程序显得笨重，带来拖延、费用高昂及官僚主义，而行政机关学会的只是遵守法律的文字，或以规避法律规定的方式使立法意图落空"[23] ——这里涉及程序成本的问题，则是与下文"效率"这个程序正当性标准相关的。

作为程序正当性的标准，参与有两个基本要求：一是"有序"，二是"有效"。"有序参与"是指存在利益冲突的当事人在程序中能够以和平、理性的方式表达意见、维护自身利益，即使是公开的互相对抗也能够被程序限定和控制在有限的范围内——这种限制对立面冲突的特点也是现代程序的重要特征之一。[24] "有效参与"则是指当事人的参与确实能影响程序的进行和结果的形成，并且这一点能够为当事人所感知。社会心理学的研究表明，"感受到自己的意见被充分考虑"是"意见表达"能够发挥作用的重要前提；[25] 而如果当事人感觉到"说了白说"，则参与当然也就毫无意义，甚至会令当事人对整个程序及其结果产生不信任，整个过程越是在形式上符合正当程序当事人越是不满意，也就是社会心理学所谓的"挫败效应"；此外还有必要警惕另一种可能，即通过程序的操作使得当事人主观上感觉到自己的参与发挥了作用，但客观上并非如此，这就是前面所说"虚假意识"的一种具体表现。

在"有序参与"和"有效参与"的基础上，根据程序的类型、制度化的程度以及其他因素，可以形成多种不同的参与形式。例如，在诉讼程序中，参与表现为当事人的陈述、质证、辩论等；在立法和行政决策程序中，参与表现为听证会、座谈会、公开征求意见等；在行政执法程序中，参与表现为陈述申辩、听证等。此外，公众参与和专家参与的平衡也是参与能够"有序

---

[21]　陈瑞华：《程序正义理论》，中国法制出版社 2010 年版，第 99 页。

[22]　何海波：《内部行政程序的法律规制》（下），载《交大法学》2012 年第 2 期。

[23]　[英] 卡罗尔·哈洛、理查德·罗林斯：《法律与行政》（上卷），杨伟东等译，商务印书馆 2004 年版，第 398 页。

[24]　孙笑侠：《程序的法理》，商务印书馆 2005 年版，第 30 页。

[25]　Lind，E. Allan，and Tom R. Tyler. *The Social Psychology of Procedural Justice.* p. 105.

且有效"所必须解决的重要问题——这些都涉及具体的制度设计，将在本章后续部分进一步讨论。

三、平等

前文第二章第二节讨论了我国现行宪法对平等的规范及其对基本权利程序保障的意义，前文第四章第二节讨论了作为基本权利的平等及其程序保障，这里关注的则是作为程序正当性标准的平等。当然，这几种意义上的平等在内涵上颇多一致或相通之处，因此这些内容将不再重复，这里强调的是作为标准的平等，也就是在程序设计时应当符合的平等要求。

平等作为正当程序的标准，已是由来已久。在被视为正当程序典范的"自然公正原则"中，"诉讼双方都有机会充分陈述理由"[26]就意味着要对诉讼双方平等对待。当然，如今作为正当程序标准的平等，已不限于诉讼领域，而是在更抽象的层面发挥着作用。[27]

作为程序标准的平等主要体现为一种机会平等；或者说，作为正当程序，应当保障当事人平等维护或获取自身利益的机会。当然，在不同类型的程序中，这种机会平等的具体要求也有所不同。例如，在诉讼程序中，正如前述自然公正原则所要求的那样，机会平等体现为诉讼各方均有充分的机会表达自己的意见和要求；在选举程序中，机会平等体现为"一人一票"原则，[28]即每个选民行使选举权的机会是平等的；而在行政处罚、行政许可等程序中，机会平等则是要求确保相对人（及利害关系人）在行政主体面前有平等的陈述申辩等机会。当然，当事人的情况千差万别，参加程序的能力和意愿有强有弱，"平等的机会"对于不同的当事人而言意义也是大不相同的——因此可以说，机会平等的目的在于使得当事人有机会在实质平等的条件下参加程序；尤其在当事人存在直接利益冲突的程序（如诉讼程序）中，更是要求"双方当事人在实质上相对等"。[29]这就使得"机会平等"这一标准在具体的程序中能够超越抽象理念，而更有现实针对性。

在诉讼领域，平等还引申出武器对等原则，从而生发出更加具体的制度要求。武器对等（武器平等）原则（Principle of Equality of Arms）指的是诉

[26]［英］彼得·斯坦、约翰·香德：《西方社会的法律价值》，王献平译，郑成思校，中国法制出版社2004年版，第113页。
[27]大量对于正当程序标准的研究都将"平等"作为基本的标准之一。具体可参见前文第一章第三节。
[28]对该原则及相关内容的具体介绍，参见前文第四章第二节。
[29]邱联恭：《司法之现代化与程序法》，三民书局1992年版，第269页。

讼当事人享有平等的诉讼地位，具有对等的诉讼攻击和防御手段；这是一则历史悠久的法律谚语，在制度上可以追溯到欧洲古老的司法决斗传统。[30] 如今，武器对等原则作为正当诉讼程序的组成部分，已经在《欧洲人权公约》等文件中有成文的明确要求。[31] 与之相关的包括被告对质诘问权、被告受辩护人协助权等，[32] 均是针对诉讼程序的具体制度要求。而从更抽象的层面来看，武器对等原则实际上也是前述实质平等要求在诉讼程序中的体现。

同时，作为程序标准的平等意味着程序中对当事人或相关方的平等对待，这实际上是对程序中权力主体的一种约束。如前所述，制度化的程序往往有权力的一席之地，而程序的正当性从某种意义上来说也可以理解为对其中权力的约束，使其既能发挥作用又不至被滥用。就平等而言，就是要求程序中的权力主体不得恣意对待当事人，其具体内容与作为基本权利的平等是一致的；也正是因为如此，可以将作为程序标准的平等视为一种"程序基本权"，也就是当事人对于相关权力主体的一种要求。

最后需要指出的是，公法中的平等在作为一种原则时，被认为具有"反射各种权利的效果"，[33] 也就是可以与其他的具体权利结合从而形成"平等的某某权"。就这里所涉及的程序正当性标准而言，参与的平等、效率的平等（对各方当事人而言均有效率）、利益冲突回避的平等，均是各自的题中应有之义；这也反映出各标准并非绝对地泾渭分明，而是存在某些形式的交融与互相支持。

四、效率

效率（Efficiency）是经济学的核心概念之一，当然经济学对这个概念也存在多种界定，而对于制度的经济分析多采用卡尔多－希克斯效率，[34] 即受益者的收益大于受损者的损失、并且存在补偿的可能性。需要说明的是，作为程序正当性标准的效率所关注的是程序本身的效率，而并非（如部分法经济学研究所关注的）程序运作的结果对社会经济所产生影响的效率；换言之，程序的效率关心的是程序本身，而非程序能够实现的实体目标。这类似于富

---

[30]　徐昕：《司法决斗考》，载《法制与社会发展》2007 年第 1 期。

[31]　Toma, Elisa. "The Principle of Equality of Arms-Part of the Right to a Fair Trial." *Union of Jurists of Romania. Law Review* 1.3（2011）.

[32]　许玉秀：《论正当法律程序原则》，军法专刊社 2011 年版，第 157 页。

[33]　许庆雄：《现代人权体系中平等原则之研究》（上），载《中正大学法学集刊》2002 年第 1 期（总第 6 期）。

[34]　［美］理查德·A. 波斯纳：《法律的经济分析》（上），蒋兆康译，中国大百科全书出版社 1997 年版，第 16 页。

勒所区分的法律的内在道德和外在道德,㉟ 而程序的效率就相当于前者。事实上，前述萨默斯区分程序的"好结果效应"和"程序价值"、㊱贝勒斯提出的"程序利益"㊲等，均是关心程序本身——可以说，将程序本身与程序可能的结果相区分，是程序正当性研究的基本前提。

一般认为，法律关注公正、经济关注效率，而公正与效率之间存在一定的张力——在某种意义上，这种认识是正确的。但同时也要看到，效率也是法律本身的重要价值，对于正当程序来说也是如此。在对于程序一般理论的研究中即有运用经济学方法的例子，如前述贝勒斯所提出的"程序利益"就可以被视为针对法律程序的具体效率，而他在此基础上提出的正当程序一般标准，包括和平、自愿、参与、公平、可理解、及时和止争等，也均是以经济学意义上的效率为基础的。㊳ 其他对于程序标准的研究，虽然并非以效率为基础，但若干标准确能从效率的角度加以理解。例如，萨默斯的"程序价值"之一为"及时性与终局性"，㊴ 即可以理解为要求程序不能久拖不决进而无限制地耗费当事人的成本；富勒提出的法律应当颁布、原则上不应溯及既往、法律内容应当清晰明白等"法律的内在道德"，㊵ 也可以视为减少当事人为获知法律（行为规范）而付出的成本的要求；马肖提出的程序的可预见性，㊶ 在一定程度上也可以理解为成本的可预见性——当然，以上并非意图将所有（或大部分）正当程序的标准都还原为效率问题，而是强调效率对于正当程序而言的重要意义。

大致而言，站在效率的角度，程序的正当性至少需要考虑以下几个方面：第一是各类直接或间接费用。这既包括当事人投入的费用，也包括程序中的权力主体投入的费用（即各类社会资源）；既包括特定程序总体所耗费用的规模，也包括相关费用在各程序主体中的分配方式。一般来说，同等情况下总

㉟ ［美］富勒：《法律的道德性》，郑戈译，商务印书馆 2005 年版，第 177 页。

㊱ R. S. Summers, Evaluating and Improving Legal Processes-A Plea for "Process Values" *Cornell Law Review* 1974 Vol. 60，No. 1.

㊲ ［美］迈克尔·D. 贝勒斯：《法律的原则——一个规范的分析》，张文显、宋金娜、朱卫国、黄文艺译，中国大百科全书出版社 1996 年版，第 44—86 页。

㊳ ［美］迈克尔·D. 贝勒斯：《法律的原则——一个规范的分析》，张文显、宋金娜、朱卫国、黄文艺译，中国大百科全书出版社 1996 年版，第 44—86 页。

㊴ R. S. Summers, Evaluating and Improving Legal Processes-A Plea for "Process Values". 目前社会公众已非常熟悉的法谚"迟来的正义并非正义"，也是与之相关的。

㊵ ［美］富勒：《法律的道德性》，郑戈译，商务印书馆 2005 年版，第 59—77 页。

㊶ Jerry L. Mashaw, Administrative Due Process：The Quest For A Dignity Theory, *Boston University Law Review* ，Vol. 161.

体费用越低越好，这是没什么争议的；因此重点就在于费用的合理分配：例如诉讼成本如果均由当事人承担，那么势必会因为诉讼费用过高而令相当数量的纠纷当事人无法承受；而如果成本均由国家负担，则可能因为诉讼费用过低而造成"诉讼爆炸"，不合理地增加司法机关的负担。第二是时间。在某种意义上，可以将时间也视为类似于费用的、程序成本的一种。所谓"迟到的正义并非正义"，对于程序而言也是如此。与当事人间的费用分配相比，当事人间的时间分配更强调对等；这是因为不对等的时间虽然也可以进行卡尔多-希克斯效率意义上的补偿，但毕竟不如费用的补偿那样简洁明了，而时间成本的对等分配，在很大程度上也成为"效率的平等"的象征。第三是实现程序目标的能力。如果说费用和时间都属于程序的成本，那么程序实现其目标的能力就属于程序的收益。费用和时间都并非越少越好，因为任何程序目标（如调查事实、达成协议等）的实现都需要一定的费用及时间；因此这三者的综合考量、合理搭配，才是程序效率评价的关键。

最后，基于效率的程序标准，还涉及利益衡量的问题。在美国 1970 年的高德堡诉凯利案[42]中，法院提出"……程序的正当程度，受当事人'被认定遭受重大损害'之程度的影响，以及其避免该损害的利益……"；而 1976 年的马修斯诉艾德里奇案[43]进一步提出了相对体系化的利益衡量方案，即对于程序正当性的评价要综合三种利益：私人利益、风险利益和政府利益。从这些利益均衡的方案中，也可以看到作为程序正当性标准的"效率"与前述比例原则的密切关联。

五、利益冲突回避

利益冲突回避也就是自然公正中"任何人都不得做自己的法官"原则，是一项古老且重要的正当程序标准，也是"看得见的公正"的重要表现。[44]与前面三项标准相比，利益冲突回避在一般程序理论中较少被提到，这或许是因为这项标准很少疑义、在理论上无须过多阐释。不过，这项标准并不能完全为前述三项标准所涵盖，并且几乎涉及所有与基本权利相关的程序，因此这里仍然将其作为一项独立的程序正当性标准提出。

---

[42] Goldberg v. Kelly, 397 U. S. 254 (1970).

[43] Mathews v. Eldridge, 424 U. S. 319 (1976).

[44] 在英国 1924 年的"国王诉苏塞克斯法官案"中，涉及一名与诉讼结果有利害关系的兼职法庭职员参与案件讨论的情况，对此休厄特大法官指出："公平必须公开地……被人们所能够看见的情况下实现"。参见［英］彼得·斯坦、约翰·香德：《西方社会的法律价值》，王献平译，中国法制出版社 2004 年版，第 112 页。

"任何人都不得做自己的法官"是针对诉讼程序,即要求法官(及其他能影响案件结果的人)不能与案件结果有利害关系;不过这项要求显然也可以应用于其他的程序,如在行政执法程序中,执法者不能与执法结果有利害关系等。当然,在不同类型的程序和不同的具体情况中,对于"利害关系"的界定标准存在区别;不过就本质而言,利益冲突回避和前述三项其他标准一样,实际上是对程序中权力主体的一种约束,因此亦可对应于相应的权利,即利害相关人要求回避的权利以及与之有关的其他权利(如要求相关信息披露的权利等)。

不过与单纯执行规则的程序相比,制定规则的程序(如立法和行政决策程序)相对而言在利益冲突回避上面临更复杂的情况:由于立法和行政决策针对的是不特定对象,并且立法者(决策者)自身也负有服从法律(决策)的义务,所以绝对化的"没有利害关系"是不可能的。当然,在理论上可以主张立法者或决策者不能与立法或决策结果有"不适当"的利害关系,但在实践中如何界定"不适当"亦是一大问题。同时,某些明显不适当的利害关系是由于结构性的原因,如行政立法程序中的部门利益,即主导行政立法的部门会试图通过立法实现本部门的利益,而这种状况的背后则是立法越来越涉及高度专业性的问题、立法机关(部门)专业力量不足、专业人士与政府部门利益高度一致等结构性因素,[45] 因此抽象地要求"避免部门利益"无济于事,而应当有针对性地在制度层面采取措施,其中也包括程序性措施如增强立法过程透明度、引入第三方专业力量等。

第二节 信息公开制度

在某种意义上,可以认为信息公开制度是对知情权(right to know)在制度上的保障。我国现行宪法虽然不像德国基本法第 5 条[46]或《世界人权宣言》第 19 条[47]那样将知情权列为一项专门的基本权利;但是正如前文第四章所述,许多基本权利的程序保障都涉及对知情权的保障。这在很大程度上是因为,及时、准确地获取信息是人们作出理性判断的前提,而程序主体的理性判断则是"正当程序"能够发挥作用的基础;换言之,信息公开制度在基本权利

---

[45] 汪全胜:《行政立法的"部门利益"倾向及制度防范》,载《中国行政管理》2002 年第 5 期。

[46] "(公民有)自一般公开之来源接受知识而不受阻碍之权利"。

[47] "寻求、接受以及传达信息和思想的自由"。

程序保障的一系列制度中，居于前导地位。正如知情权本身具有双重属性——知情权首先被认为属于表达自由，具有自由权那种"不受国家干涉"的消极属性，即公民获取信息的自由不受国家阻碍或干扰；但同时知情权也具有积极属性，即"可积极地要求政府信息等公开的权利……具有要求国家实施一定措施的国务请求权和社会权（由国家给予的自由）的性质"⑱——那样，信息公开制度也可以分为"避免国家干涉（降低限制门槛）"和"国家主动提供"这两个层面。以下围绕这两个层面，首先一般性地探讨当今世界具有典型意义的信息公开制度，然后在我国现有的相关规范体系框架内探讨我国相关制度的改善。

一、信息公开制度的一般程序框架

与全书的主旨相一致，这里对于信息公开制度的一般性探讨仍将围绕"正当程序"和"基本权利"两个要点展开。从比较法的角度，各国对于信息公开制度的专门规定主要集中于政府信息公开和司法公开这两个领域，而议会相关信息的公开则主要散见在议事规则和相关的组织程序中，以下分别考察。

（一）议会信息公开

议会信息公开即议会公开，其根源于代议制的基本结构：代议士由选民选举产生、代议士对选民负责，则代议士在议会中活动的相关信息自应向选民公开。在早期，代议士和选民的关系被认为是一种委托关系，即代议士受选民的委托行事，并且选民"每一个人都以个人的身份对共同的代表授权"；⑲这种情况下，代议士只是选民的"传声筒"，其一举一动自应严格受选民监督，而相关信息的公开也就是题中应有之义。随着代议制的发展，"委托说"出现种种问题，随之兴起"独立说"，即代议士在政治上忠于选民、对选民负责，但对于职权范围内的具体事务则有权自行判断，代议士"应该有坚持按照他根据自己的判断认为是最好的那样去行动的充分自由"；⑳但即便如此，代议士的相关信息向选民公开，这依然是代议士在政治上向选民负责的基础性要求。

议会公开在议会不同职权的履行过程中有不同的表现。如立法的公开、

---

⑱　［日］芦部信喜：《宪法》（第三版），［日］高桥和之增订，林来梵、凌维慈、龙绚丽译，北京大学出版社 2006 年版，第 153 页。

⑲　［英］霍布斯：《利维坦》，黎思复、黎延弼译，商务印书馆 1985 年版，第 122—126 页。

⑳　［英］J. S. 密尔：《代议制政府》，汪瑄译，商务印书馆 1982 年版，第 179 页。

监督的公开等。从程序的角度，议会公开主要包括三个方面：（1）议事公开。议事公开是近代议会制度中的基本原则，起源于法国议会，目前为各国议会所普遍承认。议事公开既要求议会主动公开会议记录（以及其他的相关材料和文件），也要求针对议事的旁听自由和报道自由。[51] 议事公开是民众争取知情权和监督权的结果；同时也是代议士展现"为民请命"从而获得选民好感和支持的重要渠道，对于那些难以通过立法等手段获得选民支持的在野代议士而言尤其如此。不过，议事公开也有例外。例如，英国下院议事规则规定，应政府要求或一定数量议员的提议、经表决通过，可以举行秘密会议。秘密会议拒绝议员之外的人旁听或报道，会议记录也不对外发布。[52]（2）调查公开。调查是议会在议事活动之外获取信息的重要手段和采取进一步措施的前提，而调查活动本身也在一定程度上起到了信息公开的作用。其中最典型的就是听证这种"绝大部分都处于强弧光灯的照射和全国的瞩目之下"[53] 的程序，而其他程序也通过院会公报、新闻媒体等渠道向社会公开。调查公开也会促进社会对议会工作的关注及其参与，例如，1991 年被提名为美国联邦最高法院大法官的克拉伦斯·托马斯就在参议院考虑其提名的过程中，被媒体曝光其曾经于十年前对女下属进行性骚扰。参议院司法委员会随即连续三天对其进行了两次提名听证会，受到全美的广泛关注，在公众中引起了巨大反响。[54] 如果没有调查信息的公开，这种程度的议会监督是无法存在的。（3）表决公开。在理论上，代议士代表人民行使权力，尽管其所代表的仅仅是相关的选民，和全体人民存在不同看法，但代议士行使权力的基本方式（表决）都应当向社会公开，以便使选民或全体人民知悉其所为。因此，许多国家的议会表决程序是公开的。如法国议会在表决针对政府的不信任案时，要求赞成不信任案的议员上台投票，其他没有上台的议员，包括缺席和弃权者，都被视为支持政府；[55] 在日本，议会全体会议的表决多采用起立、咨询有无异议和记名投票三种方式，其中以起立表决最为常见，[56] 这三种方式显然都是公开表决；英国下院的立法表决采用一种"分门表决"的公开表决方式，

---

[51] 董璠舆：《外国议会议事规则》，中国政法大学出版社 1993 年版，第 122 页。

[52] 刘建飞、刘启云、朱艳圣编著：《英国议会》，华夏出版社 2002 年版，第 100 页。

[53] Laurence H. Tribe, *American Constitutional Law*, 3rd ed., Vol. 1, New York: Foundation Press, 2000., 3rd ed, Vol 1, p. 791.

[54] Jan Crawford Greenburg, Clarence Thomas: *A Silent Justice Speaks Out* (Part Ⅵ: Becoming a Judge-and Perhaps a Justice), ABC News, Sept. 30, 2007.

[55] 许振洲编著：《法国议会》，华夏出版社 2002 年版，第 222 页。

[56] 董璠舆：《外国议会议事规则》，中国政法大学出版社 1993 年版，第 292 页。

在议会大厅外设"赞成门"和"反对门"，表决时议员根据自己的决定选择其中之一进入，两门分设记录员逐一登记。[57]

（二）政府信息公开

一般认为，政府信息公开的专门制度起源于瑞典 1776 年制定的关于著述与出版自由的宪法性法律，不过直到 20 世纪后半叶才真正引起世界各国的广泛关注，而政府信息公开制度体系化的典型当属美国 1966 年制定的《信息自由法》以及其后制定的《阳光下的政府法》等相关法律。正如美国在制定《信息自由法》时所宣称的那样，秘密的政府对于任何人都没有好处，它伤害了试图获得服务的公众，也伤害了政府的尊严及功能，它令公众产生怀疑，挫伤公众的热诚，并愚弄他们的忠贞，政府信息公开的必要性目前在一定程度上已经形成了共识。同时，由于政府职权的多样化、广泛化，政府信息公开的相关程序和制度也是最为复杂和体系化的。

在政府信息公开的程序架构中，作为基石的是"以公开为原则、保密为例外"的基本原则，各国对此大多有明确的规定，如日本《信息公开法》第 5 条规定，"有公开请求的，除被请求的行政文件中记载有下列各项信息……的，行政机关首长应向请求人公开该行政文件"；芬兰《官方文件公开法》第 1 条规定，"除本法或其他法律另有规定外，官方文件必须公开"。[58] 在明确了信息公开的范围后，相关程序按照主动公开和依申请公开的不同模式展开。

政府信息主动公开的程序相对比较简单，在明确了公开信息的范围之后，主要便是对公开方式的规定。如美国《信息自由法》规定了主动公开的两种方式：一是在联邦登记簿公布、供公众查阅；二是政府建立信息出版物、使公众可以通过公开渠道购买到政府文件。[59] 此外，通过网络渠道进行公开也是当前常见的政府信息主动公开方式。

依申请公开则包括了"申请—公开"的二阶段程序模式，相对较为复杂，但也更有针对性。值得一提的是，世界上大多数国家兼采主动公开和依申请

---

⑤⑦　刘建飞、刘启云、朱艳圣编著：《英国议会》，华夏出版社 2002 年版，第 106—107 页。

⑤⑧　当然，这样的规定只是原则性的宣示。在技术上真正重要的是对"保密的例外"的界定，这成为相关法律的重要内容。如英国的《信息公开法》设定了 23 条豁免政府信息公开义务的事由，其中又分为"绝对豁免"（任何情况下均不予公开）和"相对豁免"（当豁免公开所保护的公共利益大于公开的公共利益时，不予公开）；美国的《信息自由法》设定了 9 项免于公开的例外（"911"事件后新增"重大公共建设信息"这一例外，目前为 10 项例外）；日本《信息公开法》区分了"为保护第三人信息而不公开"和"信息本身有保密必要而不公开"两种情况。有学者将这些不予公开的例外信息概括为三类，即公共利益例外信息、私人利益例外信息和行政特权例外信息。参见张明杰：《开放的政府——政府信息公开法律制度研究》，中国政法大学出版社 2003 年版，第 148 页。

⑤⑨　王名扬：《美国行政法》，中国法制出版社 2005 年版，第 958—966 页。

公开两种方式，也有奥地利、日本、韩国等国家主要采用依申请公开的方式，⑥ 可见依申请公开的普遍性。大致而言，依申请公开的程序环节包括：（1）申请人提出申请。世界各国主要采用书面申请的方式，这种方式更为严谨，也便于操作和回溯。（2）被申请机关受理后的审查。这在程序上主要涉及审查时限的问题。一般来说，时限越短对申请人越有利，不过也要考虑行政机关工作负担和工作效率等因素。在这方面，各国的设定并不一致，如美国是 10 天、日本是 30 天、韩国是 15 天等。此外，还有一个基本的程序要求是，如果被申请机关能当天答复的，就应当天答复。（3）被申请机关的审查决定。审查决定包括决定公开（部分公开）和决定不公开。在程序上，决定公开的信息须明确公开的方式应便于当事人及时获取；决定不公开的信息应当要说明不公开的理由。（4）申请人的救济。申请人如果对被申请机关的决定不服，在程序上应当有救济渠道。一般而言，通常的行政救济渠道（如行政复议、行政诉讼）在这里也是适用的；此外，有些国家还会设置专门的救济渠道，如日本的《信息公开法》专门设立的信息公开审查委员会制度等。

（三）司法信息公开

司法信息公开又称司法公开，其理念起源于启蒙运动之后的欧洲。18 世纪意大利的贝卡利亚在《论犯罪与刑罚》中首次提出"审判应当公开，犯罪的证据应当公开，以便使或许是社会唯一制约手段的舆论能够约束强力和欲望"⑥ ——正如贝卡利亚所指出的，司法公开的内容首先就是公开审判，这是相对于中世纪所盛行的秘密审判而言的。在历史上，秘密审判和公开审判几经反复，这种反复与国家和社会环境的整体变化密不可分；正如有学者所指出的，"诉讼和审判的公开程度历来与社会、司法的民主化、文明化程度同步，司法审判的民主化程度越高，诉讼的开放性程度也越高"。⑥ 将司法公开的要求制度化的，首先是美国宪法；美国 1791 年宪法第六修正案规定，刑事诉讼的被告应当"由……公正陪审团予以迅速而公开的审判"。在 19 世纪，法国、德国、日本等国相继确认了该原则。经历过"二战"之后，1948 年的《世界人权宣言》第 10 条明确，"人人完全平等地有权由一个独立而无偏倚的法庭进行公正的和公开的审讯"，从此审判公开成为国际人权法的普遍要求。此外，WTO 规则对民事司法的透明度也提出了明确的要求，包括公开法律法

---

⑥　张明杰：《开放的政府——政府信息公开法律制度研究》，中国政法大学出版社 2003 年版，第 168 页。

⑥　[意] 贝卡利亚：《论犯罪与刑罚》，黄风译，中国法制出版社 2002 年版，第 23 页。

⑥　柴发邦：《体制改革与完善诉讼制度》，中国人民公安大学出版社 1991 年版，第 194 页。

规及有关规定、公开裁判文书等⑥——总之，司法公开已经成为覆盖各种诉讼类型的、既包括各国司法制度又包括国际法要求的具有普遍性的司法原则；这既是对公众知情权的保障，同时也是对司法权的约束，正如美国联邦最高法院大法官布雷耶所说，"司法程序……是公开透明的，公众可以通过评估法官判决结果，遏制滥用倾向"。⑥

历史上，围绕司法公开的斗争首先是从刑事司法领域开始的，因此刑事司法公开是司法公开最为传统的要求。在许多国家，司法公开已经作为刑事正当程序的一部分被写入了宪法。除前述美国宪法第六修正案外，还有日本国宪法第 37 条第 1 项、加拿大宪法第 11 条第 4 项等。当然，随着时代的发展，司法公开原则早已扩展到了民事司法及其他司法领域。

如前所述，司法公开的重要内容之一是审判公开，各国的诉讼制度大多对此有明确的规定。就程序而言，审判公开包含两个基本要素：一是公开的具体方式和程度；二是不予公开的例外情形。尽管各国普遍承认审判公开的原则，但是就公开的具体方式和程度而言，各国的做法存在一定的差异。例如在英国，新闻媒体可以进入公开庭审的法庭，直接报道庭审情况；⑥ 而在美国，法庭不允许新闻媒体在庭审期间在法庭内摄影或广播，联邦最高法院在庭审时专设两名画师在旁听席作速写，以供各新闻媒体发表；⑥ 法国则原则上不允许在庭审中使用任何录音、录像或照相设施，但经审判长允许后可以在其监督下使用录音设施。⑥ 至于不予公开的例外情形，则各国的规定大体一致，其例外多集中于国家秘密、个人隐私、未成年人保护等领域；同时，合议庭的合议过程通常也是不公开的；此外，也有一些较为特殊的规定，如英国规定儿童除作证外不得旁听审判。⑥

除了审判公开，司法公开的范围在制度上受较多关注的还包括宣判的公开和证据的公开，后者主要规定在证据规则中。法官个人信息的公开也是司法公开的组成部分，这主要是为了让法官与特定案件可能的利害关系能够及时被发现和避免；此外，在美国，法官个人的意见以多数意见、少数意见、协同意见等形式出现在判决书中，这就使得法官个人的法律观点（以及与此

---

⑥ 江伟、王景琦：《WTO 协议与中国民事司法制度的完善》，载《中国法学》2001 年第 1 期。

⑥ ［美］斯蒂芬·布雷耶：《法官能为民主做什么》，何帆译，法律出版社 2012 年版，第 13—14 页。

⑥ 王运生、严军兴：《英国刑事司法与替刑制度》，中国法制出版社 1999 年版，第 47 页。

⑥ 程味秋、周士敏：《论审判公开》，载《中国法学》1998 年第 3 期。

⑥ 余叔通、谢朝华译：《法国刑事诉讼法典》，中国政法大学出版社 1997 年版，第 123 页。

⑥ 程味秋、周士敏：《论审判公开》，载《中国法学》1998 年第 3 期。

相关的政治倾向）也是公开的，成为法官个人信息的一部分，不过也有许多国家并不公开法官对于案件的个人意见，而是倾向于只向外界传达合议庭的整体意见。

二、我国信息公开制度及其完善

我国的信息公开在制度上亦可分为权力机关的信息公开（议会信息公开）、政府信息公开和司法信息公开这三部分。我国现有的相关法律制度基本均在原则上肯认了信息公开这一原则，不过在具体制度上，还存在许多可进一步完善之处。

（一）权力机关的信息公开

我国的权力机关——全国人大和地方各级人大——的信息公开在制度上并无集中的规定；但在现有的制度框架中，仍不乏信息公开的规范要求。概括而言，主要针对以下几方面的信息：（1）与选举和人大代表相关的信息。如选举法第 28 条"选民名单的公布"、第 34 条"介绍候选人情况"、第 46 条"选举结果的公布"；代表法第 45 条"人大代表应当充分联系群众"、第 50 条"人大代表资格终止的公告"等。（2）与人大组织自身运作相关的信息。如全国人大组织法第 9 条"每届人大第一次会议前公布代表名单"等，地方组织法也有类似的要求。（3）与人大立法工作相关的信息。这主要体现在立法法中。立法法第 6 条明确了"立法公开原则"，在此原则之下，具体包括第 28 条和第 47 条"法律的公布"、第 40 条"法律草案的公布"、第 56 条"立法规划和立法计划的公布"、第 88 条"地方性法规、自治条例和单行条例的公布"、第 113 条"备案审查情况的公开"等。（4）与人大其他工作相关的信息。如监督法第 7 条"监督情况的公开"、第 8 条"听取专项工作报告的年度计划公布"、第 14 条"对专项工作报告审议意见的公布"、第 23 条"执法检查工作计划的公布"等。

就现有的规范而言，我国权力机关信息公开的制度存在以下不足：（1）缺乏体系性、整体性的要求。如前所述，与我国权力机关相关的信息公开规定散见于各法律中，并无体系性的框架，也没有统一的原则加以统摄。（2）程序方面存在缺失。就现有的信息公开规范而言，在程序方面的缺失主要体现在两方面：第一，缺乏依申请公开的渠道。目前所有的信息公开要求都是权力机关（或相关机关）依职权主动公开的，这当然是有其必要性，但是现有的规范在具体的公开范围、公开途径、公开时限、公开程度等方面缺乏明确的要求，因此主动公开的信息未必能充分满足社会的需求。因此，参考政府信息公开制度，建立依申请公开的正式渠道，也是非常必要的。第二，有关部门应公开而不公开的法律责任不够明确，这就使得具体的部门在公开信息时所受法律约束不足，影响了法定应公开信息的实际公开效果。（3）实体方面，对于部分重要的信息未作公开要求。就现有的规范来看，一些重要的、并且也应当公开的信息还没有被纳入法定公开的要求，或是相关法条语焉不详。如前述代表法规定人大代表应当充分联系群众，但是人大代表的基本联系信息却缺乏公开的渠道获得，影响了代表法这一规定的真正实现。再如前述全国人大组织法要求公开举行会议，但是否允许公众入内旁听、是否可以公布会议记录？这些在制度上都不够明确。

相应地，权力机关信息公开制度的完善，也可以基于上述三个方面展开：（1）建立体系化的、完整的权力机关信息公开制度框架。比较理想的方式，是参考《政府信息公开条例》的模式制定权力机关信息公开的单行法。如果暂时无法实现，在体系化方面也应当做到：第一，在各相关法律中，确立"以公开为原则、不公开为例外"的权力机关信息公开基本原则；第二，对于相关信息的公开，应当明确具体的制度要求；第三，应当明确不予公开的具体情形，设置权力机关信息公开的"负面清单"。（2）完善权力机关信息公开的程序机制。建立依申请公开的具体制度；信息公开的程序要素，包括公开范围、公开途径、公开时限、公开程度等，应进一步明确；明确有关部门应公开而不公开的法律责任。（3）明确部分信息应当公开。如人大代表的联系方式、公开举行的人大会议的会议纪要等。同时，这应当是一个在前述信息公开基本原则之下、逐渐扩大相关公开领域的动态过程。

（二）政府信息公开

2007年，国务院发布《政府信息公开条例》（以下简称《条例》），对政府信息公开制度作了体系化的规定；2008年，国务院办公厅发布了《关于施行〈中华人民共和国政府信息公开条例〉若干问题的意见》，对政府信息公开制度中的一些问题作了更细致的规定；2011年，中共中央办公厅、国务院办公厅又联合印发了《关于深化政务公开加强政务服务的意见》；2019年，国务院修订了《政府信息公开条例》。与中央行政立法几乎同时，北京、上海、河北、安徽、陕西、辽宁、浙江等省市以及武汉、杭州、宁波、贵阳、海口等地级市均先后公布了政府（政务）信息公开的规范性文件。可以说，到目前为止，我国的政府信息公开制度已经形成了以《条例》为基干、由行政法规和部分地方的规范性文件所组成的制度体系。

在公开程序上，《条例》和前述许多国家一样，采用了主动公开和依申请公开的二元模式：对于主动公开，《条例》明确了信息公开的责任主体、公开的方式，规定了信息公开主体编制、公开、更新信息公开目录的责任，并且作了"20个工作日内公开"的期限要求。对于依申请公开，《条例》明确了申请信息的范围、申请的方式、答复期限、答复方式，以及一些具体细节，如申请公开的信息中有不应公开的内容但可以分离的，应当将相关内容分离出来后提供。此外，行政诉讼法第82条第1款第3项规定，政府信息公开的案件可以适用（但并非"应当适用"）简易程序，这也是对于信息公开制度救济途径的专门程序规定。与中央层面的程序框架相比，各地在政府（政务）信息公开方面也作了更多的探索，形成了一些值得注意的做法。例如，湖南省2011年建成网上政务服务和电子监察系统，实现对政务服务的集中管理和实时监察等；四川省2012年加快行政权力公开透明运行平台建设，对省级部门的行政权力清理结果予以公示，并在市、县政府启动行政权力公开透明运行试点。不过，地方上的尝试大多还处于制度化程度较弱的阶段，许多做法也发生过反复。

如果以《条例》的颁布作为标志，那么我国政府信息公开制度的整体性建立已经有十多年的时间；但是就制度本身而言，不能不说还存在着一定的缺陷：（1）《条例》作为行政法规，存在与上位法相冲突的可能性，从而影响了《条例》的实施效果。在《条例》的上位法中，保密法与之相冲突的可能性是最大的；如保密法并未明确定密权的主体，这就使得行政机关几乎都有定密权，而这就可能与《条例》对于行政机关公开信息的责任相冲突。（2）对于不予公开的标准缺乏进一步细致化的机制。和许多国家一样，《条例》也明确了不予公开的标准，即国家秘密、商业秘密和个人隐私（第14条、第15条）；但这几项标准均过于抽象，在现实中其认定的过程全部掌握在行政机关手中，对于公众知情权的实现显然是不利的。

政府信息公开制度的完善，既包括规范本身的完善，也包括相关执法制度、思想意识等方面的完善。就规范本身而言，以《条例》为基础，对应前述缺陷，相关的完善措施也可以概括为以下几点：（1）提升《条例》的法律位阶，改由全国人大制定政府信息公开法，令其与保密法平级，使这两部法律在平等的位阶上互相参照、援引。（2）对于现有规范中不予公开的标准——国家秘密、商业秘密和个人隐私——首先在规范上进一步细化，增强其明确性；其次建立由中立机构进行判断的机制，避免行政机关"自己做自己的法官"。（3）对于公共利益相关的政府信息，应适当放宽申请人的范围。

（三）司法信息公开

和世界许多国家一样，司法信息公开在我国首先指的是审判公开。这一点在现行宪法第 130 条已有所明确；在三大诉讼法中也作为各自的原则被确立。当然，这里的审判公开主要指的是庭审过程的公开，而随着司法改革的深入，司法信息公开的范围也逐步扩大。1999 年的《人民法院五年改革纲要（1999—2003）》提出了"公开裁判文书"的内容，并强调要"公开裁判理由"；2005 年的《人民法院第二个五年改革纲要（2004—2008）》首次提出"司法公开"一语，其含义显然较"审判公开"更为扩大；2007 年最高人民法院发布的《关于加强人民法院审判公开工作的若干意见》提出了"依法公开、及时公开、全面公开"的信息公开三原则；2009 年的《人民法院第三个五年改革纲要（2009—2013）》则提出了"庭审公开"、"执行公开"、"听证公开"和"裁判文书公开"四个方面作为"司法公开"的具体内容；同一年最高人民法院发布的《关于司法公开的六项规定》则将司法公开的具体内容进一步明确为立案、庭审、执行、听证、文书和审务六个方面——当然，以上都是指法院相关信息的公开。在党的十八大后，司法公开的范围进一步扩大到其他司法机关（以及相关的行政机关）：十八届三中全会通过的《中共中央关于全面深化改革若干重大问题的决定》将"审判公开"和"检务公开"并提，明确了检察院的工作同样在司法信息公开的范围内；十八届四中全会通过的《中共中央关于全面推进依法治国若干重大问题的决定》提出了审判公开、检务公开、警务公开和狱务公开四项内容，成为目前我国司法公开最全面的范围。

显然，和前述世界上大多数地方的司法信息公开仅指法院信息公开相比，我国的司法信息公开涉及法院、检察院、公安和监所四个机构，这种复杂性几乎是独一无二的；与前述权力机关信息公开只涉及人大、政府信息公开只涉及行政机关相比，我国的司法信息公开基本上是四个方面各自推进的，因此也是我国信息公开制度中最为复杂的一部分。可以说，我国的司法信息公开，实际上是前述四家机构在"司法公开"名义下各自开展的工作；并且除了审判公开以外，其他信息的公开还具有很强的政策性，因此从制度化的角度看其存在的问题也是类似的。以下以最高人民法院推进的"裁判文书公开"为例，分析其制度化方面的特点及存在的问题。

如前所述，早在 2009 年的《人民法院第三个五年改革纲要（2009—2013）》中，最高人民法院就提出了裁判文书公开的要求，并相应地提出"研究建立裁判文书网上发布制度"作为裁判文书公开的制度载体。2013 年 7 月 1 日，全国统一的裁判文书网上公开平台——裁判文书网正式上线，最高人民法院同年即出台了《关于在中国裁判文书网站平台公布的裁判文书的格式要

求及技术处理规范》，不过该文件更多的是技术指引而非制度要求。2013 年
11 月颁布、2014 年 1 月开始实施的《最高人民法院关于人民法院在互联网公
布裁判文书的规定》集中体现了裁判文书上网的制度要求，包括裁判文书公
布的原则、机构职责、范围、隐私保障、工作流程、监督指导等；2016 年，
这一规定又经过修订，许多制度要求进一步细化和明确化。相应地，裁判文
书网的建设也取得了长足的进步：截至 2022 年 5 月，裁判文书网显示，其收
录的裁判文书已超过 1 亿份（其中判决书超过 4000 万份），累积访问量超过
872 亿人次。不过与我国的司法实践相比，裁判文书网还有很大的进步空间：
首先就数量而言，尽管已收录的裁判文书达到了惊人的数量，但与实际发生
的判决数量相比仍然有所差距——裁判文书网 2021 年收录判决书约 424 万
份，然而根据最高人民法院的工作报告，2021 年仅地方各级人民法院受理的
案件就达到 3351.6 万件；当然，民事调解结案的案件和需要保密的案件均不
会体现在裁判文书网中，但仍然可以看到实际受理的案件数量和上网的判决
书数量之间的巨大差距。其次，对于数据检索的支持度仍然有待加强。2015
年年底，裁判文书网经过改版，对于检索功能有所加强，但对于大量数据的
检索仍然存在种种问题。换言之，目前的检索系统可以满足对于某一案件裁
判文书的查询，但仍然无法满足基于大规模数据的研究的检索需求。最后，
存在明显的季末、年末突击上传的状况，相关规定所要求的"七个工作日内
公布"基本上难以实现。[69] 可以看到，裁判文书上网对于办案法院而言，更多
的是一项额外的工作，因此才会出现以上种种问题；只有切实将"公开—上
网"纳入整个办案流程，也就是纳入既有的司法制度框架中，才有可能实现
进一步的改善。

第三节　听证和参与制度

"听证（Hearing）"本意为诉讼过程中听取当事人意见的制度，一开始就
与自然公正原则之一的"双方的意见都要被听取"密切联系，其本身就被视
为正当程序的重要制度形式;[70] 随着时代的发展，听证制度早已超出了司法的
范围，而在立法和行政程序中有广泛的运用。我国学界对于听证的关注，也

---

[69]　马超、于晓虹、何海波：《大数据分析：中国司法裁判文书上网公开报告》，载《中国法律评
论》2016 年第 4 期。该文还指出，上传的裁判文书还存在相关数据错漏等不足。

[70]　李林：《立法听证制度的理论与实践》，载《中外法学》1991 年第 5 期。

是从行政听证开始的;㉑ 时至今日，听证制度仍然是我国行政程序研究的热点，甚至出现了"主题过剩"的局面。㉒ 同时，立法听证在我国的学术研究和实践运作中也有着相当活跃的表现。在我国的现有制度中，存在着多样化的听证，如立法听证、行政决策听证、行政处罚听证、行政许可听证、司法听证㉓等；而就其性质而言，这些听证可以大致分为两种类型：立法（决策）性听证和裁决性听证——前者是就一般规则和决策的制定展开的听证，后者则是针对具体案件展开的听证。同时，立法（决策）性听证实际上是公众参与的一种典型制度，而公众参与同样也体现了正当程序的要求。因此，本节按照裁决性听证、立法（决策）听证、其他公众参与这三个层面，分别基于比较法的考察探究其一般性的程序框架及要求，然后针对我国的现有制度展开论述。

一、听证和参与制度的一般程序框架

（一）裁决性听证

裁决性听证指的是在具体案件中围绕当事人展开的听证，因此如前所述，整个司法庭审过程即可被视为一种听证，这也是正当程序（"自然公正"）意义上的听证最初的含义；不过随着诉讼制度的发达，"听证"已经远远不能涵括整个诉讼程序，因此现代意义上的"司法听证"多用于特定的司法程序环节，这也是此处的用法。此外，在具体的行政决定作出过程中召开的听证，显然也属于裁决性听证。正如下文所考察的，这两类裁决性听证虽然在具体程序环节上存在差异，但从正当程序的要求来看，两者在程序框架上其实具有相当的一致性。

现代意义上的司法听证中，较为典型的是刑事预审听证程序（Criminal Preliminary Hearing Procedure），㉔ 也就是在指控前"决定是否有足够的证据起诉被告人的刑事听证程序"，㉕ 因此这里以此为例。目前有许多国家都建立了

㉑　叶必丰：《行政程序中的听证制度》，载《法学研究》1989 年第 2 期。

㉒　何海波：《内部行政程序的法律规制》（下），载《交大法学》2012 年第 2 期。

㉓　如前所述，司法审判过程本身在 hearing 的意义上就是一种听证，不过这与我国制度规范中的一般用法不同；因此这里所指的司法听证，仅指在现有规范中称为听证的制度，如刑事审前听证、假释听证等。

㉔　与 criminal preliminary hearing procedure 含义相同或相近的概念还有 preliminary examination, probable-cause hearing, examining trial, bind-over hearing 等，其中以 criminal preliminary hearing procedure 最为常用。

㉕　Black, Henry Campbell, Bryan A. Garner, and Becky R. McDaniel. *Black's Law Dictionary*. Vol. 196. St. Paul, MN: West Group, 1999, p. 1199.

预审听证程序，不过英美法系国家和大陆法系国家在程序上存在较大的差异，例如，在英美法系国家，预审被认为是被追诉人的一项权利，因而预审听证程序是否启动是由被追诉人决定的；[76] 而在大陆法系国家，启动预审听证程序的条件通常是法律明确规定的，被追诉人并无选择的空间。[77] 再如，在英美法系国家，预审听证程序原则上是公开的；[78] 在大陆法系国家，预审听证程序则具有一定的秘密性，对外公开的程度较低。[79] 当然，这两类预审听证程序也有许多共通之处，其中就正当程序而言值得注意之处有两点：（1）预审听证的主持人通常不是公诉机关，公诉机关只是预审听证的参与人，从而避免"自己做自己的法官"；（2）预审听证的程序基本上独立于刑事诉讼程度，从而保障了预审听证在程序上能够较少地受到其他方面的影响。

裁决性的行政听证同样有多种类型，包括行政处罚听证、行政许可听证等；不过就其性质而言，均为"使受到某种决定影响的利害关系人在事前……获得自身的观点能被听取……的程序"，亦被视为"行政程序的核心"。[80] 在一些国家专门制定的行政程序法中，此类听证通常也都是集中规定的。大致而言，此类听证的程序要求大致包括听证的通知方式、参加人、主持人、日期、听证笔录等；其中不乏正当程序的要求：例如，在听证主持人方面，为了使听证案件的利害关系人不至于成为主持人，日本《行政程序法》规定了严格的排除范围；[81] 美国联邦《行政程序法》则规定了回避制度和禁止单方接触的制度。再如，听证前的告知程序，美、日等国均要求在听证前明确地书面告知当事人，并且对于告知内容进行了详细的规定。此外，在听证进行程序方面，无论是采取对抗制司法程序的国家（如美国），还是采取纠问制司法程序的国家（如德国），在听证进行方面均大量借鉴司法程序，从而使得听证进行程序——至少是正式听证程序——表现出一定程度的"准司法程序"的色彩。

从上述对于司法听证和裁决性行政听证的考察中已可发现，两者对于程

---

[76] 《美国联邦刑事诉讼规则》第5条、《加拿大刑事法典》第536条。

[77] 《法国刑事诉讼法典》第186条。

[78] 在美国1993年的El Vocero de Puerto Rico v. Puerto Rico 508 U. S. 147（1993）中，联邦最高法院明确要求"预审和审判一样应当公开进行"。

[79] 法国学者明确指出，法国的"预审是一种秘密程序"。[法] 卡斯东·斯特法尼等：《法国刑事诉讼精义》，罗结珍译，中国政法大学出版社1999年版，第32页。

[80] [日] 室井力、芝池义一、滨川清主编：《日本行政程序法逐条注释》，朱芒译，上海三联书店2009年版，第144页。

[81] [日] 室井力、芝池义一、滨川清主编：《日本行政程序法逐条注释》，朱芒译，上海三联书店2009年版，第163—164页。

序上的要求有许多共通之处，且多为"自然公正"的直接反映。此处还有必要强调裁决性听证与立法（决策）听证在程序上的一项重大区别，即案件排他原则。案卷排他原则指的是在举行过正式听证的案件中，行政机关只能以听证笔录所形成的案卷所记载的内容作为依据，"不能在案卷以外，以当事人未知悉和未论证的事实为根据"。[82] 尽管案卷排他原则主要是针对行政听证而言的，但考察司法对于听证（及类似程序）的态度（如"未经质证的证据不得作为定案依据"），可以认为司法听证事实上也是秉持某种类似于案卷排他的原则的，只不过不以"案卷排他"为名罢了。由案卷排他原则引申出一些其他相关的程序要求，如日本《行政程序法》要求如果出现新的证据须重新举行听证。[83] 案卷排他原则可以被视为裁决性听证在正当程序方面的集中体现：只有严守案卷排他原则，才能确保当事人的知情权、陈述申辩权等程序性权利的实现；反过来说，如果没有案卷排他原则，那么听证也就失去了意义。但是各类立法（决策）听证则并不强调案卷排他，这是因为立法（决策）听证就其本质而言是一种征求意见的方式，在技术上不可能与裁决性听证一样将所有利害关系人都纳入听证程序，因而就不可能，也没有必要案卷排他——进言之，下文将要考察的立法（决策）听证，将在许多方面体现出不同的正当程序要求。

（二）立法（决策）听证

这里的"立法"既包括立法机关的立法，[84] 也包括行政立法；而"决策"主要指公共决策。立法和决策的共同点在于，其均为国家公权力机关作出的可能影响不特定群体利益的、其效力面向将来的决定。从这个意义上说，立法（包括行政立法）亦可视为决策的一种（并且是外观上最为正式的决策）。立法和决策过程中也普遍存在着听证程序，不过正如前述，此类听证与裁决性听证存在性质上的不同，因而在程序上也有颇多差异。以下围绕立法、行政立法（决策）两种程序，探究其中听证的相关程序性框架。

立法听证是美国将由英国传来的司法听证应用于立法过程而产生的；在比较法的角度，立法听证制度的运用主要存在于美国、德国等国家，而在英

㉒　马怀德：《论行政听证程序的基本原则》，载《政法论坛》1998 年第 2 期。

㉓　[日]室井力、芝池义一、滨川清主编：《日本行政程序法逐条注释》，朱芒译，上海三联书店 2009 年版，第 194—196 页。

㉔　需要指出的是，世界上许多国家的立法机关除了立法听证外，在特定问题的调查过程中往往也会采用听证的方式，这种议会调查听证与立法听证存在差异，且更多的是议会调查的一种方式，因此这里不涉及此种听证。

国、法国等国比较少见。⑧ 在程序上，立法听证大致包括启动、准备、进行三个阶段：（1）即使在经常运用立法听证的国家，通常也不会对立法听证的启动条件作法律上的明确规定；是否启动立法听证通常是审议法案的议会委员会自行决定的。在立法听证的启动阶段，委员会主要考虑举行听证的必要性和技术上的可行性，这些通常都是在非正式程序中完成的。（2）立法听证的妥善准备是听证得以顺利进行的前提。在程序上，准备阶段必须要完成的工作有：第一，向公众发出通知。和裁决性听证不同，立法听证面向的对象是不特定的，因此只能采用提前公告的方式，⑧ 以保障公众的知情权。第二，决定证人的人选。立法所影响的群体是不特定的，因此只能有选择地让相关证人参与听证。出于效率的考虑，美国、德国等国均不允许一般民众报名作为听证陈述人，但可以提供书面证言。值得注意的是在证人选择过程中对各方观点的平衡，如德国规定委员会中少数派提名的证人必须被列入听证证人名单。⑧ （3）在立法听证的进行阶段，有部分程序要求与裁决性听证类似，有部分则存在区别。大致而言，在立法听证的进行程序中：第一，以公开听证为原则，以不公开为例外。例如，美国规定，听证不公开的决定必须经过表决。⑧ 第二，证人按照事先确定的顺序进行陈述，之后就是询问和回答。美国规定委员会委员询问证人的时间为每人 5 分钟，即 "5 分钟规则"，⑧ 从而避免委员利用询问的机会拖延时间。委员会委员询问的顺序有的是按照资历深浅决定，有的则是按照党团顺序决定。但无论哪种顺序，都须确保少数派委员的询问机会。第三，听证完成之后形成固定格式的听证笔录，交由当事人审核签名，并且在法案通过后原则上向社会公开。当然，与裁决性听证不同，立法听证作为征求意见的一种形式，听证不可能涵盖所有利害相关人的意见，因此各国也没有案卷排他的要求。

对于行政机关来说，无论是行政立法还是行政决策，引入听证这种程序都是有必要的：就行政立法而言，为避免 "自己制定规则自己执行" 的弊端，有必要通过听证以增强行政立法过程的民主性；就行政决策而言，听证也是

---

⑧ 李林：《立法听证制度的理论与实践》载《中外法学》1991 年第 5 期。

⑧ ［美］Vincent & Richard Sachs：《美国众议院听证：准备和行动的指导》，张颖译，载蔡定剑主编：《国外公众参与立法》，法律出版社 2005 年版，第 122 页。

⑧ ［德］Rudolf Kabel：《德国的立法听证》，王瑾译，载蔡定剑主编：《国外公众参与立法》，法律出版社 2005 年版，第 145 页。

⑧ ［美］Vincent & Richard Sachs：《美国众议院听证：准备和行动的指导》张颖译，载蔡定剑主编：《国外公众参与立法》，法律出版社 2005 年版，第 131 页。

⑧ ［美］Vincent & Richard Sachs：《美国众议院听证：准备和行动的指导》张颖译，载蔡定剑主编：《国外公众参与立法》，法律出版社 2005 年版，第 133—134 页。

体现协商民主、增强决策正当性的有效方式。但脱胎于司法程序的听证程序因其过于正式、烦琐而影响行政效率，行政法学界对此也不无非议；⑩因此，正式的听证程序在行政立法以及行政决策的过程中其实并不多见。⑪作为折中，行政立法和行政决策过程中实际采用的听证程序通常显得更加非正式、同时也更加灵活。鉴于正式听证程序与立法听证（乃至司法听证）相差不远、并且在实践中运用得也较少，因此以下围绕非正式的听证程序展开。当然，尽管是"非正式"的，但同样存在着正当程序的要求：例如，在美国，无论是正式听证还是非正式听证、抑或后来发展出的混合式听证，都要遵循诸如信息披露、禁止单方接触、重要争议须口头辩论，⑫以及听证主持人独立履行职责⑬等程序原则。此外，在德国、日本的行政程序法中，也明确规定了听证主持人回避等制度确保主持人独立。最后，关于听证笔录的效力，和立法听证一样，行政立法（决策）听证的笔录亦不可能，也无必要采用案卷排他原则；但这就可能走向另一个极端，即听证笔录完全不起作用，这就使得听证形同虚设。对此，德国和日本等国的行政程序法规定，行政机关须"参酌"听证笔录作出决定，这也使得听证过程对于行政机关具有一定程度上的约束；如果再加上信息公开等制度，这种约束的实际效力还会更为显著。

（三）其他公众参与制度

"公众参与"本身是一个带有一定模糊性的概念。通常认为，这个概念与"参与式民主（Participatory Democracy）"和"协商民主（Deliberative Democracy）"这两个概念相关，强调公众（或利益群体）通过直接参与的方式解决社会公共问题、影响公共决策。⑭从这个意义上说，听证——尤其是立法（决策）听证——本身即可以被视为公众参与公权力运作的方式之一，而公众参与的方式除了前述提到的各类听证之外还有许多，这些方式大多不如听证（即便是非正式听证）那样正式，但也形成了具有一定制度化、程序化的机制。有学者认为，公众参与可以分为三个部分：立法方面的公众参与（包括立法听证、立法游说等）、公共决策方面的公众参与、公共治理层面（行政许

---

⑩　美国学者施瓦茨曾经评论道，听证程序将行政立法"禁锢于正式的拘束衣之内"，反而影响了行政机关制定规章的能力。［美］伯纳德·施瓦茨：《行政法》，徐炳译，群众出版社1986年版，第151页。

⑪　［美］欧内斯特·盖尔霍恩、罗纳德·M.利文：《行政法和行政程序法概要》，黄列译，中国社会科学出版社1996年版，第103页。

⑫　汪全胜：《美国的行政立法听证制度探讨》，载《行政法学研究》2001年第3期。

⑬　［美］伯纳德·施瓦茨：《行政法》，徐炳译，群众出版社1986年版，第300页。

⑭　蔡定剑主编：《公众参与：风险社会的制度建设》，法律出版社2009年版，第1—2页。

可、行政裁决等）的公众参与⑨——可以看到，这三个部分基本全都包括在前述裁决性听证和立法（决策）听证所适用的范围；换言之，在范围上，其他公众参与方式与前述各种听证是一致的。

公众参与在西方有着悠久的历史，早在古希腊、古罗马时期就存在引人关注的公众参与制度；到"二战"之后，公众参与更是获得了长足的发展，普遍存在于立法和行政等领域。需要说明的是，公众参与的形式非常多样，在广义上既包括选举投票等方式，也包括集会游行示威以及其他表达自由的方式，以下只能选择制度化程度较高的几种加以考察。其中，专家咨询作为一种较晚近发展的、制度化程度相对较高的制度，从公众参与的角度来看有独立讨论的必要，因此专门论述；其他制度则不专门区分立法和行政、综合地加以考察。

立法领域（包括议会立法和行政立法）的公众参与主要体现在立法机关的调查程序中。严格说来，立法听证也是一种调查，只不过前者存在过于正式、成本过高等问题，因此制定机关往往倾向于形式上更灵活的一般调查程序。⑨ 以英国为例，英国的立法调查在程序上分为法定调查、任意调查和非法定调查三种，后两种没有固定的程序规则，但受到"自然公正"原则的约束，如调查程序中存在对双方证人的交叉询问、提醒利害关系人提出异议的机会等。⑨ 在日本，公众可以对行政立法提交意见书，以表达自己的观点和意见。有资格提交意见书的主体被限定于与行政立法有利害关系者，当然这个限定其实是相当宽泛的；而在程序上，提交意见书也比立法听证更为灵活、参与面更广。⑨ 此外，日本《行政程序法》还规定了公听会制度，与行政听证不同，公听会适用于影响不特定群体利益的行政立法和行政决策等行为，旨在听取各方意见；不过《行政程序法》本身对公听会的程序并未详细规定，但学理上认为必须受到正当程序的制约。而除了公听会之外，日本《行政程序法》也要求以"其他适当的方式设置听取该申请人之外者的意见的机会"，包括意见书、问卷调查、听取居民团体意见等。⑨

专家咨询是目前世界各国的立法和行政均普遍存在的制度。在传统上，

---

⑨ 蔡定剑主编：《公众参与：风险社会的制度建设》，法律出版社 2009 年版，第 5—6 页。

⑨ 英国的地方立法就是如此。参见马怀德：《中国立法体制、程序与监督》，中国法制出版社1999 年版，第 190 页。

⑨ 刘莘：《行政立法研究》，法律出版社 2003 年版，第 149—151 页。

⑨ 刘莘：《行政立法研究》，法律出版社 2003 年版，第 151—153 页。

⑨ ［日］室井力、芝池义一、滨川清主编：《日本行政程序法逐条注释》，朱芒译，上海三联书店 2009 年版，第 113 页。

立法机关和行政机关常常会有内设的咨询部门提供专业意见；随着社会的发展，以各种智库为代表的独立咨询机构也逐渐多见并发挥出越来越重要的影响。但无论是内设机构还是独立机构，受咨询的专家一般都要强调其"以中立的身份出现"、提供"专业性知识和技术"，[100] 因此受咨询的专家在理论上具有一定的独立性，能够反映社会某一方面的观点，于是这种专家咨询也可以被视为公众参与的一种特殊方式。尤其是在民主性不足的情况下，专家咨询所体现的科学性和合理性，能在很大程度上成为立法或决策的正当性来源；然而，受利害关系等因素影响，专家难以保持中立立场，提供有不当倾向性意见的所谓"专家俘获"现象也屡见不鲜。[101] 因此，如何既发挥专家的作用，又避免专家俘获，就成为专家咨询程序所必须解决的核心制度问题。如美国1972年通过的《联邦咨询委员会法》就要求咨询委员会的专家构成能够体现工作性质和各方利益的平衡，明确了咨询过程的信息公开要求，并且明确咨询委员会只拥有单纯的技术咨询功能从而确保咨询委员会相对于决策机关的独立性。再如，德国1976年的《联邦行政程序法》专门规定了咨询机构（咨询会），详尽地规定了咨询机构的设立和运作程序。

二、我国听证和参与制度及其完善

在裁决性听证、立法（决策）听证和其他参与制度这三个方面，我国目前或多或少地都存在一定的程序设置，但其制度化程度参差不齐，在现有体制下发挥的作用也不尽相同，因此在制度完善方面也各有不同的重点。

（一）裁决性听证

在我国，尽管诉讼程序同样是以听证为基石所构建的，但在三大诉讼法中均无正式的专门听证制度。在行政领域：1996年的行政处罚法首次正式引入裁决性听证制度，规定了在决定责令停产停业、吊销许可证或者执照，以及较大数额罚款的处罚之前，可以应当事人的申请举行听证；2004年的行政许可法规定了许可设置的听证和许可实施的听证并在2019年修正中延续，后者同样是一种裁决性听证——行政处罚和行政许可中的这两类听证规定构成

---

　　[100]　王锡锌：《公共决策中的大众、专家与政府——以中国价格决策听证制度为个案的研究视角》，载《中外法学》2006年第4期。

　　[101]　"专家俘获"一词来源于"政府俘获"，后者指实施规制政策的政府最后往往被本应该受规制的行业或企业控制。参见〔美〕理查德·B. 斯图尔特：《美国行政法的重构》，沈岿译，商务印书馆2002年版，第23—28页。和政府类似，专家同样可能被"俘获"从而失去中立立场。

了我国目前行政法上裁决性听证的基本规范框架。此外，一些关于行政程序的地方政府规章也对裁决性听证作了规定，如《湖南省行政程序规定》专章规定了行政听证，并且区分了行政决策听证和行政执法听证，后者即这里所说的裁决性听证。不过总体而言，我国目前行政领域中的裁决性听证的覆盖面仍然有限：首先，在全国性的法律规范中仅有行政处罚和行政许可存在裁决性听证的制度，并不能涵盖多样化的行政行为类型；其次，在行政处罚中，只有三种处罚类型可以举行听证，并且尚未包括处罚程度更重的行政拘留；最后，虽然一些地方政府规章对于裁决性听证作了一般性规定，但仅适用于某一地方。而从听证程序的角度，现有规范中的以下几点是值得特别关注的。

第一，行政听证的主持人制度不完善，难以确保其中立地位。在裁决性听证过程中，主持人的地位类似于庭审程序中的法官，掌握整个听证程序，在某种意义上对于听证结果有着实质性的重要影响。但是现有的相关规范中，对于行政听证主持人相关的制度并不完善。当然，在行政处罚法和行政许可法中，都要求听证主持人是案件之外的人员，并且明确了听证中的回避制度，但是对于确保主持人中立地位而言，这仍然是不够的：一方面，行政处罚和行政许可中的听证主持人都是由行政机关指定的，而且尽管法律没有明确，但实践中被指定的通常为行政机关工作人员。这就使得听证主持人天然地与行政机关具有某种联系，尽管法律要求主持人与听证案件不得有直接的利害关系，但间接的利害关系无可避免，并且具体关联到何种程度，难以在规范上加以明确。另一方面，确保主持人中立立场的其他规范要求，如禁止单方接触以及主持人本身的专业要求等，则均未涉及。值得注意的是，《湖南省行政程序规定》在听证主持人制度上进行了一些探索，如规定了主持人的知识要求和统一培训（第131条）、不得单方接触（第134条）等。此外《山东省行政程序规定》还规定"行政机关没有符合条件的听证主持人的，可以申请本级人民政府法制机构或者上级行政机关选派"（第79条第2款），《海口市行政程序规定》（第66条第2款）、《兰州市行政程序规定》（第55条第2款）中也有类似规定。不过作为地方政府规章，这些探索的适用范围是有限的；同时也没有涉及前述主持人由行政机关指定本身存在的问题。对此，即使在听证主持人由行政机关指定的情况下，也可以考虑进一步明确和统一听证主持人的资质要求，最终由符合资质要求的政府法制部门工作人员或公职律师组成听证主持人备选名单，行政机关只能在名单给出的人选中指定，由此进一步确保听证主持人的中立立场（以及中立的外观）。

第二，听证笔录的效力不明，无法实现案卷排他。如前所述，案卷排他原则是裁决性听证相当重要的基石；在某种意义上甚至可以说，没有案卷排他的裁决性听证是没有意义的。但是我国相关法律对此很少涉及。行政许可法第 48 条第 2 款要求"行政机关应当根据听证笔录，作出行政许可决定"，但并没有排除听证笔录以外的材料作为行政许可决定事实根据的可能性；而行政处罚法则并未涉及听证笔录与作出决定之间的关系。可以说，在建立了裁决性听证制度的行政许可程序和行政处罚程序中，并没有相应地明确案卷排他原则。不过同样是在《湖南省行政程序规定》中，规定了"未经听证会质证的证据，不能作为作出行政执法决定的依据"（第 143 条）、发现新的事实需要重新听证（第 144 条），也就是明确了案卷排他原则；在《汕头市行政程序规定》（第 131 条第 4 款、第 132 条）中也有类似规定。而《海口市行政程序规定》（第 72 条）、《兰州市行政程序规定》（第 60 条）虽然没有明确未经听证的证据不得作为决定依据，但要求发现新的证据时应当重新听证；可以认为是在一定程度上承认了案卷排他原则。不过同样作为地方政府规章，其适用范围依然是有限的；并且也并非所有地方的行政程序规定都认可案卷排他原则，由此也可以看出这一原则在各地的被接受程度也是不一致的。

（二）立法（决策）听证

1999 年，广东省人大常委会就《广东省建设工程招标投标管理条例》的修订举行立法听证会，这是我国地方立法机关首次举行立法听证会。2005 年，原全国人大法律委员会、财经委员会和全国人大常委会法工委共同举行了关于个人所得税减除标准的听证会，这是我国中央立法机关首次举行立法听证会。在制度上，立法法第 39 条要求法律的制定需要通过听证会等方式征求公众意见、第 74 条要求行政法规的制定需要通过听证会等方式征求公众意见。在行政决策听证方面，1997 年的价格法第 23 条要求，对于"制定关系群众切身利益的公用事业价格、公益性服务价格、自然垄断经营的商品价格等政府指导价、政府定价"建立听证制度，这是法律层面最早的对于立法（决策）听证制度的要求；2003 年的行政许可法第 19 条规定，起草规范性文件拟设定行政许可的，起草单位应当采用听证会等方式征求公众意见，这是法律上首次对某一类型的行政决策要求听证的规范，该条在 2019 年行政许可法修正时被延续下来；此外，2004 年国务院印发的《全面推进依法行政实施纲要》要求"社会涉及面广、与人民群众利益密切相关的决策事项，应当……通过举行……听证会……等形式广泛听取意见"——可以说，从世纪之交的实践"破冰"到后来十多年的制度建设，到目前为止，立法（决策）听证在制度上已经覆盖了各种类型的立法和重大行政决策。当然，由于这种听证其实是征求公众意见的一种方式，因此在程序上并不具有强制性；而更重要的一点是，上述规范对于听证的要求基本上都还是原则性的，基本没有涉及听证的具体制度及其细节上的要求，也就谈不上相关程序的正当与否。

不过，如果将目光转到地方，可以发现一些地方对于立法（决策）听证的程序作了一些更细致的探索。这些探索主要体现在各地关于行政程序的规定中，其中具有普遍性的是对于"何种行政决策应当举行听证"作了更具体的规定；此外还有一些地方对于听证程序作了更具体的要求，如2011年的《山东省行政程序规定》明确了行政决策听证的公告、申请参加、信息公开、听证流程、听证笔录等各环节；同时，有些地方还对行政决策听证的程序细节做了较有创新性的探索，如2011年的《广州市重大行政决策听证试行办法》规定，"国家机关或具有管理公共事务职能的组织的在职工作人员"不得作为听证代表，这显然是为了避免之前类似听证曾出现的听证组织者派"托"做听证代表的情况，但同时也引起了是否涉嫌侵犯公务员听证权利的争议。[102]

但是总体来说，我国立法（决策）听证的实施效果并不容乐观。在早期几次"破冰之举"引发热议和好评之后，后续的实践却屡屡引发争议和漠视，甚至出现一些地区无人报名听证会的尴尬局面。[103] 这些都说明立法（决策）制度仍然有很大的改善空间。大致而言，现有的立法（决策）听证制度在程序上有以下两点值得关注。

第一，听证参加者的代表性仍然有待解决。不同于裁决性听证，立法（决策）听证不可能将所有利害关系人都纳入听证程序，能够参与听证的只能是利害关系人的代表，因此听证参加者是否具有足够的代表性，就是听证能否真实反映民意的关键。但是，在现有的制度中，对于听证参加者代表性的问题涉及的并不多，由此产生代表产生不合理，进而使得听证结果遭到质疑的问题：例如2004年北京举行部分景点门票涨价听证会，全部由北京市民组成的听证代表最终通过了一个不利于外地游客的涨价方案；而更多的情况是，听证会中代表政府意愿的代表过多、代表居民意愿过少，以致影响到听证的公信力。前述《广州市重大行政决策听证试行办法》规定国家机关工作人员

---

[102]　李刚：《广州禁止公务员当听证代表：防止听证"走过场"，还是涉嫌侵犯听证权?》，载《人民日报》2011年8月30日第11版。

[103]　2012年海南省物价局拟召开居民阶梯电价听证会，原定12名消费者代表无人报名。见尹卫国：《"无人报名"提醒听证会该改进了》，载《新华每日电讯》2012年4月12日，第3版。2012年四川省眉州市原定于部分道路变更限速举行听证会，因无人报名而被迫延期。王捷：《听证会无人报名折射治理困境》，载《人民公安报》2012年6月28日第3版。

不得担任听证代表，也是出于避免此问题的考虑。但这种在实体上"一刀切"的做法究竟能有多大实效，仍难以定论；同时也会引发前述的争议。对此，也许可以转换思路，从程序的角度寻求对听证参加者代表性的保障，具体措施包括充分的信息公开（包括本次听证的相关信息、听证代表的身份及观点信息、历次听证中听证代表的身份及观点信息等）、在前述信息公开基础上的听证代表公示制度、听证时间和地点的恰当选择等。

第二，听证结果的效力有待在程序上加以明确。如前所述，立法（决策）听证与裁决性听证不同，不能、也没有必要遵守案卷排他原则，因此相关规范也不曾涉及这一点。但目前实践中则落入另一个极端，即听证参加人看不到自己的意见被立法或决策过程考虑，听证意见被认为"说了白说"，这也是前述社会公众对目前许多听证感到漠然的重要原因。[104] 对此，有必要在程序上强调听证笔录的法律效力：虽然不必案卷排他，但是可以在听证之后、作出决定之前设置对听证意见的反馈和相关信息公示环节，尤其是要公示对未采纳意见的未采纳理由，以此明确听证结果虽然不是"案卷排他"、但也不是"说了白说"，从而确立听证和听证机关的公信力。

（三）其他公众参与制度

有学者指出，公众参与在我国的兴起大约是在 20 世纪 90 年代，在 21 世纪初成为广受关注的话题。[105] 在类型上，我国的公众参与主要包括立法和行政两个领域，在立法中被包含在"民主立法"原则中，在行政中则体现为重大行政决策的公众参与（或公开征求意见）。

立法中的公众参与作为民主立法原则的一部分，很早就有实践。例如，1982 年修改宪法时，全国人大常委会开展了一次全民大讨论，有资料指出当时全国百分之八十到百分之九十的成年公民都参与了讨论。[106] 不过在这一时期，并没有形成立法公众参与的制度框架，并且向社会征求意见的法律草案数量和实际立法数量相比也是相当有限。[107] 真正建立起立法公众参与制度框架的是 2000 年通过的立法法，其第 5 条规定"保障人民通过多种途径参与立法活动"，并且在第 34 条、第 35 条和第 36 条对公众参与的具体方式作了规

---

[104] 社会心理学的研究表明，一种程序哪怕只是表面上看起来已经考虑了各方观点，就能够产生令当事人更容易接受相关结果的力量。See Lind, E. Allan, and Tom R. Tyler. *The Social Psychology of Procedural Justice.* , pp. 103-104.

[105] 蔡定剑主编：《公众参与：风险社会的制度建设》，法律出版社 2009 年版，第 10 页。

[106] 肖蔚云：《我国现行宪法的诞生》，北京大学出版社 1986 年版，第 7 页。

[107] 朱景文：《关于立法的公众参与的几个问题》，载《浙江社会科学》2000 年第 1 期。

定。⑩ 党的十八届三中全会通过的《中共中央关于全面深化改革若干重大问题的决定》提出"通过座谈、听证、评估、公布法律草案等扩大公民有序参与立法途径";党的十八届四中全会通过的《中共中央关于全面推进依法治国若干重大问题的决定》提出"完善公众参与政府立法机制""健全法律法规规章草案公开征求意见和公众意见采纳情况反馈机制"等,这些都是对公众参与立法的基本要求及主要制度在原则上的肯定。而一些制度上的细节,则更多地出现在地方层面的规范中;例如,浙江省《政府行政规范性文件征求意见工作规定》对于公开征求意见的范围、方式和程序作了规范,其中不乏一些具体的程序要求,如公开征求意见应当告知提出意见的方式和渠道、公开征求意见一般不得少于7个工作日、"涉及性别平等内容的,或者可能导致性别歧视结果的,应征求省政策法规性别平等咨询评估机制专家组意见"等。

行政决策中的公众参与是在依法行政、建设法治政府的背景下提出来的。国务院2004年的《全面推进依法行政实施纲要》提出"建立健全公众参与……的行政决策机制";党的十八届四中全会通过的《中共中央关于全面推进依法治国若干重大问题的决定》更是提出"把公众参与、专家论证、风险评估、合法性审查、集体讨论决定确定为重大行政决策法定程序"。不过截至目前,相关的制度细节同样仅出现在地方层面的规范中,例如《广州市重大行政决策程序规定》要求"以民意调查方式征求公众意见的,应当委托独立调查研究机构进行""决策草案起草说明应当对公众意见的采纳情况作出说明"。

总体而言,无论是在立法领域还是在行政决策领域,公众参与制度的规范状况都是类似的:一方面,公众参与的基本要求已经获得了法律和相关文件的肯定和支持;另一方面,在全国层面的规范中尚未形成完整的制度框架,程序细节更是付之阙如,仅在一些地方层面的规范中对相关程序有所涉及,但尚未形成体系、并且适用范围也有限。造成这种局面的原因,固然和其他公众参与本身灵活性、相对非正式性的特点有关,同时也与我国相关实践尚短、在许多方面公众参与程度尚不深有关。相应地,相关制度的完善,从程序的角度至少有以下几点值得关注。

第一,完善立法和行政决策程序,构建从基本程序原则到具体程序细节的公众参与程序体系。如前所述,与公众参与相关的制度只能说是"偶有亮点、未成体系",但是公众参与的形式多样,并且在理论上可能的覆盖面相当广泛,因此制定专门的单行法未必可行。在这种情况下,较为可行的方式是

---

⑩ 为反映当时的原貌,此处的立法法条文序号是2015年修改之前的。

完善立法和行政决策程序，确立立法和行政决策的基本程序原则；然后以此为基础，构建体系化的公众参与的制度程序；最后落实到程序的细节。这样"化整为零"地将以程序为主轴的公众参与制度体系建立起来。

第二，突出公众参与的重点制度，相应地进行程序上的细致化和具体化。如前所述，公众参与的方式是多样化的；同时，各种方式的制度化要求也不一样（这就意味着有些参与采用非正式的方式更为有效）。因此，在建立公众参与制度体系的同时，应当选择那些更为正式的参与方式着重进行制度建设，这些制度除了立法和决策听证之外，至少还包括专家咨询（咨询机构）、问卷调查等。通过程序的全面设置，提升这些制度的正式化程度，最终形成正式参与和非正式参与并行的公众参与模式。

第三，通过程序的设置，增强公众参与的实效。前文在讨论立法（决策）听证的部分已经说到，听证结果的效力不明是许多人对听证采取漠视态度的重要原因；而对于其他公众参与方式来说，参与的实效也是参与成败的关键。从这个角度来说，公众参与不仅要"有序"，同时也要"有效"。但公众参与包含了正式和非正式的多样化参与方式，各方公众的意见也未必能够统一，因此"一刀切"地规定某种实体上的效力未必合适。在这种情况下，更适宜的做法是从程序角度出发，从程序上确保公众参与的内容已经为立法者或决策者充分考虑，从而令参与者切实感受到参与的意义。相关的具体程序，如对于公众意见采纳情况以及不采纳理由的说明、对于高度专业性的概念加以充分解释、确保咨询机构的独立性等，都是提升参与实效的重要途径。

第四节　请愿制度

请愿制度是作为基本权利的请愿权的制度。而所谓请愿权，是指公民"有权向……国家机关或人民代表为请求或申诉"的权利，其中既包括以国家未来行为（即制定规范、设立规则的一般行为）为对象的请愿，也包括以国家过去行为（即对于具体案件的具体行为）为对象的请愿。在历史上，请愿权是国会对抗国王权力的有力工具，其中最著名的当属英国议会于1628年通过的《权利请愿书》：在爱德华·柯克的推动下，《权利请愿书》重申了《大宪章》的诸多权利（这其中的许多权利成为后世普遍公认的基本权利）；特别值得注意的是其援引了《大宪章》第29章，明确地提出了"正当程序"原则的适用⑩——可以说，"请愿"在一开始就是和程序（以及正当程序）联系在一起的；当然，此时两者的关系是"通过请愿这种方式保障某种涉及正当程序的权利"，尚未涉及请愿程序本身。而在请愿这种行为制度化、形成了相对独立的请愿制度之后，其不仅依然是一种基本权利程序保障的重要方式（在制度化后，这种方式显得更重要），⑩同时其自身的制度运作也要面对正当程序标准的审视。可以说，请愿权既是一种权利，也是一种维护权利的方式，属于典型的"程序性权利"，其制度因素因而也是本节所关注的。目前，在许多国家，请愿权已经作为一种基本权利而受到了宪法的承认；⑪并且在一些国际公约中也有体现。⑫我国现行宪法中虽然没有出现"请愿"的字样，但是第41条第1款的"批评建议申诉控告检举"的权利带有一定的请愿权色彩，同时我国还存在"信访"这样与请愿制度颇可比较的制度，因此对于请愿制度的讨论依然是有一定的规范基础的。

一、请愿制度的一般程序框架

虽然许多国家都承认了请愿权，但在制度设计上存在着不同，如有些国家有专门的请愿受理部门，有些国家则普遍地设在国家机关中。不过在程序上，类似于依申请的行政程序，请愿制度的运作也都围绕着"提出和受理""调查""处置"这三个基本步骤展开。因此，以下也从这三个基本步骤展开考察。

（一）提出和受理

请愿的提出，首先须明确的是提出主体的资格，也就是谁可以提出请愿。从权利的视角来看，有资格提出请愿的主体也就是请愿权的权利主体，许多国家都包括了公民和社会团体。当然，权利主体是一个实体问题，但这是整个请愿程序的起点，因此也是需要关心的。就程序而言，不同类型的主体还

---

⑩　[美] 小詹姆斯·R. 斯托纳：《普通法与自由主义理论》，姚中秋译，北京大学出版社2005年版，第71页。

⑩　日本学者小林直树认为，随着司法救济和参政权等制度的完善，请愿权作为一种权利的重要性已趋式微；但是请愿权通过和集会权等相结合，作为大众参与的一种方式，依然受到广泛的重视（转引自林来梵：《从宪法规范到规范宪法：规范宪法学的一种前言》，法律出版社2001年版，第145页、第595页。）——这种结合，亦可被视为制度化的一种表现。

⑪　美国宪法第一修正案、德国基本法第17条、日本宪法第16条、俄罗斯联邦宪法第33条等，据比较法学者在20世纪70年代的统计，当时世界上142部成文宪法中有75部对于请愿权有明确的规定。参见 [荷] 亨利·范·马尔赛文、[荷] 格尔·范·德·唐：《成文宪法的比较研究》，陈云生译，华夏出版社1987年版，第151页。

⑫　《消除一切形式种族歧视国际公约》第14条、《欧洲人权公约》第25条。

有可能涉及不同的启动门槛，也就是类似我国监督法第 32 条设计的对于不同类型的主体就规范性文件提出的审查要求的不同处理程序。不过在各国的请愿制度中，这种设计并不明显。在程序上，监督法第 32 条的这种设计思路实际上是一种筛选机制，确保有限的制度资源能被分配给最需要的案件；但如果设计不当，也有可能使得真正有需要的案件被拒之门外。因此，现有的请愿制度不强调这种程序设计，也在某种程度上表明请愿是一种具有"兜底"意味的制度：一方面，对提出的案件不再进行区分，确保所有人都能平等地获得请愿制度的保护；另一方面，由于大量的案件还是循司法程序、行政监察程序等主流救济途径解决，请愿作为一种辅助性的救济途径，本身也没有必要设计太高的门槛（正如下文将要看到的，门槛依然存在，只不过并不是因人而异的）。

在请愿提出的方式上，各国通常都接受书面方式，而只有部分国家（如澳大利亚和奥地利）接受口头方式。[113] 请愿提出者要求署名，匿名的请愿是不被接受的，当然受理请愿的机关有义务对相关信息保密。

在受理方面，首先需要明确的同样也是受理的主体。就大的权力分支来说：如果由法院受理则无异于诉讼程序，[114] 因此这里不作专门讨论。而由于引发人们请愿行为的多为政府行为，由政府受理请愿不宜作为终局的解决方案；并且政府内部已经存在行政复议、行政监察等救济渠道，因此这里也不专门讨论政府受理的情况。这里需要讨论的，是由议会受理的请愿申请，也就是由议会作为受理主体的情况。

当然，议会作为一个组织，由许多部分组成；因此即便同样是由议会受理，不同的制度模式也会有不同的设计，并且会涉及相关程序的安排。通常，公民的这种请愿是由议会中的专门机构受理，然后进入制度化的处理程序。因此，一种受理模式是公民通过他们的议员向议会提出请愿，由议员受理并代为转交专门机构。如英国就是这样规定的，并且为示公平，要求议员自己的请愿不能直接向议会提出，而要通过另一名议员转交。英国议会的网站对提交和受理的要求有详细的规定。日本的请愿制度也要求通过议员转交请愿书，并对请愿书的用语、内容以及议员的签章都作了明确的规定。[115] 不过这种"通过议员提出请愿"的做法要与公民向其议员提出

---

[113]　黄越钦：《各国监察制度之比较研究》，翰芦图书出版有限公司 1998 年版，第 166 页、第 182 页。

[114]　有些国家的请愿制度包含了"向法院请愿"的情况，但这种情况启动的就是诉讼程序。参见哈书菊、李洪波：《俄罗斯公民请愿制度述评》，载《求是学刊》2014 年第 2 期。

[115]　董璠舆：《外国议会议事规则》，中国政法大学出版社 1993 年版，第 301—302 页。

投诉或意见建议相区别，后者一般都是作为议员服务选区（选民）的一种方式，后续往往通过各种正式或非正式的方式加以解决，并非固定的正式请愿处理制度。⑪⑥ 另一种受理模式是由议会专门机构直接受理公民的请愿，北欧国家的议会监察专员（Ombudsman）制度即采用这种模式，受这种制度影响的欧盟议会监察专员也采取了这一模式。⑪⑦ 这种受理模式使得公民的请愿更容易被接受，但同时也造成了监察专员工作量过大的问题，成为此种模式的一大痼疾。⑪⑧

（二）调查

请愿被受理后，就开始调查阶段。如前所述，目前许多国家在议会中都设置了专门机构来进行相关工作。其中最早设置的专门机构是瑞典在 19 世纪初期设置的议会监察专员（Ombudsman），这一做法很快为周边国家如芬兰等效法，形成了议会监督的"北欧模式"。在 20 世纪，许多国家都设置了议会中的专门机构，如英国议会的行政监察专员、德国议会的请愿委员会、西班牙的人权监察使等，而且在跨国家的组织中也出现了类似机构，如欧盟议会监察专员等。这些设置或多或少地都受到北欧模式的影响。⑪⑨ 当然也有一些国家的议会没有设立专门的机构，而是通过议会内部原有的机构来处理请愿案件。以日本为例：议会在受到议员转交的请愿书后，由议长制定"请愿文书表"并印发给各议员，并将请愿案件委托给合适的委员会进行调查处理。⑫⑩ 不过，无论这些专门机构或是原有机构在权限范围（如能不能对司法机关展开监督）、组织机构（如有多少人组成、内部如何组织）等方面存在差异，但在工作程序上还是有许多共同点，而这些共同点也在一定程度上反映出请愿制度的某些共性。

如前所述，请愿案件的受理虽然也存在一定的门槛，但作为"兜底"性质的救济渠道，门槛设置得并不高。因此，在调查阶段，首先要做的就是将那些本应通过司法诉讼或行政救济等渠道寻求救济的案件筛选出来。如果发

---

⑪⑥ E. g. , Koempel, Michael L. , and Judy Schneider. *Congressional Deskbook*: *The Practical and Comprehensive Guide to Congress*. The Capitol. Net, 2007, pp. 45-52, 97-109.

⑪⑦ 李红勃：《人权、善政、民主：欧洲法律与社会发展中的议会监察专员》，载《比较法研究》2014 年第 1 期。

⑪⑧ ［芬兰］Llkka Rautio：《合法性监督及议会监察专员的作用》，张美常译，载《行政法学研究》2000 年第 3 期。

⑪⑨ 当然，这些机构除了受理请愿外，通常还有主动开展监察的职权；囿于主题，这里对此不展开讨论。

⑫⑩ 董璠舆：《外国议会议事规则》，中国政法大学出版社 1993 年版，第 302—303 页。

现这样的情况，办理机构通常会建议当事人先选择其他救济渠道。[121] 当然，依法不在监察专员管辖权范围内的案件也会被筛选出来。

随后就开始正式的调查程序。常用的调查方式包括：要求被调查的机关在一定期限内说明情况（例如，西班牙规定的这一限期为 15 日[122]）、向被调查的机关索取相关文件、现场视察等，在特定情况下还可以传唤证人或举行听证会。此外，有些国家还有特殊的调查方式，如瑞典的议会监察专员可以出席法庭或行政机关的会议、要求检察官协助等。[123] 总体而言，议会监察专员的调查手段是多样的，因而在程序的运用上也是非常灵活的，但必须遵循"自然公正"的原则：[124] 一是利害关系人回避；二是双方都有表达观点的机会——就调查方式而言，显然后一项程序要求调查机构必须充分听取双方意见，因而大型的听证会就成为相当常见的方式。调查方式在很大程度上决定了调查时间，以瑞典为例，议会监察专员的调查往往要继续几周或几个月，大规模的调查甚至要持续一年以上。[125] 相应的，各国对于调查的期限通常也没有硬性的限定。

需要注意的是，前述调查方式均是对行政机关的调查而言的；事实上，大多数国家的议会监察对象也仅限于行政机关。不过在瑞典和芬兰，议会监察专员的监察对象还包括司法机关。由于司法和行政的性质差异，对司法机关的调查也与对行政机关的调查在方式上存在不同；概括地说，议会监察专员对司法机关的调查只针对法官的整体表现和其他影响司法公正的因素，调查不能干预具体案件的审判，更不能改变或推翻判决，"受到监督的只是司法程序，而非司法判决的内容"。[126]

在取得初步调查结果后，调查机关一方面要向请愿提出者通报情况，并决定接下来是否需要继续调查（如继续调查则重新开始前述调查程序）；另一

---

[121]　[芬兰] Llkka Rautio：《合法性监督及议会监察专员的作用》，张美常译，载《行政法学研究》2000 年第 3 期。

[122]　黄越钦：《各国监察制度之比较研究》，翰芦图书出版有限公司1998 年版，第 172 页。

[123]　[瑞典] 本特·维斯兰德尔：《瑞典的议会监察专员》，程洁译，清华大学出版社 2001 年版，第 42—43 页。

[124]　[芬兰] Llkka Rautio：《合法性监督及议会监察专员的作用》，张美常译，载《行政法学研究》2000 年第 3 期。

[125]　艾政文、胡松：《瑞典议会监察专员制度》，载《人大研究》2004 年第 7 期。

[126]　[芬兰] Llkka Rautio：《合法性监督及议会监察专员的作用》，张美常译，载《行政法学研究》2000 年第 3 期。

方面要向被调查者通报情况，并给出建议。[127] 此外，如果进一步调查涉及议会其他程序（如人事、审计等方面的程序），也要及时向议会通报情况。

（三）处置

"处置"即调查结束后，请愿受理机关的后续处理程序。在实践中，"处置"阶段有时候意味着请愿程序要转为其他类型的程序。例如，瑞典的议会监察专员，在调查结束后监察专员可以针对公职人员的犯罪行为，以特别检察官的身份起诉，如果是最高法院或最高行政法院法官犯罪，监察专员更可以直接向最高法院起诉[128]——换言之，请愿程序在"处置"阶段有可能自动转为诉讼程序。不过，这种情况下不仅请愿程序发生了转换，连请愿受理机关的角色也发生了转换，也就意味着调查机构在后续处置阶段还具有相对独立的实体性权力；如此强有力的监察权在全世界都是少见的。

大多数国家在请愿的处置阶段，其后续程序乃是以议会为中心，包括向议会提交调查报告并报告议会需处理的事项；如果在调查过程中遇到被调查机关不服从或不执行的情况，也须及时向议会报告以便于议会动用适宜的监督手段，或直接向社会公开调查结果和相关的情况。当然各国在具体制度和程序上存在一定的差异，这种差异的背后其实反映出议会监察模式的不同。

以日本为例：负责调查请愿案件的委员会根据调查结果，决定是否将案件交付议院会议讨论，如果不交付议院会议讨论则意味着请愿事项成为废案，为了避免委员会滥用这一权力，日本《国会法》规定议院 20 人以上可以联名要求交付议院会议讨论。议院会议在讨论请愿案件后要决定是否表决，对于表决过的请愿案件，还需送交内阁处理[129]——可以看到，日本议会对于请愿案件的这种处理程序，基本上是将议院整体作为处理请愿的程序主体，而负责调查的委员会只是起到了查清事实的作用，在整个请愿案件处理的过程中可以说只是辅助性的；虽然委员会可以决定不将请愿案件交付议院，但"议院 20 人以上联名"的门槛并不是很高，也就意味着委员会的这一权力也是有限的。

再以英国为例：在请愿调查结束后，监察专员会将调查结果送交请愿的提出者以及转交请愿的议员。在请愿案件的协商处理过程中，监察专员通常

---

[127] 黄越钦：《各国监察制度之比较研究》，翰芦图书出版有限公司 1998 年版，第 183 页、第 188—189 页。

[128] ［瑞典］本特·维斯兰德尔：《瑞典的议会监察专员》，程洁译，清华大学出版社 2001 年版，第 24—25 页。

[129] 董璠舆：《外国议会议事规则》，中国政法大学出版社 1993 年版，第 303—304 页。

会就补偿方案向相关部门提出建议。一般情况下，监察专员的建议都会被相关部门接受；如果建议不被接受，监察专员可以在相关委员会的支持下向议会提交一份报告，议会经过辩论和表决后，会形成具有强制力的决议，相关部门必须执行，有关大臣也要承担责任[⑬0]——可以看到，英国的行政监察专员在请愿案件的处置阶段依然发挥着程序主体的作用，虽然其建议没有法律上的强制力，但由于有议会作为后盾，因此其在程序中依然有相当大的影响力；而议会在处理阶段更多地起着辅助性的作用，以其本身对于政府部门的监督权力发挥着威慑作用，但冲在一线的还是议会中的行政监察专员。

可以说，请愿处置阶段的程序涉及请愿提出者、请愿调查者、被调查机构、议会等，在具体程序上各国的差异也是明显的。不过总体而言，各种请愿的处置程序中仍然可以发现一些共通点，例如：除了少数北欧国家外，大多数国家议会中负责调查请愿案件的机构对于被调查机关并没有强制性的权力，即使要施加强制性的手段也必须通过议会，也就是要在原有的"议会监督政府"的权力框架内进行。这当然是对调查机构的权力施加的限制，有避免其滥用权力的意味；同时也使得请愿案件的处理在大体上能够为原有的权力框架所吸纳，即使设立了专门的机构也不会对原有体制造成实质性的冲击；从而既能回应社会公众对于请愿的诉求，也能降低制度成本，维护体制的稳定性。此外，与司法诉讼等主流的纠纷（这里特指涉及公权力的纠纷）解决方式相比，请愿程序这种较弱的强制性也与其"非主流"的地位是相对应的。

二、我国请愿制度的建立与完善

如前所述，我国在法律上并没有正式的请愿制度，但是有学者指出现行宪法第 41 条第 1 款具有一定的请愿权色彩；[⑬1] 如果承认这一点，那么渊源于该条款的信访制度[⑬2]则也可以被视为与"请愿"有关的法律制度。同时，理论上对于宪法第 41 条第 1 款的理解及其在基本权利框架中的定位一直存在争议，而信访制度改革更是理论和实务都长期热议的话题；在这种情况下，以宪法第 41 条第 1 款和信访制度为基础，借鉴前述请愿制度，从"权利保障的程序"这一角度出发，对于我国请愿制度[⑬3]的建立和完善是不无裨益的。具体而言，相关制度在程序上的要点有如下几个方面。

---

⑬0 刘建飞、刘启云、朱艳圣编著：《英国议会》，华夏出版社 2002 年版，第 86 页。

⑬1 林来梵：《从宪法规范到规范宪法：规范宪法学的一种前言》，法律出版社 2001 年版，第 144 页。

⑬2 童之伟：《信访体制在中国宪法框架中的合理定位》，载《现代法学》2011 年第 1 期。

⑬3 杨海坤、章志远：《公民请愿权基本问题研究》，载《现代法学》2004 年第 4 期。

（一）请愿制度的程序主体

这里的程序主体主要是指除了当事人之外的、负责处理请愿相关事务的主体。如前所述，程序主体其实是实体问题，也就是权力如何分配的问题，但只有先明确了程序主体，才能继而探讨其生发的其他程序问题。请愿制度的程序主体，既涉及有关部门与其他部门的权力分配，也涉及有关部门内部的权力分配，而在讨论这些问题之前，还有必要明确请愿制度在整个纠纷解决[⑭]制度框架内的定位。由于我国尚无法定的请愿制度，因此以下讨论以最为接近的信访制度作为基础。

现有的信访制度在整个纠纷解决的制度框架内容中，很显然是被设计为一种辅助性的纠纷解决渠道。2022 年的《信访工作条例》第 31 条规定了涉及诉讼、仲裁、党内申诉以及各种行政程序等申诉求决类事项的分流，也就意味着信访至少是排在诉讼、仲裁和行政复议等渠道之后的辅助性渠道。当然，在实践中存在由于"信访不信法"所造成的远多于寻求正式渠道解决的"信访潮"现象，但这被认为是由于诉讼、行政复议等渠道不畅所造成的；[⑬]而解决的方式仍在于加强诉讼等正式渠道[⑭]——显然，信访制度的这种"辅助性渠道"的定位，和前述许多国家对于请愿制度的定位是一致的。这种定位，实际上是由于随着现代司法和行政体制的成熟，相应的纠纷解决渠道也产生了专业分化；滥觞于中世纪的请愿视国王为解决一切纠纷的手段，其实并不适应这种专业分化的环境，因此只能作为用尽其他救济手段之后的"兜底"措施。因此，我国的请愿制度仍有必要坚持这一定位。

至于请愿制度的程序主体，有必要区分为受理请愿的机构和办理请愿的机构。这两者的设置要求是存在区别的。

受理请愿机构的设置要便于当事人提出请愿，也就是需要是社会公众熟悉并信赖的机构。《信访工作条例》第 14 条规定了各级党委和政府信访部门是开展信访工作的专门机构；实践中我国各级人大和法院等国家机关大多也内设了专门的信访部门。这些机构已为相关的社会公众熟悉，因此这种模式可以在请愿制度中保留。当然，出于精简和效能的考虑，可以在一级党委、

---

⑭ 这里将请愿视为一种纠纷解决的渠道，也是和前述许多国家对请愿的界定是一致的。但不可否认的是，至少在理论上，请愿除了解决纠纷外，还有表达观点、参与公共治理等多方面的功能，不过这些功能在程序上的意义有些已经在前文以"参与制度"等概念讨论过，因此这里依然将请愿视为纠纷解决的一种。

⑬ 应星：《作为特殊行政救济的信访救济》，载《法学研究》2004 年第 3 期。

⑭ 周永坤：《信访潮与中国纠纷解决机制的路径选择》，载《暨南学报》（哲学社会科学版）2006 年第 1 期。

人大，以及"一府一委两院"中分别整合相关的受理机构，做到"一个窗口对外"。此外，在条件成熟时也可以尝试建立由人大代表受理请愿的制度，这也是加强代表与选民联系、改善人大工作的一个契机。

办理请愿机构的设置要考虑到办理的公正性、权威性，从而最大限度地成为纠纷的"终局"解决方式。因此，现有的信访制度将办理信访的机构与受理信访的机构合二为一、分散地设置在各级各类国家机构中，并不见得是一个合理的方案。相反，可以考虑设置专门的办理机构：由于在政府中已经存在行政复议的渠道、在人民法院中已经存在司法诉讼的渠道，因此可以考虑在各级人大中设置专门的请愿处理机构，协调并整合目前各专业委员会和工作委员会的监督力量。同时，随着监察委员会的普遍设立，在监察委员会中设置专门的请愿办理机构也成为可以考虑的选择之一。

当然，无论在哪里设置办理请愿的专门机构，该机构与其所在的国家机关之间应保持相对的独立性，以便于调查工作的开展。

（二）请愿程序的准入门槛

请愿程序的准入门槛就是一种筛选机制，决定哪些案件可以进入请愿程序而哪些案件不行。在准入门槛的设置上，需要考虑以下两方面的平衡：一方面，请愿作为一种用尽其他救济手段之后的"兜底"渠道，其准入门槛应当设置得低一些，这样才能吸纳那些无法通过其他正式渠道解决的案件，从而最大限度地将各类纠纷都纳入法治的解决渠道。但是另一方面，请愿程序的准入门槛如果设置得过低甚至不设准入门槛，那么不仅会使得有限的资源难以应对，也会淹没一些更需要国家机关介入解决的案件。

综合考虑以上两方面的情况，请愿程序所应当设置的准入门槛最重要的是应当筛选出那些可以通过司法和行政渠道获得救济的案件，这是用请愿作为"兜底"式的纠纷解决机制的内在要求。这类案件有三种可能的情况：第一是正处于司法诉讼或行政复议过程中的案件，这种情况只需要受理机构做形式上的审查，因此在程序上比较容易辨别，在实践中说服当事人继续诉讼或复议程序通常也比较简单。第二是司法或行政已经作出终局判决（决定）的案件，这种情况虽然也比较容易辨别，但说服当事人接受已生效的判决或决定相对会比较困难，但是从尊重其他救济渠道的角度，这种筛选是必要的。第三是虽未进入诉讼或复议程序，但可以通过诉讼或复议加以解决的案件，这类案件需要受理机构做实质上的审查。此外，那些没有实质诉求、或诉求没有实质意义的请愿，或者与自身没有直接利害关系的请愿，自然也在被筛选之列。

以上是从实体的角度探讨请愿程序的门槛。需要注意的是，实体角度的探讨永远是不完全的：一方面，实体角度的探讨相当于罗列一条条具体的请愿程序门槛，但这种列举相对于千变万化的社会现实而言是永远列举不完的；另一方面，列举的文字表述存在不确定性，如前述"没有实质意义""可以通过诉讼或复议解决"等概念均存在这样的问题。因此，有必要从程序的角度构建请愿制度的门槛。具体而言，请愿制度的门槛可以包含以下几种程序设置。

第一，请愿信息公示程序。这里的公示是指除了涉及国家秘密、个人因素之外，请愿提出人和请愿事项均应以某种方式公示，至少有公开的渠道供社会公众免费查阅。请愿信息公示的意义是双重的：一方面，请愿信息公示可以让那些社会密切关心、亟须解决的事件迅速脱颖而出，让受理机构和办理机构了解其重要意义，投入更多的资源；另一方面，请愿信息公示也可以对那些滥用请愿制度者受到社会舆论的压力，使得潜在的请愿者能够冷静权衡利弊，从而尽可能避免请愿资源的浪费。

第二，受理回执和限期回复程序。受理回执对于请愿者来说，是证明请愿要求已经成功传达给受理机构的凭据，从而可以避免请愿者对于请愿要求"石沉大海"的担心；对于受理机构来说，受理回执的意义在于每个请愿案件都留下痕迹、有据可查，从而可以避免当事人重复请愿、反复请愿，减少资源浪费。限期回复指的是无论是否受理，受理机构都要在一定的期限内将决定告知请愿者，不能久拖不决。为了避免受理机构"以拖待变"，还可以借鉴行政许可的续期制度，设立"逾期未回复视为受理"的制度。

第三，对不予受理的异议复核程序。对于不予受理的案件，应当允许请愿提出者陈述和申辩、表达异议，在必要时还应当采用听证这种方式听取异议。这一程序除了具有纠错的功能，使得不予受理的决定作出得更加慎重之外，还相当于使得请愿者在正式调查过程之外就有了一个表达观点的机会，从而使其更容易接受不予受理的结果。同时，为了避免"做自己的法官"，对于不予受理的异议应当由受理机构所在的国家机关来复核，而从效率的角度考虑，这种复核应当以一次为限。

（三）请愿程序与其他救济程序的衔接

请愿程序作为用尽其他救济途径之后的兜底性质的救济渠道，与其他救济程序的衔接在理论上是明确的，也就是当其他救济程序结束后，符合请愿条件的案件进入请愿程序。但是在实践中，由于纠纷的错综复杂，因此请愿程序与其他救济程序的衔接会出现更多的类型，有必要专门讨论。

第一种类型是从请愿程序转入其他救济程序。在请愿被受理之后，办理机构在调查过程中发现应当通过其他途径救济的，应当告知当事人并进行移送（属于自诉案件的由当事人决定是否起诉）。在程序上有必要探讨的是时效（期限）的问题。无论是诉讼还是行政复议，在法律上都有时效（期限）的规定；而请愿案件从提出到进入调查程序，势必耗费一定的时间，这段时间是否应计算在时效（期限）内？就程序的性质来说，可以认为从请愿提出到决定受理的这段时间是当事人自主寻求救济的选择，作为理性的个人应当权衡各救济途径的利弊，时效（期限）也是应当考虑的因素之一，因此这段时间应当计算在时效（期限）内；而请愿受理之后，主动权掌握在办理机构手中，当事人无法控制，因此请愿受理后的时间应当被视为时效（期限）的中止。

第二种类型是请愿办理行为本身进入其他救济程序。当事人如果对请愿的办理结果有异议，或者对办理机构的不作为持有异议，是否可以通过诉讼或复议等其他渠道寻求救济？首先需要明确的是，请愿制度应当效法《信访工作条例》第35条和第36条，设置内部的复核与救济渠道，也就是确保程序自身的纠错机制。在此基础上，如果请愿办理机构的行为符合行政复议或行政诉讼的要求，当事人自然也可以通过复议或诉讼寻求救济。不过无论是行政复议还是行政诉讼，其所针对的都是行政机关；而如前所述，行政机关并不适宜作为请愿的办理机构。因此行政复议或行政诉讼作为请愿办理异议的救济程序，也仅具有理论上的可能性而已。内设于人大或监察委员会的请愿办理机构如果确实能够建立起来，则对其异议的救济还有赖于人大或监察委员会内部救济程序的建立。

第五节　制度建构的逻辑与结构

本章围绕着"制度建构"这一主题，从制度的基本程序原则到具体的程序制度细节，遵循着"从抽象到具体""从原则到规则"的制度建构逻辑。基于这样的逻辑，对于程序保障的制度建构来说，明显地存在着"基本原则"—"评价标准"—"程序制度"这样的三层次结构。

基本原则关注的是宏观层面，即各种基本权利的保障程序都应当遵循怎样的原则。相关的程序类型繁多、性质各异，但如果能被称为"正当程序"，则一定有其内在的共通性。然而通常学界所关注的正当程序标准虽然多有雷同，但是其背后的哲学基础并不相同；同时有一些具体的标准也并不适宜于所有类型的程序，因此在宏观层面还需要进一步提炼出更为抽象，从而也更具普遍性的原则。为了做到这一点，有必要从各正当程序标准的哲学基础出发；虽然如前所述，相关标准的哲学基础各异，但其中很明显地可以发现两个基本的来源：一是康德传统，典型的如马肖的正当程序尊严理论；二是功利主义，典型的如贝勒斯基于法经济学的分析；其他学者的研究，也或多或少地带有这两个基本来源的色彩。因此，这两个基本来源就为提炼宏观层面的原则提供了方向。具体而言，基于康德传统而提炼出人格尊严原则，基于功利主义而提炼出比例原则⑬——这两个原则既是评价正当程序标准的原则，也是相关的具体制度建构的原则。

评价标准关注的是中观层面，也就是一方面对前述两个基本原则在程序方面的进一步具体化；另一方面可以作为评价某一具体程序制度是否正当的标准，是联结抽象原则和具体制度的中间阶段。自"自然公正"以降，正当程序的评价标准向来是正当程序研究的核心问题之一，数百年来学者们对于正当程序的评价标准提出了许多不同的版本，但具体的评价标准却有相当大的一致性或类似性。这或许是因为，人们并不是先明确了正当程序的诸种标准再去构建相应的程序；而是先对某种程序是否正当有一种全局性、总括性的评价，然后再分析和归纳影响这种评价的标准⑭——正是由于人们相近的感受，形成了近似的评价标准。本章选择了四项标准，即参与、平等、效率、利益冲突回避，这四项标准既是本身均被普遍接受与承认的正当程序评价标准，同时也能在一定程度上涵括其他的一些标准，也就是兼具了普遍性与广泛性。当然，这并不意味着这四项标准构成了正当程序评价的全部标准，这四项标准在一定程度上依然是开放性的。最后，对这四项标准展开论述的一大重点是其与前述"人格尊严""比例原则"这两项基本原则的关联；需要强调的是，这种关联是整体上的，并非某一基本原则对于某几项评价标准这样的关系。

程序制度关注的是微观层面，也就是如何构建和完善具有可操作性的制

---

⑬　当然，康德传统和功利主义彼此的龃龉是哲学上的重大议题。不过从制度建构的具体内容来看，这两者之间并未形成严重冲突，因此这里对于这个哲学问题不作涉足。

⑭　在这方面，关于程序正义的社会心理学研究（尤其是涉及跨文化研究的部分）有许多值得重视的成果。参见 Lind, E. Allan, and Tom R. Tyler. *The Social Psychology of Procedural Justice.* Springer Science & Business Media, 1988.

度，从而将前述基本原则和评价标准在实践中得以实现。当然，制度本身也有从宏观到微观的许多不同层面，这里相应地也更多关注制度的微观层面；也正因为如此，这里并未整体性地探讨那些已经相当理论化、体系化的程序制度，如诉讼制度、仲裁制度等，而是重点关注那些更为具体的制度。同时，这些具体制度有很多，这里不可能一一涉及，而只能择要探讨；这里选择的是三种常见的、尽可能涵盖广泛（即可以出现在诉讼程序、行政程序、立法程序等多种类型的程序中）的典型制度：信息公开制度、听证和参与制度、请愿制度——并且如前所述，这三种制度本身也具有"保障前提"—"事前保障"—"事后保障"的逻辑结构。在探讨这三种制度的过程中，一方面要注重这些制度普遍性的要求，因此比较法成为重要的研究方法；另一方面也要注意我国现有的制度基础，尽可能使用对现有制度基础影响较少的方式将这些普遍性要求"嵌入"我国的法律体系中，从而实现正当程序的基本原则和评价标准。

　　总体而言，本章所探讨的程序保障制度建构的三层次结构可如图 5-1 所示。

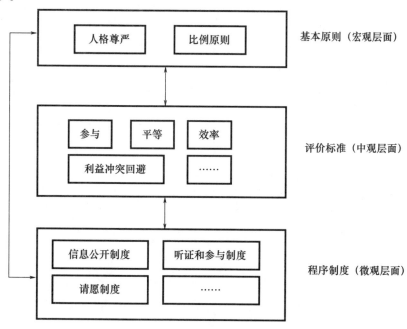

图 5-1　程序保障制度建构的三层次结构

　　在这三层次的结构中，首先需要说明的是这三个层次彼此间的影响是整体性的，并不是某个基本原则对应于某个评价标准再对应于某个程序制度，这种具体内容的对应关系并不普遍存在（当然个别的对应有可能存在，如比例原则和效率标准的对应）。

其次，这三个层次越接近微观，开放性就越强：宏观层面是由两个基本原则形成的一正一反、一内一外的完整结构（当然，这种宏观结构本身并非唯一的）；中观层面虽然也尽可能追求评价标准体系的广泛性，但并不排除存在其他评价标准的可能；至于微观层面的具体制度已经无法全部罗列，只能择要介绍。这种状况在确保整个制度建构框架的基础坚实的同时，也确保了运作上的开放性，从而可以提升整个体系的灵活性与社会适应性。

第六章　代结语：程序保障的支柱与边界

　　作为全书的出发点，本书认为：通过正当程序保障基本权利，既是可能的，也是必要的。因此，贯穿全书的核心问题就是：在我国现行宪法规范体制中，怎样的程序保障机制能最有效地促成基本权利的实现？

　　为了阐释这个问题，第二章将目光转向我国现行宪法规范本身，也就是基本权利程序保障的规范基础。该章主要运用体系解释等宪法解释的方法，发掘了我国现行宪法中可以解释为程序保障的原则条款（第 5 条第 1 款"依法治国条款"、第 33 条第 3 款"人权条款"和第 38 条前句"人格尊严条款"）和规则条款（既包括对具体程序的规范，如第 37 条、第 40 条、第 41 条等；也包括对程序评价标准的规范，如第 2 条第 3 款、第 33 条第 2 款等）。这些原则条款和规则条款构成了我国宪法规范中关于基本权利程序保障的基本规范结构，但仍存在明显的不足：既没有体系化，同时过于重视"法定程序"而忽视"正当程序"。

　　正因为我国现行宪法规范一方面存在基本权利程序保障的解释空间，另一方面又存在非常明显的不足，因此第三章关注的是从应然角度，作为一种宪法制度的基本权利程序保障机制应当具有怎样的规范结构？该章首先从"消极的程序保障"和"积极的程序保障"这一分类出发，探讨基本权利程序保障的规范模式，并且将这一分类和"消极权利—积极权利"的分类进行了区别和对照，得出七种具体的规范要求；其次主要借鉴德国宪法学中"主观权利"和"客观法"的理论，对基本权利程序保障的规范属性进一步加以厘清，提出了作为主观权利的基本权利程序保障三层次体系，并明确了基本权利程序保障作为"客观法"的三方面内涵；最后结合具体实例，分析对基本权利程序保障的作用机理。

　　在前三章的基础上，第四章站在基本权利自身的视角，通过对不同类型的基本权利的分析，探讨各类基本权利对于程序保障的差异性要求。该章围绕我国现行宪法规范，将基本权利分为平等、政治权利与自由、宗教信仰自由、人身自由、经济社会文化权利、对特定主体的权利保护、获得救济的权利七类，相关的分析沿着"与程序保障的一般性关系"和"现行规范体系中的程序保障"两个层面展开。

第五章则聚焦程序保障的具体制度及其在我国现有制度体系中建构（或完善）的可能性，并在此之前探讨了正当程序的标准。具体而言，提出了以"人格尊严"和"比例原则"作为正当程序的基础性原则，以参与、平等、效率、利益冲突回避作为评价具体程序的标准。在此基础上，第五章具体考察了信息公开制度、听证和参与制度、请愿制度这三种程序制度，在考察中兼顾了制度的一般要求和我国特定的规范体系基础。最终提出了由正当程序的基础性原则、具体评价标准、具体程序制度所组成的程序保障制度建构的三层次结构。

总体而言，本书第一章"提出问题"；第二章至第三章先后从现行宪法规范以及宪法理论等方面展开论述，构成了基本权利程序保障的铺垫性工作；第四章站在基本权利的角度探讨程序保障；第五章站在程序制度的角度探讨权利保护，第四章和第五章纵横交错、构成了本书的主体。

行文至此，本已形成了完整的论述思路，也得出了一定的结论；但是从反思的角度，仍有必要回过头来思考"基本权利的程序保障"这一命题可能存在的局限性，也就是程序保障的支柱和边界：所谓支柱，就是程序保障的前提，缺乏这样的前提，奢谈程序保障没有意义。本书认为，基本权利程序保障的支柱就是宪法解释制度，即基本权利程序保障的效果取决于宪法解释制度的实施效果。所谓边界，就是程序保障"力所能及"和"力不能及"的界限。程序虽然重要，但显然不是万能的，程序的局限体现在程序与实体的关系、程序自身的属性等方面——如果说，程序保障的支柱是基本权利程序保障诸制度发挥作用的前提和基础，那么程序保障的边界就是承认了"通过正当程序保障基本权利"并非万能的，毕竟基本权利的充分实现需要多方面的协力，"正当程序"虽然重要，但毕竟只是这"多方面"的其中之一。

第一节　支柱：宪法解释制度的实施

显而易见，前文关于基本权利程序保障的许多重要内容，都离不开宪法解释：一方面，对于现有宪法规范的理解必须以宪法解释为基础，如前文第二章对于我国现行宪法中可能涉及程序保障的条款的理解；进一步来说，无论是第三章对于规范结构的建构、还是第五章对于具体程序制度的完善，都是从现有的宪法规范出发，也就是法律方法意义上的"漏洞填补"，从而均可统摄在宪法解释的过程中。另一方面，前文第三章对于各基本权利在程序保障方面差异性要求的探讨，在援引关于各基本权利一般理论的同时，仍然是以我国现行宪法关于基本权利的条款作为出发点和落脚点；换言之，第三章的这种探讨，也可以被视为对现行宪法相关条款的一种解释。总体而言，无论是"基本权利"还是"程序保障"，都与宪法解释有着极为密切的关系；因此可以说，"基本权利程序保障"的成败，在很大程度上取决于相关宪法解释的效果。

当然，学界关于宪法解释的研究已汗牛充栋，这里不可能也没必要作总体性的梳理。结合全书的主旨，以下只探讨与宪法解释相关的两个问题：第一，从实然的角度，我国目前的宪法解释制度能否实现对基本权利的程序保障？第二，从程序理论的角度，宪法解释制度也可以被视为一种宪法解释程序。在我国现有宪法解释制度的基础上、在应然的角度，宪法解释程序这种程序保障的"元程序"该如何实现基本权利程序保障的实现？

一、现行宪法解释制度

现行宪法第 67 条第 1 项明确规定了解释宪法是全国人大常委会的职权。虽然学界对于全国人大是否有权解释宪法存在不同的看法，[①] 但毕竟在宪法规范中明确了宪法解释的主体，可以说奠定了宪法解释制度的基石。值得注意的是，被认为是现行宪法蓝本的 1954 年宪法对于宪法解释制度未置一词；首次涉及宪法解释制度的是 1978 年宪法，其第 25 条第 3 项规定全国人大常委会有权"解释宪法和法律"；而现行宪法则进一步将"解释宪法"和"解释法律"分开，虽然这两者仍然是全国人大常委会的职权，但在规范上分成全国人大常委会两项不同的职权，显然更加凸显宪法解释制度的相对独立性。

不过现行宪法仅仅明确了宪法解释的主体，对于宪法解释的方式却没有明确。2018 年修改宪法，"法律委员会"被改为"宪法和法律委员会"，随后的《全国人民代表大会常务委员会关于全国人民代表大会宪法和法律委员会职责问题的决定》明确了宪法和法律委员会的职责包括"开展宪法解释"。前文第三章曾提及：1983 年，全国人大常委会就新设立的国家安全机关的职权，作出了《全国人民代表大会常务委员会关于国家安全机关行使公安机关的侦查、拘留、预审和执行逮捕的职权的决定》（以下简称《决定》），在《决定》

---

① 王磊教授认为，基于宪法第 62 条第 2 项（全国人大有权监督宪法）和第 12 项（全国人大有权改变或撤销全国人大常委会不适当的决定），全国人大事实上也有解释宪法的职权。参见王磊：《试论我国的宪法解释机构》，载《中外法学》1993 年第 6 期。持类似观点的还有胡锦光、王丛虎：《论我国宪法解释的实践》，载《法商研究》2000 年第 2 期。

中列出了宪法第37条和第40条（以及相关的法律条文），明确对其作了扩大解释，因此那些认为我国已有宪法解释实践的学者基本上都认为这是一种比较典型的宪法解释的方式。[2]

有学者指出，在全国人大及其常委会作出的一些决定中，虽然没有明确列出相关的宪法条文，但就其内容而言确实是进行了宪法解释。如全国人大1982年的《关于本届全国人民代表大会常务委员会职权的决议》对于新旧宪法过渡期间权力分配问题的解释、1990年《关于〈全国人民代表大会关于中华人民共和国香港特别行政区基本法的决定（草案）〉的说明》对于宪法第31条的解释、全国人大常委会1993年的《全国人民代表大会常务委员会关于加强对法律实施情况检查监督的若干规定》（现已失效）对于宪法第67条的解释、全国人大常委会1996年的《全国人民代表大会常务委员会关于继续开展法制宣传教育的决议》对于宪法第24条第1项的解释等。[3] 这种观点当然也有一定的道理，进一步发掘这种带有宪法解释性质的决定在学理上也有重要的价值；但是由于其在形式上的不明确，因此很难认为是制度化的宪法解释。

有学者认为，全国人大及其常委会的立法（包括立法解释）由于体现了"宪法的基本精神和各项规则的含义"，因此也是一种宪法解释。[4] 这一观点将宪法解释附着于宪法，从而使宪法解释的实践得以制度化、常态化。但这种形式只能被认为是广义上的宪法解释，这是因为：第一，如果将立法视为宪法解释，那么同理，全国人大及其常委会所有依据宪法职权行使的行为都可以被视为宪法解释了，因为这些行为无不体现出全国人大及其常委会对宪法相关条文的理解，这实际上消解了宪法解释作为一项职权的相对独立性。第二，如果将立法视为宪法解释，那么法律也就成了宪法解释从而具有了宪法效力，这就使得法律位阶上对于宪法效力和法律效力的区隔失去意义，同时也使得立法法第98条的"……一切法律……都不得同宪法相抵触"成为空谈。因此，"通过立法的宪法解释"不宜被视为具有宪法效力的、严格意义上的宪法解释。

还有学者提出，全国人大常委会法制工作委员会就实践中遇到的具体案件或问题，以"法律解答"或"法律询问答复"的方式提出的法律意见和建议，在涉及对宪法相关条文的理解时也具有宪法解释的效果，并且列举了扩

---

[2] 当然也有相反的观点，如苗连营：《宪法解释的功能、原则及其中国图景》，载《法律科学》2004年第6期。

[3] 胡锦光、王丛虎：《论我国宪法解释的实践》，载《法商研究》2000年第2期。

[4] 张庆福：《宪法学基本理论》（上），社会科学文献出版社1999年版，第223页。

大宪法效力、选举权和立法冲突三方面的实践。⑤

以上几种便是对我国当前的宪法解释方式的归纳。但如前所述，这几种方式都难以视作宪法解释制度；宪法解释即使在实践中存在，也是非制度化的。而如前所述，对基本权利的程序保障而言，无论是对宪法相关条文的解释还是漏洞填补，都需要活跃的、制度化的宪法解释作为基础。因此可以说，当前的宪法解释现状，是不足以成为基本权利程序保障的支柱的。

二、作为程序的宪法解释

前文基于实然层面，指出我国目前的宪法解释还不足以成为程序保障的支柱；那么基于应然层面，怎样的宪法解释制度才堪此重任呢？探究制度的进路有很多，以下从程序的角度展开。之所以选择从程序切入，首先当然还是程序对于制度的重要意义。现行宪法明确了宪法解释的主体，也就是配置了宪法解释的权力，但未能明确宪法解释的程序，也就是未能明确宪法解释权运作的方式，这就使得宪法解释的职权无法落实——这种重视权力的配置但轻视权力运作方式的特点在现行宪法关于许多权力的规定中都有所体现。例如，蔡定剑教授在评价监督法时曾表示，监督法其实并没有扩大各级人大常委会实体上的监督职权，其意义在于明确了这些监督职权的行使程序，从而使这些职权能够落实⑥——程序对于职权行使的这种重要意义，对于宪法解释来说也是成立的。其次，"程序"也是本文的核心概念，宪法解释程序对于基本权利的程序保障而言，可以说是决定了后一种程序的"程序之程序"；因此，对这种"元程序"的探讨，对于全书构建的程序框架来说，也是重要的组成部分。

学界对于宪法解释程序的关注，首先是从将其视为宪法解释制度组成部分开始的。如2002年中国人民大学举办的"现代宪法解释：理论、规则与程序"会议，是我国较早地集中讨论宪法解释程序的学术会议。会上提出，宪法解释的程序问题在立法法制定后仍未解决，使得宪法解释程序只能等同于立法程序，这就使得宪法解释无法对立法进行监督，并虚置了修宪权。⑦ 之后，学界建议制定"宪法解释程序法"；⑧ 2007年，中国人民大学宪政与行政

---

⑤　周伟：《宪法解释案例实证问题研究》，载《中国法学》2002年第2期。

⑥　商思林：《〈监督法〉应有利于加强人大监督——访中国政法大学蔡定剑教授》，载《商务周刊》2006年第19期。

⑦　韩大元、屠振宇、于潇：《现代宪法解释理论的发展趋势——"现行宪法理解：理论、规则与程序"学术研讨会综述》，载《法学家》2003年第2期。

⑧　唐杏湘：《论我国制定〈宪法解释程序法〉的必要性》，载《社会科学论坛》2005年第5期。

法治研究中心承担司法部科研项目"宪法解释程序研究",提出了"宪法解释程序法"专家建议稿,⑨ 显示出学界对于宪法解释程序的专门性研究更趋成熟。之后,学界一直有制定"宪法解释程序法"的建言以及对该法具体内容的探讨。⑩

囿于篇幅,以下无法就宪法解释程序及其立法的全部内容详细展开,而只能择要论述。总体而言,以下论述遵循两方面的前提:一方面,作为基本权利程序保障的"元程序",前文第五章所提出的正当程序两项基础性原则("人格尊严"和"比例原则")和四项评价标准(参与、平等、效率、利益冲突回避)显然都是适用的;另一方面,基于可行性的考虑,宪法解释程序的制度建构仍有必要建立在我国现有的相关制度基础之上、至少也要充分参照相关制度,也就是法律解释程序(立法法第二章第四节)和规章备案审查程序(立法法第五章和监督法第五章)。以这两方面为前提,宪法解释程序的建构可从以下列两个环节展开:

宪法解释程序的启动环节,应当兼顾对社会诉求的回应和程序效率。这有助于基本权利保障的宪法解释程序,势必有对涉及基本权利的大量社会诉求及时作出回应的需求,这就要求宪法解释程序必须是开放的、主要以个案争议为基础的,而不能仅限于国家机关之间的内部工作规程,也不能仅限于从文本到文本的案牍工作。要做到这一点,宪法解释程序的启动环节就必须面向社会公众,也就是社会公众相关的宪法解释诉求能够经过正常的启动环节正式进入宪法解释程序。因此,在启动环节有必要设置合理的筛选机制,从而确保宪法解释资源的合理配置。立法法和监督法设定了法规审查的筛选机制,即国务院等特定国家机关可以直接启动法规审查程序、其他主体的审查申请则只有在全国人大常委会认为有必要时才启动审查程序。这种模式在前文第五章第四节已有所讨论。这里要强调的是,作为"制度基础",这种模式仍然可以为宪法解释程序所沿用,但有必要进行改良以改善其对于社会诉求的回应能力:一是在特定国家机关之外,增加一定数量人大代表联名可以直接启动审查程序的机制;二是加强启动环节的公开性,对于其他主体的审查申请,无论是否启动审查程序都需要正式作出回复,并在保障个人隐私的前提下向社会公开相关申请信息,引导社会公众理性关注相关争议和问题。

---

⑨ 韩大元:《〈宪法解释程序法〉的意义、思路与框架》,载《浙江社会科学》2009 年第 9 期。

⑩ 秦前红:《〈宪法解释程序法〉的制定思路和若干问题探究》,载《中国高校社会科学》2015 年第 3 期;马岭:《我国宪法解释的范围兼与〈宪法解释程序法(专家建议稿)〉第 6 条商榷》,载《法学评论》2016 年第 3 期。

宪法解释程序的审议环节，应当以审慎、沟通和论证为核心。涉及宪法解释的往往是事关重大、社会关注的公共议题；因此宪法解释的审议环节，只有确保这是一个审慎、沟通和论证的过程，才更有可能令解释结果为社会公众所接受。立法法同时规定了法规审查意见在相关国家机关之间互相沟通的过程，但这种过程在很大程度上仍然表现为国家机关内部的工作规程。因此，宪法解释程序的审议环节在沿袭这种国家机关之间的沟通过程之外，还有必要增强整个审议环节的公开性，引入陈述和申辩、听证等正式程序机制；同时形成宪法解释的意见书制度，以意见书的撰写为审议环节的终止标志，同时这种意见书应当充分说明理由，并且允许保留并公开个人不同意见或不同理由。

第二节　边界：法律程序的限度

基于反思的角度，越是强调法律程序的重要，就越是要对法律程序的限度有清醒的认识，这样才能在思想和制度两方面都实现明确而有效的定位。关于法律程序的限度，也是法律程序研究的重要组成部分。以下结合基本权利保障的主题，围绕"程序和结果的关系"及"程序奏效的前提"两方面展开探讨。

一、程序和结果的关系

反思程序和结果的关系，首先就会遇到程序是否具有独立价值的问题；也就是说，程序之所以有价值，究竟是因为它能使我们获得更好（更正确）的结果，还是因为他自身具有某些和结果无关的价值。这是一个自程序正义理论产生起就相伴而生的历史悠久的问题。如前所述，萨默斯区分了程序的"好结果效应"和"程序价值"，前者即"能带来好结果的程序就是好程序"，后者即"程序本身也具有独立的价值"。[①] 萨默斯在强调后者的同时并没有断然否定前者的存在；事实上，萨默斯的这一观点正是针对当时美国社会普遍认为"能带来好结果的程序就是好程序"的状况而提出的。后来的学者对于程序的独立价值多有阐述，但大多也不反对正当程序能带来更好的结果。或

[①]　R. S. Summers, Evaluating and Improving Legal Processes-A Plea for "Process Values" *Cornell Law Review* 1974 Vol. 60, No. 1.

者说，正当程序应当能够在大多数时候带来更好的结果；⑫ 如果某种程序总是产生让人不满意的结果，那么这种程序的正当性也就很可疑了。⑬ 同时，关于程序正义的社会心理学研究也发现，倘若结果非常重要，那么当事人确有可能更多地从工具主义的角度考虑程序问题，虽然这并不意味着结果越重要程序的作用就越小。⑭ 以上这些都表明，对程序的重视并不意味着忽视结果，更不意味着要固守某种"程序正义"而坐视由此造成的、普遍出现的结果的不义；对于基本权利的程序保障而言，自然也是如此。

反思程序和结果的关系，另一个重要的问题在于要自觉地意识到"基本权利的保障"才是目的，正当程序乃是实现这一目的的手段；手段固然重要，但如果手段变成了目的，难免就会产生"异化"。

这种"异化"的一种典型表现就是程序关注点的错位。德国宪法学家马丁·莫洛克指出：社会公众越是接受政府决策、认为政府决策的质量高，那么政府决策就越具有正当性；因此，相对于决策结果，决策过程——也就是程序——越来越受到重视。与基本权利相关的程序也是如此。⑮ 可以说，这一观点是程序正义理论的基础命题之一。但是莫洛克紧接着指出：德国当时与基本权利有关的种种程序主要关心怎样提高决策接受度等"辅助性目的"，因此并没有加强对基本权利的保障，反而"甚至有可能会弱化对基本权利的保护"。⑯ 这一观察也得到了社会心理学的支持：针对程序正义的社会心理学研究发现，如果对程序中的某些设置刻意加以操作，可能会误导当事人在主观上相信程序是公平的，从而产生对结果的接受和决策的正当性，但其实客观来说相关决策的过程和结果毫无公平可言⑰——这就使得正当程序的滥用至少在理论上是可能的；而马丁·莫洛克的观察，实际上描述的正是随时可能产生这种滥用的土壤；如果基本权利的程序保障反而引起了程序的这种滥用，

---

⑫ 如有学者针对审判程序指出，公平的审判程序"在总体上和普遍的情况下会产生公正的结果"；而不公平的审判程序尽管有时候也会产生公平的结果，但不具有普遍意义。陈瑞华：《程序正义理论》，中国法制出版社 2010 年版。

⑬ 劳伦斯·弗里德曼就曾尖锐地提出："我们把合法性解释为基本上程序性的，就是相信程序和机构，不管程序结果如何……但是如果结果总是违反某人的利益或他的道德感，该怎么办呢？"［美］劳伦斯·M. 弗里德曼：《法律制度——从社会科学角度观察》，李琼英、林欣译，中国政法大学出版社 2004 年版，第 135 页。

⑭ ［美］汤姆·泰勒：《人们为什么遵守法律》，黄永译，中国法制出版社 2015 版，第 204—205 页。

⑮ ［德］马丁·莫洛克：《宪法社会学》，程迈译，中国政法大学出版社 2016 年版，第 85 页。

⑯ ［德］马丁·莫洛克：《宪法社会学》，程迈译，中国政法大学出版社 2016 年版，第 88 页。

⑰ Lind, E. Allan, and Tom R. Tyler. *The Social Psychology of Procedural Justice*. Springer Science & Business Media, 1988, p. 76.

基本权利的实现反而会面临更困难的局面。

　　除了程序关注点的错位可能导致的正当程序滥用之外，作为手段的程序"异化"的另一种表现就是对程序的重视可能造成程序不合理的膨胀，随后不可避免地会带来制度成本的急剧上升，最后使得"按程序办事"成为并不明智、很难被当事人接受的选择。在现代程序理论看来，强调程序的重要性与传统的那种文牍主义有本质上的区别。但是，程序（尤其是正式程序）的建立与运作仍然是有成本的。作为正当程序评价标准之一的"效率"在某种程度上正是关注成本问题。然而正如前述，正当程序的评价标准是多元化的，因此有可能在实践中造成效率标准被忽视、程序成本不合理地上升，最终落入和文牍主义相似的陷阱。这种状况在英美的行政程序改革中已有显露：为了避免行政权的专断和滥用，英美都曾经以审判程序为蓝本，对行政程序进行改造；然而这种行政程序的司法化改造结果却并不理想，弊端之一就是成本过高，美国的斯特尔特就曾指出"裁决程序生产出来的庞大案卷，其规模与其效用形成巨大反差"；[18] 英国的哈洛和罗林斯更是尖锐地评论"过于司法化的程序显得笨重，带来拖延、费用高昂及官僚主义，而行政机关学会的只是遵守法律的文字，或以规避法律规定的方式使立法意图落空"。[19] 对于基本权利而言，过高的程序成本显然是不利于其保障的，因此这也是值得警惕的。

　　二、程序奏效的前提

　　正当程序所具有的这些功效是有前提的；也就是说，正当程序的诸多设置并非直接照搬就可以的，这些设置的奏效与许多因素相关，这些因素构成了程序奏效的前提。最先从实证的角度揭示出这一点的是对于程序正义的跨文化研究。1986 年，美国学者以美国中西部大学生和中国香港大学生为研究对象，考察两组对象对于对抗制诉讼程序和纠问制诉讼程序的偏好。结果发现，美国大学生更倾向于对抗制程序，而中国香港的大学生则没有明显的倾向。由于两地在当时都实行普通法系的对抗制诉讼程序，因此研究者认为，这是由于中国传统文化不鼓励明显的竞争关系，因此抵消了对于对抗制程序

---

⑱　［美］理查德·B. 斯图尔特：《美国行政法的重构》，沈岿译，商务印书馆 2002 年版，第 145 页。

⑲　［英］卡罗尔·哈洛、［英］理查德·罗林斯：《法律与行政》（上卷），杨伟东等译，商务印书馆 2004 年版，第 398 页。

的偏好。⑳ 这一研究及其他相关的研究揭示了文化因素可能是程序能够奏效的前提之一。不过这里提及此类研究，只是想说明程序本身并非在任何时候任何地方都可以自然奏效，"正当程序"之正当，实有赖于其他的一些前提因素。但是这里并不打算具体讨论文化因素，这是因为：第一，"文化"本身是一个模糊的概念，可以包括制度、思想、历史等许多因素，因此对文化的讨论往往需要进行许多前提性的工作；第二，文化本身是动态的，会随着社会的发展而发生变化。因此，文化究竟是一个决定因素、还是一个被决定的因素，其实并不容易辨别。这里关注的"作为制度的程序"奏效的前提，主要是程序所在的社会以及程序所在制度环境两方面。

首先需要关注的是正当程序能够奏效的社会条件。当然，有一些基本的程序要求，如"自然公正"原则，对于大多数社会来说都是能够被认可的；但是"正当程序"作为一套制度，尤其是"通过程序实现正义"这样的理念，是必须建立在特定的社会条件之上的。正如季卫东教授所指出的，法律程序发展的一般性前提在于社会的分化和复杂化；㉑ 亦如谷口安平所指出的，现代社会的复杂性使得人们"常常很难就实体上某一点达成一致……程序是他们唯一能达成一致的地方，而且他们能达成一致的唯一程序是能保证公正的程序"。㉒ 而对于程序正义持一定保留态度的学者来说，也主张"程序正义只是在现代社会条件下的一种'无奈'"。㉓ 可以说，"现代社会是法律程序起作用的前提"，已经可以被视为一种共识。对于基本权利的程序保障来说，当然整体上也是以"现代社会"作为基本语境的；不过在一些具体情况下，仍有可能存在某些"前现代"的状况，如家庭关系或其他亲密的私人内部关系、不涉及利益的情况、应当适用学术标准或其他专业标准的情况（而不适宜用法律手段解决）等，法律程序在这些情况中难免显得力不从心，适足以构成"程序保障"的边界。

---

⑳ Lind, E. Allan, and Tom R. Tyler. *The Social Psychology of Procedural Justice.*, p. 144. 在稍早一些（1978 年）的另一个实验中，学者以美、英、法、德四国的公民为研究对象，研究他们对于对抗制程序和纠问制程序的倾向性。研究发现，即使在实行纠问制司法程序的法国和德国，相关的研究对象也更倾向于具有对抗制因素的程序设置。（Lind, E. Allan, and Tom R. Tyler. *The Social Psychology of Procedural Justice.*, p. 33）将这两个研究结果综合起来看，可以发现在决定倾向于何种程序的时候，现实中采用何种诉讼程序并不是重要的影响因素，而文化因素的影响则比较明显。

㉑ 季卫东：《法律程序的意义——对中国法制建设的另一种思考》，载《中国社会科学》1993 年第 1 期。

㉒ ［日］谷口安平：《程序公正》，载宋冰编：《程序、正义与现代化——外国法学家在华演讲录》，中国政法大学出版社 1998 年版，第 376 页。

㉓ 朱苏力：《语境论——一种法律制度研究的进路与方法》，载《中外法学》2000 年第 1 期。

程序所在的制度环境也是程序能否奏效的重要前提。法律程序作为一种制度，既是更大的制度的一部分，同时也与其他相关制度形成互相影响的关系，这些形成了程序所在的制度环境。因此，法律程序能否奏效、在多大程度上奏效，与制度环境息息相关。大致而言，基本权利的程序保障能够奏效，其所需要的制度环境包括：当事人和国家机关倾向于用平和、理性的方式解决纠纷，当事人和国家机关都愿意遵循既定的规则行事、规则的制定者也不会轻易地打破自己制定的规则，有一个不偏不倚的机构评判是非或作出决定等——这些制度环境综合起来，共同指向一个概念：法治。现代法律程序理论常常强调程序对于法治的重要意义，乃至将程序作为法治的核心内容（相关论述，可参见前文第二章），这当然无可厚非；但是反过来看，作为整体制度环境的法治，又何尝不是程序能够起作用的前提？正如哈耶克所指出的，"没有法治，任何程序性保障措施的价值亦将不存在"。[24] 可以说：具有法治，基本权利的程序保障才有意义。

---

[24] ［英］弗里德利希·冯·哈耶克：《自由秩序原理》，邓正来译，生活·读书·新知三联书店1997 年版，第 277 页。